王溢然　束炳如　主编

中学生物理思维方法丛书

5 模型

王溢然　编著

中国科学技术大学出版社

图书在版编目(CIP)数据

模型/王溢然编著. —合肥:中国科学技术大学出版社,2015.10
(2023.10重印)
(中学生物理思维方法丛书)
ISBN 978-7-312-03473-2

Ⅰ.模… Ⅱ.王… Ⅲ.中学物理课—教学参考资料 Ⅳ.G634.73

中国版本图书馆 CIP 数据核字(2015)第 220034 号

出版	中国科学技术大学出版社
	安徽省合肥市金寨路 96 号,230026
	http://press.ustc.edu.cn
	https://zgkxjsdxcbs.tmall.com
印刷	合肥市宏基印刷有限公司
发行	中国科学技术大学出版社
开本	880 mm×1230 mm 1/32
印张	9.375
字数	252 千
版次	2015 年 10 月第 1 版
印次	2023 年 10 月第 6 次印刷
印数	18001—22000 册
定价	25.00 元

科学的基本活动就是探索和制定模型。

　　　　　　——阿雷（法国科学方法论学者）

序 1

在中学物理学习过程中,学生在获取知识的同时,还要重视从科学宝库中汲取思维营养,加强科学思维方法的训练.

思维方法的范畴很大,包括抽象思维、形象思维、直觉思维等.以抽象思维而言,又有众多的方法,在逻辑学中都有较严格的定义.对于以广大中学生为主的读者群,就思维科学意义上按照严格定义的方式去介绍这众多的思维方法,显然是没有必要的.由王溢然、束炳如同志主编的这套丛书,不追求思维科学意义上的完整,仅选取了在物理科学中最有影响、中学物理教学中最常见的思维方法(包括研究方法)为对象,在较为宽泛的意义上去展开,立意新颖,构思巧妙.全套丛书共 13 册,各册彼此独立,都以某一类或两三类思维方法为主线,在物理学史的恢宏长卷中,撷取若干生动典型的事例,先把读者引入饶有兴趣的科学氛围中,向读者展示这种思维方法对人类在认识客观规律上的作用.然后,围绕这种思维方法,就其在中学物理教学中的功能和表现,及其在具体问题中的应用做了较为深入、全面的开掘,使读者能从物理学史和中学物理教学现实两方面较宽广的视野中,逐步领悟到众多思维方法的真谛.

这套丛书既不同于那些浩繁的物理学史典籍,也有别于那些艰深的科学研究方法论的专著,它融合了历史和方法,兼顾了一般与提高,联系了教学与实际,突出了对中学物理教学的指导作用,文笔生

动、图文并茂,称得上是一套融史料性、科学性、实用性、趣味性于一体的优秀课外读物.无论对广大中学生(包括中等文化程度的读者)还是对中学物理教师以及高等师范院校物理专业的学生,都不无裨益.

科学研究是一项艰巨的创造性劳动.任何科学发现和科学理论的诞生都是在一定的背景下,科学家精心的实验观测、复杂的思维活动的产物.在攀登道路上充满着坎坷和危机,并不是一帆风顺、一蹴而就的.科学家常常需及时地(有时甚至是痛苦地)调整自己的思维航向,才能顺利抵达成功的彼岸.因此,任何一项科学新发现、一种科学新理论的诞生,绝不会仅是某种单一思维活动的结果.这也就决定了丛书各册在史料的选用上必然存在某些重复和交叉.虽然这是一个不足之处,却也可以使读者的思维层次"多元化".不过,作为整套丛书来说,如果在史料的选用上搭配得更精细一些、在思维活动的开掘上更深刻一些,将会使全书更臻完美.

我把这套丛书介绍给读者,首先希望引起广大中学生的兴趣,能从前辈科学家思维活动中汲取智慧,活化自己的思维,开发潜在的智能;其次希望中学物理教师在此基础上继续开展对学生思维方法训练的研究,致力于提高学生的素质,以适应新时期的需要;最后我也真诚地希望这套丛书能成为图书百花园中一朵惹人喜爱的花朵.

阎金铎

序 2

"中学生物理思维方法"是一个很诱人的课题.如果从我比较自觉地关注这个课题算起,要追溯到 20 世纪 80 年代.开始时,朴素的动因就是激发学生兴趣,丰富上课内容;后来,通过对许多科学研究方法论著作、思维学著作等的学习和教学实践,认识上逐步从传授知识层面提高到了对学生的学习能力乃至思维品质进行培养的高度.于是,在 90 年代中期,经过比较充分的积累,策划编写了这套思维方法丛书.

《中学生物理思维方法丛书》问世后,受到了广泛的关注,被列入国家新闻出版总署"八五"规划重点图书,还被推介到台湾出版了繁体字版(中国台湾新竹"凡异出版社").因此,作者受到了很大的鼓舞.

光阴荏苒,如今已进入 21 世纪.科学技术飞速发展,教学理念不断更新,教学的要求也随着时代前进的脚步有了很大的变化.当前,国际教育界大力提倡"科学的历史、哲学和科学"教育,希望借此更好地提高学生的科学素质.我国从新世纪开始试行的《高中物理课程标准》也明确提出同样的要求.中外教育家一致的认识——结合物理教学内容,回顾前辈科学家创造足迹,无疑是了解科学本质、培养科学精神的一个重要途径.

本丛书的新一版继续坚持"科学史料、思维方法、中学教学"三结合的内容特色,并补充了反映科学技术方面的新成果、新思想,尤其在结合中学物理教学方面有了很大的进展——删去或淡化了与当前中学物理教学联系不够紧密的某些枝叶,突出了主干知识;撤换了相对陈旧的某些问题,彰显了时代风貌;调整了某些内容,强化了服务对象.值得说明的是,在新一版中还选入了相当数量的近年高考题,这些问题集中反射了各地专家、学者的智慧,格外显得光彩熠熠、耐人寻味.因此,新一版内容更为丰满多彩,也更为贴近中学教学和学生实际,更好地体现了科学性、方法性、应用性、趣味性.希望能够继续被广大读者喜欢,也希望能够更好地使读者受到启发,有所得益,有所进步!

今后,随着时代的发展和中学物理教学要求的不断更新,新思想、新成果和教学中的新问题势必会层出不穷,但前辈科学家崇高的科研精神、深邃的思想和创造性思维方法的光辉,必将永远照耀着人们前进的道路!

在新一版问世之际,首先要衷心感谢我的良师益友、苏州大学物理系束炳如教授.从萌发编写丛书的想法开始,束先生就给予作者极大的鼓励、支持.编写过程中,作者与先生进行了难以计次的深夜长谈,他开阔的思路、活跃的创见和对具体问题深刻的分析指导,都给了作者极为有益的启发和帮助,让作者从中得到了强大的精神力量,也给作者留下了永不磨灭的记忆.借此机会,同时衷心感谢两位德高望重的原顾问周培源先生*和于光远先生**以往对本丛书的关爱;衷心感谢为本丛书作序的阎金铎教授***对作者的鼓励;衷心感谢吴保

---

* 周培源(1902—1993),著名物理学家,中国科学院院士,曾任中国物理学会理事长、中国科学技术协会主席、北京大学校长等.

** 于光远(1915—2013),著名经济学家,中国社会科学院哲学社会科学学部委员,曾任国家计划委员会经济研究所所长、中国社会科学院副院长等.

*** 阎金铎,著名物理教育家,北京师范大学物理系教授、教科所所长,曾任中国教育学会物理教学研究会理事长等.

让先生、倪汉彬先生、贾广善先生、刘国钧先生等曾为丛书审读初稿并提出了宝贵的修改意见；衷心感谢曾为丛书绘制精美插图的朱然先生；衷心感谢被引用为参考资料的原作者们；衷心感谢曾经对丛书大力支持的大象出版社；衷心感谢广大读者朋友对本丛书的厚爱.

本丛书相当于一个"系统工程"，编辑、出版需要花费大量的人力、物力. 新一版的问世，跟中国科学技术大学出版社的鼎力支持是分不开的. 在此，也代表所有作者对中国科学技术大学出版社和有关编辑室表示衷心的感谢.

不知哪位作家说过这样的话：写作的最大乐趣首先是在写作的过程中，作者与读者心灵交流；其次是作品出版后，能够被读者认可. 虽然这套丛书不是文学创作的作品，我们也只是站立三尺讲台的中学老师，但是在编写过程中，内心时时有着一种极为强烈的冲动，有一个声音呼唤着：把我们在长期教学实践中所积累和思考的有关中学物理教与学的点滴认识、心得与中学物理教学界同行，尤其是广大的中学生朋友们进行交流、分享与探讨. 实际上，书中有许多地方都包含着从以往学生的思维火花中演绎的方法.

本丛书的新一版，尽管我们思考了比较长的时间，编写中也都作了努力，但仍然难免会有疏漏乃至错误的地方，请读者发现后予以指正.

王溢然

2014 年 2 月于苏州庆秀斋

前　言

　　模型是一个广义的概念.有一类称为物质模型,它采用缩小与放大几何尺寸的方法,是制作得跟原型相似的一种实体模型(如飞机模型、大桥模型等),这是以研究原型的功能、结构性能为目的的.另一类称为理想模型,它是根据人们的抽象思维和想象力,采用理想化和纯粹化的办法,所创造的能再现原型的本质联系和内在特性的一种简化模型.后者是在物理学研究中常用的模型.物理学中的规律就是通过对理想化的物理模型的研究得出来的.本书所指的就是这一类模型.

　　本书中选取物理学中若干著名的,也是中学生较为熟悉和易于理解的物理模型,通过剖析它们在科学认识中的作用及它们的建立和发展、演化过程,展示物理模型所包含的丰富内涵及其重要的科学地位.同时,结合物理模型与中学物理教学实际的联系,阐述了物理模型的教学功能和在分析、解决具体物理问题时的应用.

　　希望广大读者能从本书中获得对物理模型的较为全面的认识,并能自觉地运用物理模型指导物理学习,提高研究和解决物理问题的能力.更希望能在开拓未知世界的过程中,通过高度抽象的创造性思维,提出新的模型,揭示未知世界的规律,认识未知世界的真相.

作　者
2014 年春于苏州庆秀斋

目　录

序 1 ·· (i)

序 2 ·· (iii)

前言 ·· (vii)

1　几种典型的物理模型 ································· (001)
 1.1　天体运行模型 ·· (001)
 1.2　理想气体模型 ·· (010)
 1.3　金属导电模型 ·· (015)
 1.4　原子结构模型 ·· (019)
 1.5　夸克模型 ·· (025)

2　物理模型在科学认识中的作用 ···················· (033)
 2.1　简化和纯化事物原型 ······························ (033)
 2.2　解释事物或现象原因 ······························ (036)
 2.3　建立或证明物理理论 ······························ (040)
 2.4　指出方向和做出预见 ······························ (046)
 2.5　利用模型做合理估算 ······························ (050)

3　物理模型的建立和发展 ······························ (058)
 3.1　物理模型抽象于事物原型 ························ (058)

  3.2 建立物理模型的理论基础 …………………………… (059)
  3.3 建立物理模型的基本方法 …………………………… (065)
  3.4 物理模型的发展与进化 ……………………………… (073)

4 中学物理中常见的四类模型 …………………………………… (089)
  4.1 对象模型 ……………………………………………… (089)
  4.2 条件模型 ……………………………………………… (094)
  4.3 过程模型 ……………………………………………… (103)
  4.4 数学模型 ……………………………………………… (108)

5 物理模型在中学物理学习中的指导作用 …………………… (117)
  5.1 科学探究的重要途径 ………………………………… (117)
  5.2 解题的一把金钥匙 …………………………………… (125)
  5.3 应用模型的几点认识 ………………………………… (132)

6 物理模型在中学物理解题中的应用 ………………………… (158)
  6.1 质点、刚体和质点组模型 …………………………… (158)
  6.2 绳、杆和弹簧模型 …………………………………… (168)
  6.3 匀速直线运动和匀变速直线运动模型 …………… (178)
  6.4 简谐运动模型 ………………………………………… (184)
  6.5 碰撞模型 ……………………………………………… (193)
  6.6 分子模型 ……………………………………………… (204)
  6.7 理想气体模型 ………………………………………… (209)
  6.8 发动机与电动机模型 ………………………………… (216)
  6.9 "实用型"问题中的模型 ……………………………… (230)

结束语 ……………………………………………………………………… 283

参考文献 …………………………………………………………………… 285

1  几种典型的物理模型

模型是理论知识的一种初级形式.做理论研究时,通常都要从"构造模型"入手,利用抽象化、理想化、简化和类比等方法,把反映研究对象的本质特征抽象出来,构成一个概念或实物的体系,即形成模型.理论的研究实际上就是对模型的研究.物理学发展的历史,可以说就是不断提出物理模型,并且是新模型不断完善旧模型或者代替旧模型的历史.

下面,我们从物理学发展史上的几个片断出发,来初步了解和认识几种典型的物理模型.

 天体运行模型

清晨,太阳从地平线上冉冉升起,傍晚,太阳落下,明月高挂,天空布满群星.宇宙间的日月星辰究竟是怎样运动的?人们很早就对这个问题产生了兴趣,并尝试着做出种种安排.历史上流传下来、对人们影响最大的先后有过两种模型.

(1) 托勒密的九重天模型

柏拉图的问题

最早尝试说明天体运动规律的,相传是公元前4世纪古希腊的

模型 MO XING

柏拉图(Plato). 他在一篇讲话中指出:"天上的星体代表着永恒的、神圣的、不变的存在,因此它们肯定沿着最完美的轨道以最完善的方式运动. 最完善的运动是匀速圆周运动,因此它们一定是围绕着地球做匀速圆周运动的."

但是,实际观察到的少数天体,它们的轨道看起来并不是圆周运动,而且也不是匀速的,甚至有时是逆行的. 图 1.1 就是观察到的一次火星在天球的背景上运动的逆行情况,从 9 月 1 日到 11 月 1 日记录的位置可以看出,有一段时间内火星向着与原来相反的方向运动.

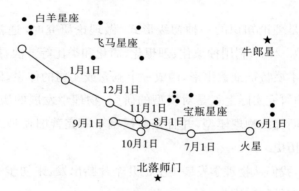

图 1.1　火星相对于恒星的位置

对此,柏拉图认为,这些不规则运动必定是一些完整的匀速圆周运动按某种方式组合的结果. 于是,他向他的学生提出了如下的问题:如何把圆周运动组合起来说明观察到的太阳、月亮以及行星的运动?

托勒密的回答

在柏拉图以后近两千年的天文学的发展中,基本上是按照他这个指导思想进行的. 而把这个思想发展到顶峰的是古希腊亚历山大的数学家、天文学家托勒密(C. Ptolemaeus). 大约在公元 150 年,托勒密发表了《伟大论》一书,集古代天文学之大成,提出了历史上著名的"地心说",排列了日月行星距离地球的顺序,创造了所谓宇宙"九重天模型". 他认为宇宙由九个运动着的同心晶莹球壳组成,最低的一重天是月亮天,其次是水星天和金星天,太阳居于第四重天球上,从第五重天到第七重天依次是火星天、木星天和土星天,第八重天是恒星天,全部恒星像宝石一样镶在这层天界上,在恒星天之外,还有一重最高天,即"原动天",那里是神灵居住的天堂. 各重天都绕地球转动,地球坐落在宇宙中心,远离诸天,岿然不动(图 1.2).

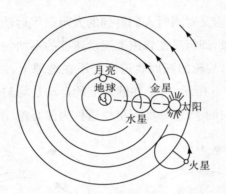

图 1.2 托勒密的九重天模型

为了回答柏拉图提出的问题,托勒密设想行星在天球上时是在较小的圆周上做匀速运动,这个圆周叫本轮,本轮的中心在围绕地球的大圆上做匀速运动,这个大圆叫均轮,如图 1.3 所示*.

图 1.3 均轮与本轮

当行星绕本轮转到离地球最近的位置如图 1.4 中 A 时,相对于均轮上的运动,行星是向后运动的. 如果行星在本轮上的速度比本轮中心在均轮上的速度大,在地球上看到的行星运动就是逆行的了(图 1.4).

---

* "本轮-均轮"运动模型是柏加的阿波罗尼阿斯(Apollónius of Pergs)首先提出的.

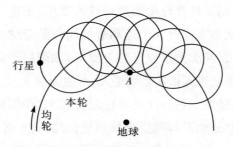

图 1.4　对逆行的解释

接着,托勒密又对当时人们看到的太阳周年运动夏半年慢些、冬半年快些的现象,即行星在轨道上运动速度的不均匀性做了解释. 托勒密设想行星沿均轮的圆周轨道中心不在地球上,而在地球外某一点 C 上,如图 1.5 所示. 行星在圆周上的运动是均匀的,但在地球上看来就不是均匀的了. 这样的行星轨道称为偏心轮(图 1.5).

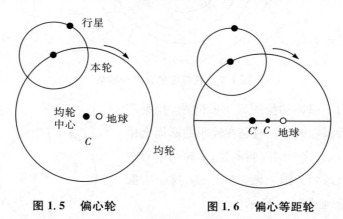

图 1.5　偏心轮　　　　　图 1.6　偏心等距轮

为了使理论和实际的观测符合得更好,后来托勒密对他的模型又做了修正. 行星的运动在圆心 C 看来也不是均匀的,而在 C' 点看来才是均匀的. C' 点和地球相对于圆心 C 是对称的,如图 1.6 所示. 这样的圆形轨道叫偏心等距轮.

托勒密根据他的运动模型,经过严密的数学计算,巧妙地选取各个本轮、均轮大小的比例、平面的交角及运动的速度,可以预言行星的位置、日食和月食的发生,而且在相当长时期内,他的预言和实测的位置相差仅在 2°以内,这在当时已是相当好的结果了. 托勒密的模型由于迎合了人们的心愿,即人类是生活在一个稳定不动的坚实的地球上而处于宇宙的中心,所以使世人很容易接受. 托勒密自己也傲慢地猛烈抨击公元前 270 年古希腊阿里斯塔恰斯(Aristarchus of Samos)最早提出的"地动说":"有些哲学家曾提出一种他们认为很可信服的体系……认为天穹不动,而是地球在自西向东自转……这是滑稽可笑的."*

神学家的改造

值得一提的是托勒密虽然在他的模型里也构造了供奉神灵栖息的最高天,但作为科学理论提出来时却与宗教并无共同之处,因此开始也为当时的教会所不容. 天体的运行竟然可由凡夫俗子来"预报",这是高傲的教会无法容忍的大逆不道! 所以在很长一段时间内其著作曾被打入禁书之列. 直到 1231 年,当时的一个颇有心计的教皇格里高利九世巧妙地改换了过去一味高压的大棒政策,让神学家们对托勒密的著作改头换面,加进圣经的内容,使它与教义并行不悖,从此使托勒密学说变成了束缚人类进步思想的桎梏,直到 1546 年哥白尼的太阳系模型向它提出了挑战.

(2) 哥白尼的太阳系模型

哥白尼(N. Copernicus)是波兰杰出的天文学家和数学家. 早年他仔细地研究了托勒密的地心模型,认为托勒密的偏心等距轮违背了柏拉图的匀速圆周运动的原则,于是,从 1506 年起,他开始探索天

---

* 阿里斯塔恰斯认为:地球一方面每天自西向东自转一圈,另一方面又每年绕太阳公转一圈;其他行星也都绕太阳公转. 这种先进的思想远远超过了当时的生产水平,根本无法做出论证,所以被湮灭了.

体运动更合理的安排.1543 年,哥白尼在生命弥留之际,见到了他的终生研究结晶——《天体运行论》一书的出版.在书中,他完整地提出了日心体系,即太阳系模型.

太阳系模型

哥白尼是从驳斥托勒密的理论开始新的思考的.哥白尼认为:托勒密的那些圆运动之间的互相组合完全是任意的,它们不是原先假想的匀速运动.哥白尼尤其反对托勒密理论中某些个别的假定(如提出偏心位置),它们破坏了运动的匀速性质.他写道:

"了解到这些不足之处以后,我常常想,能不能找到某种更加合理的组合圆的方法.由它可以把那些显而易见的不均衡现象推导出来;而且在这种圆组合中,全部运动都是围绕一个确定的中心的匀速运动……"

哥白尼从古代一些哲学家曾假定"地球是动的"的见解中受到启发,也开始考虑地球的运动.他说:"……虽然这种看法似乎很荒唐,但前人既然可以随意想象圆运动来解释星空现象,那么我更可以尝试一下,是否假定地球有某种运动能比假定天球旋转有更好的解释."

"于是,从地球运动的假定出发,经过长期的、反复的观测,我终于发现,如果其他行星的运动同地球运动联系起来考虑,并按每一行星的轨道比例来计算,那么,不仅会得出各种观测现象,而且一切星体轨道天球之大小与顺序以及天穹本身,就全部有机地联系在一起了,以致不能变动任何一部分而不在众星和宇宙中引起混乱."

在哥白尼的太阳系模型中,太阳是宇宙的中心,所有天体(包括地球及当时已知的五颗行星)都绕太阳运转.它们在宇宙中的位置按照离太阳的距离从近到远的排列依次是水星、金星、地球、火星、木星、土星,在土星外遥远的天球上是恒星,如图 1.7 所示.

哥白尼用非常美妙的语言写下一段文字,那简直是一首散文诗,

在非人文学科的科学论文中是罕见的. 他这样写道:

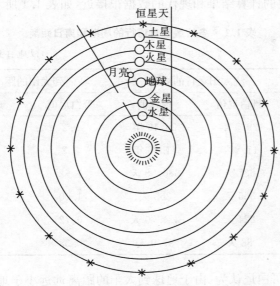

图 1.7　哥白尼模型

"中央就是太阳. 在这华美的殿堂里,为了能同时照亮一切,我们还能把这个发光体放到更好的位置上吗？太阳堪称为宇宙之灯、宇宙之头脑、宇宙之主宰……于是,太阳坐在王位上统率着围绕它旋转的行星家族,地球有一个侍从——月亮. 正如亚里士多德在《博物志》中所说,当地球从太阳那里受孕和怀胎,以便每年生育一次的时候,月亮是地球最亲的亲人."

哥白尼认为:"……这样,我们就发现在这样有秩序的安排下,宇宙里有一种奇妙的对称性,轨道的大小与运动都有一定的和谐关系. 这样的情况是用别的方法达不到的."

宇宙的大小

哥白尼根据观测资料,运用他的模型,不仅算出了各个行星绕太阳运行的周期,而且在历史上第一次算出了各个行星到太阳的距离,

从而第一次给出了宇宙大小的尺寸.

哥白尼的计算结果和现代的数据很接近,如表 1.1 所示.

表 1.1 各行星绕日运行的周期和离日距离

以地日距离为单位

行星	绕太阳运行的周期		到太阳的距离	
	哥白尼值	现代值	哥白尼值	现代值
土星	29.5 年	29.46 年	9.2	9.54
木星	11.8 年	11.86 年	5.2	5.20
火星	687 天	686.98 天	1.52	1.52
地球	365 天	365 天	1.00	1.00
金星	224 天	224.70 天	0.72	0.72
水星	88 天	87.9 天	0.38	0.39

同时,哥白尼认为:由于地球到太阳的距离远远小于地球到恒星的距离,所以在地球上看起来恒星像镶嵌在天球上静止不动一样. 在地球上看到太阳从东方升起、西方落下的视运动,是地球在绕太阳公转的同时也绕着自己的轴线自西向东自转的结果;在地球上看到行星的逆行,并不是行星本身运动引起的,也是由于地球在运动着的缘故.

哥白尼用他的太阳系模型,很成功地解释了天体的运动,并且也能编制出行星运行表. 在预言行星的位置上,差不多与托勒密的结果同样精确,即也与实测位置相差在 2° 以内.

两种模型的比较

哥白尼太阳系模型与托勒密九重天模型,都是在柏拉图的天体运动的思想支配下,把匀速圆周运动看作最完美、最和谐的运动,都主张采用均轮-本轮的组合说明宇宙的结构,但哥白尼模型具有明显的优点:

① 哥白尼模型有着内在的简单性

采用托勒密模型时,为了说明天体的运动特征,天文学家用了八十多个圆解释太阳和当时发现的五个行星(水、金、火、土、木)的运动. 一连串的宝塔谁都会感到头晕目眩! 据说,卡提斯拉国王阿尔劳斯十世也曾发过不满的牢骚:"假如上帝当初创世时向我请教的话,系统就不会那么复杂了." 哥白尼认为,托勒密模型"不是忽略了一些必不可少的细节,就是塞进了毫不相干的东西". 而在哥白尼太阳系模型里,已可以减少到 34 个圆,因而提供了用圆周和匀速运动解释天体运动的最简单的方案,使得天文学上的测算也更加容易.

② 哥白尼模型有着内在的和谐性

哥白尼把每个行星轨道的大小、运动的速率和排列顺序关联起来,形成一个紧密有序的整体,并且把这个中心给予了太阳——最大、最亮的光和热的使者,使宇宙显示出一种令人赞叹的对称性.

虽然哥白尼的太阳系模型如此简明、和谐,也比较精确,但在当时相信哥白尼的人还是非常少的. 究其原因,从科学上说,除了有些现象它还不能圆满地解释外,更重要的是,由于它只给了众星运动情况的描述,而运动的描述总是相对的,以什么为参照系都是可以的. 哥白尼以太阳为参照系和托勒密以地球为参照系,实际上并无正确和错误之分,而只是方便或简单与否之别. 正如英国杰出的哲学家培根(F. Bacon)* 在 17 世纪初所说的那样:"显而易见,一个认为地球是运动的,一个坚持旧的结构,两者几乎同样和无差别地为现象所支持." 这就是说,在描述行星的运动上,哥白尼并没有能完全战胜托勒密. 相反,由于哥白尼的模型与教义相悖,曾一度被斥为异端邪说.

恩格斯的评价

尽管如此,哥白尼这种大胆地并且相当有根据地(特别是有数学

---

* 培根提出了名言"知识就是力量".

的论证)对受教会支持的托勒密体系提出挑战,在科学史上是立下了不朽功绩的.恩格斯评价道:"以他的理论来向自然事物方面的教会权威挑战,从此自然科学便开始从神学中解放出来."哥白尼极大地推动了欧洲文艺复兴时期思想解放的浪潮.从科学上说,哥白尼的太阳系模型为研究行星运动开辟了一条新的途径.这条途径使得人们不仅有可能比较详细地进一步研究行星运动的"运动学"问题,而且还能比较顺利地研究行星运动的"动力学"问题——寻找支配行星运动的原因.正是哥白尼的学说直接启发了德国的开普勒(J. Kepler,1571—1630)发现行星运动的真实规律,进而为牛顿(I. Newton 1642—1727)引力理论的完成奠定了基础.

1.2 理想气体模型

大气压的存在

理想气体模型是在对气体性质的研究中提出来的.而对气体性质的研究,实际上是长期以来关于"是否存在真空"这场争论的继续.

古希腊伟大的思想家亚里士多德(Aristotle)认为真空是不可能存在的,即所说的"自然界憎恶真空".直到17世纪中叶,人们仍以此来解释水泵抽水等有关现象.把水泵的活塞提起时,如果水不跟着上升的话,就会形成真空.而自然界是厌恶真空的,因此水就被抽上来了.伽利略(G. Galilei,1564—1642)也认为自然界憎恶真空,只是他认为这种憎恶有一个限度.

1643年,伽利略的学生托里拆利(E. Torricelli,1608—1647)为了完成老师的委托,研究抽水机对抽水高度的限制,做了著名的托里拆利实验,提出了气压的概念,否定了从亚里士多德流传下来的已近2 000年的"自然界憎恶真空"的错误观点,为定量研究气体性质打开了大门.

1 几种典型的物理模型

1646年,法国的帕斯卡(B. Pascal,1623—1662)重复了托里拆利实验,再次证实了空气有重量(现改称重力).他把真空和大气压问题结合起来,进一步认识了大气压的产生.

与此同时,德国马德堡市市长格里克(O. V. Guericke)也对真空问题具有极大的兴趣,于1654年做了在科学史上传为美谈的"马德堡半球"实验,令人叹为观止地信服了大气压的存在(图1.8).

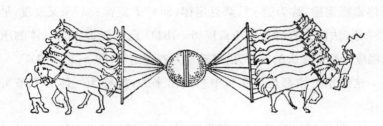

图1.8 马德堡半球实验

三条实验定律

马德堡半球实验和格里克神奇的抽气泵激起了英国物理学家玻意耳(R. Boyle,1627—1691)浓厚的兴趣,他把从家里得到的大笔钱财用于购买贵重的科学仪器,并鼓励他的助手去设计更好的抽气机.后来他利用年轻的助手胡克(R. Hooke,英国,1635—1703)发明的抽气机,做了一系列关于空气压力的实验,于1662年证实了对气体性质的下述假设:

$$压强 \times 体积 = 恒量$$

这是历史上除运动现象之外的第一个定量的自然规律*.

1676年,杰出的法国物理学家马略特(E. Mariotte,1620—1684)也独立地从实验中得到了相同的结论.他比玻意耳更明

---

* 据玻意耳说,这个假设是汤雷(R. Townley)提出来的,他自己的工作是对这个假设给出实验验证.

确地意识到这一发现所揭示的是一个重要定律.因此后人曾称上述关系为玻意耳-马略特定律(即 p-V 定律,现称为玻意耳定律).

在发现气体的 p-V 定律后的 100 多年,温标和测量方法已逐步完善.1802 年,法国化学家和物理学家盖·吕萨克(Gay-Lussac,1778—1850)首先仔细地测定了不同气体在压强不变时的热膨胀,得到的热膨胀系数均为 0.003 75 或 1/266.6*,从而建立了关于空气的定压热膨胀定律,称为盖·吕萨克定律(即 V-T 定律).后来又发现,早在 1787 年,法国人查理(Charles,1746—1823)已经先提出了气体的压强随温度升高而增大的定律,后来被称为查理定律(即 p-T 定律)**.

这三条定律都是从实验中总结出来的,统称为气体的三条实验定律.

在 17 世纪和 18 世纪是很难得到"高压"和"低温"的.当时对许多不同气体做的实验,都很好地符合这三条实验定律.譬如,在 1 atm 下,空气、氢气、一氧化碳、二氧化碳四种气体的体积都是 1 L,它们的 pV 值都为 1 atm·L.当压强增为 2 atm 时,其体积虽然并不恰好为 $\frac{1}{2}$ L,但其 pV 值还是很接近于 1 atm·L,如表 1.2 所示.

表 1.2　不同气体在 2 atm 时的 pV 值

气体	H_2	空气	CO	CO_2
pV	1.000 26	0.999 77	0.999 74	0.997 20

于是,人们普遍认为一切实验气体都能遵守这三条气体实验定律.后来人们逐渐发现实际情况并非如此.

---

* 后来进一步确定为 1/273,故盖·吕萨克定律表示为 $V_t = V_0(1 + t/273)$,引入热力学温标后可表示为 $V_2/V_1 = T_2/T_1$.

** 查理也发现了气体膨胀定律,但当时并未发表.盖·吕萨克在发表自己发现气体膨胀定律的论文中提到了查理的工作.

偏差与原因

1852年,法国科学家雷诺首先发现,玻意耳定律在压强很高时有偏差,如表1.3所示.

表1.3 氢气在 0 ℃ 时不同压强下的 pV 值

压强 p/atm	体积 V/L	pV 值 /(atm·L)
1	1	1
100	0.010 69	1.069 0
200	0.005 69	1.138 0
500	0.002 713	1.356 5
1 000	0.001 72	1.720 0

由表中的数据可知,压强增大时,玻意耳定律与实验结果的偏差越来越大. 当压强增至 1 000 atm 时,误差达到 72%.

为什么在高压下实际气体不遵守玻意耳定律呢? 因为实际气体的体积应该包括两部分,一部分是分子本身的体积,另一部分是分子间空隙的体积. 可以被压缩的仅是分子间空隙的体积,分子本身的体积不可压缩. 当压强不太高时,分子本身的体积占总体积的比例很小. 假设分子为球形,半径的数量级取为 10^{-10} m,则一个分子的体积

$$V_1 = \frac{1}{6}\pi D^3 = \frac{1}{6}\pi (2\times 10^{-10})^3 \text{ m}^3 \approx 4\times 10^{-24} \text{ cm}^3$$

1 mol 分子的总体积为

$$V_0 = N_0 V_1 = 6.023\times 10^{23} \times 4\times 10^{-24} \text{ cm}^3$$
$$\approx 2.4 \text{ cm}^3$$

因为在标准状况下 1 mol 气体占有的体积为 22.4 L = 22 400 cm³,其中分子本身的体积仅占万分之一,此时分子间的距离也较大,所以可忽略分子本身的体积和分子间的相互作用力,认为气体的体积完全可以压缩. 这样就能符合玻意耳定律.

当气体的压强足够大时,如压强增为 1 000 atm,这时 1 mol 气体的体积按玻意耳定律的计算被压缩到 22.4 cm³ 的一个小空间内,分子本身的体积将占其 $\frac{1}{10}$,就不能再被忽略了.同时,分子间的距离也较近,相互作用力也有了明显的影响,所以客观表现就不遵守玻意耳定律了.

而当温度很低时,许多气体都被液化,气体已不复存在,自然谈不上遵守气体定律了.

理想气体模型

气体的三条实验定律毕竟在一定程度上反映了气体的共同特性,揭示了各种气体宏观状态之间的内在规律性,而且这三条实验定律在解决通常情况下有关气体的一些实际问题时确实也起了十分重要的作用.因此,为了能概括各种气体的共同特性和研究上的方便,就有必要建立一个关于气体的简化模型,规定它在任何温度和任何压强下都能遵守气体的实验定律.实际气体的这种理想化的模型称为理想气体.

上面指的是对理想气体的宏观要求.从微观上说,就是指忽略分子体积和分子间相互作用力,把分子看成是弹性质点的气体.1856年,德国著名物理学家克里尼希(A. K. Krönig,1822—1879)把分子看成弹性小球,它们除碰撞以外,没有相互作用力,并且做匀速直线运动.克里尼希利用这样的模型,计算了气体的压强,得出了与玻意耳定律和盖·吕萨克定律等价的压强公式,以后又经过克劳修斯(R. J. E. Clausius,德国,1822—1888)的发展,理想气体模型的微观结构被正式确定下来.

理想气体模型有着很重要的实验意义,不仅可根据其微观结构圆满地解释气体实验定律,而且在计算精度要求不很高时,许多实际气体在相当宽的温度和压强范围内都具有理想气体的行为特点——

如空气、氧、氮、二氧化碳等气体在室温（300 K 左右）和几十大气压下仍可视为理想气体——给处理和研究气体问题带来极大的方便．

1.3 金属导电模型

导电理论的依据

法拉第(M. Faraday，英国，1791—1867) 于 1831 年发现电磁感应现象及其规律，以后，麦克斯韦(J. C. Maxwell，英国，1831—1879) 在法拉第的基础上最终完成了电磁场理论，并取得了辉煌的成果，开创了电的时代．但在相当长时期内，人们对电究竟是什么、物体是如何导电这样一些目前中学生都已知道的问题并不是很清楚．19 世纪末叶，物理学界中的一位大师开尔文勋爵(L. Kelvin)*仍旧写道："电是一种连续的、均匀的液体．"直到 1897 年英国物理学家汤姆孙(J. J. Thomson) 通过对阴极射线的研究，测出了阴极射线的电荷和质量的比值 $\dfrac{e}{m}$，并通过跟电解过程中测定的氢离子的相应数值做比较后断言：阴极射线是由质量比离子小得多、带有负电的粒子所组成的．以后就称这些带负电的粒子为电子．这是人类所认识的第一个基本粒子．电子的发现为导电模型的建立提供了重要的依据，推动了导电理论的发展．

德鲁德类比

1900 年，著名物理学家德鲁德(P. K. L. Drude，德国，1863—1906) 根据阿伏伽德罗常数对金属的自由电子浓度做了估算：一段质量为 m（kg）、摩尔质量为 M（kg/mol）的金属导线中包含的原子数为

---

* 原名威廉·汤姆孙(William Thomson，1824—1907)，是英国著名物理学家．他提出建立热力学温标，由于装设大西洋海底电缆成功，于 1892 年被封为开尔文勋爵．

$$N = \frac{m}{M} N_0$$

每个单位体积的金属原子数(原子密度)为

$$n = \frac{N}{V} = \frac{\frac{m}{M} N_0}{\frac{m}{\rho}} = \frac{\rho}{M} N_0$$

式中 $N_0 = 6.023 \times 10^{23}$ mol^{-1},为阿伏伽德罗常数,ρ 为该金属的密度.

以铜为例,$M = 64 \times 10^{-3}$ kg/mol,$\rho = 8.9 \times 10^3$ kg/m^3,假定每个铜原子能提供一个自由电子,得铜导线中自由电子的密度为

$$n = \frac{\rho}{M} N_0 = \frac{8.9 \times 10^3}{64 \times 10^{-3}} \times 6.023 \times 10^{23} \text{ m}^{-3}$$

$$= 8.4 \times 10^{28} \text{ m}^{-3}$$

这个数值与标准状况下理想气体的分子密度(2.7×10^{25} m^{-3})相近,德鲁德就以此为依据,通过类比首次大胆地提出了金属导电的"自由电子气模型".

德鲁德认为:金属依靠自由电子导电.这些自由电子像气体一样做着无规则的热运动,同样遵循玻尔兹曼统计分布*.它们的热运动速度同样可由公式 $\bar{v}_{热} = \sqrt{\frac{3kT}{m}}$ 得出,在常温($T = 300$ K)时金属内自由电子热运动的平均速率约为

$$\bar{v}_{热} = \sqrt{\frac{3kT}{m}} = \sqrt{\frac{3 \times 1.38 \times 10^{-23} \times 300}{9.1 \times 10^{-31}}} \text{ m/s}$$

$$\approx 1.2 \times 10^5 \text{ m/s}$$

当金属导线两端不加电压时,自由电子各向运动的机会均等,对

---

* 玻尔兹曼(L. Boltzmann)是对热学理论做出重要贡献的杰出物理学家.他在研究分子运动理论时得出了粒子按能量大小分布的规律,被称为玻尔兹曼分布.公式 $\bar{v}_{热} = \sqrt{\frac{3kT}{m}}$ 中的 $k = 1.38 \times 10^{-23}$ J/K,称为玻尔兹曼常数.

于导体中任一截面来说,任何时刻从两侧穿过它的自由电荷都相等(图1.9),它们的作用互相抵消,不会形成电流.加上电压后,金属导线内建立了电场,这些自由电子在恒定的电场力作用下穿行于金属离子间,不断与离

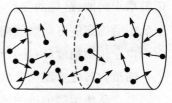

图 1.9

子磕磕碰碰、步履艰难地缓缓行进,最终形成一个稳定的定向移动的平均速度,这个情况就像是让一个小球沿着密布着许多钉子的木板往下滚一样,小球受到的重力是一个大小、方向不变的恒力,但是又不断地与钉子发生碰撞,于是小球并不做匀加速运动,而是以某一平均速度滚下(图1.10).

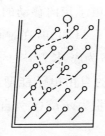 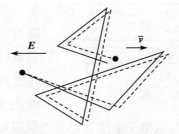

图 1.10 小球不断与钉子相碰,跟电子的无规则运动相似

三种速度

金属导电过程中存在着三种速度——自由电子定向移动的平均速度、自由电子无规则热运动的速度、电流传播速度.其中,自由电子定向移动的平均速度比它做无规则热运动的速度数值小得多,比电流传播的速度(即电场传播速度)数值更小.平时我们合上开关,电灯就亮,就是电流传播速度极大的缘故.

加上电场后,金属导线中自由电子的运动情况犹如节日里一列浩浩荡荡游行队伍中一群载歌载舞的演员.指挥员一声口令,整个队

伍都举步向前,跳舞的演员一面左右前后地穿跳,一面总要跟随着整个队伍沿确定的方向缓缓向前.这里:

口令传播速度(声速)——电场(或电流)传播速度;

演员向各处穿跳的速度——自由电子无规则热运动的速度;

整个队伍缓缓前进的速度——自由电子定向移动的速度.

这就是说,金属导电是依靠金属中自由电子在无规则热运动基础上叠加一个定向移动完成的.

定向移动速度大小

根据德鲁德的自由电子气模型可以推知:自由电子定向移动的平均速度与导线中的电流强度、导线的横截面积以及自由电子的密度有关.设导线横截面积为 S,电流强度为 I,自由电子定向移动的平均速度为 $\bar{v}$,由图 1.11 可知,在时间 t 内,只有以截面 S 为底、长 $l=\bar{v}t$ 的一个柱体内所包含的自由电子能通过该截面,它们的数量为 $n\bar{v}tS$(n 为自由电子的密度).设电子电量为 e,则电流强度

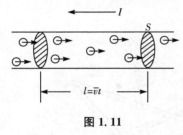

图 1.11

$$I = \frac{Q}{t} = \frac{n\bar{v}tSe}{t} = n\bar{v}Se$$

由此得

$$\bar{v} = \frac{I}{nSe}$$

上式表明,通电导线中自由电子定向移动的平均速度与电流强度成正比,与导线横截面积和导线中自由电子的密度成反比.所以一段截面不均匀的导线中通以稳恒

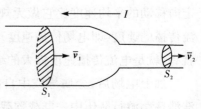

图 1.12

电流时(图 1.12),自由电子通过不同截面处的平均速度与截面大小成反比,即

$$\frac{\overline{v}_1}{\overline{v}_2} = \frac{S_2}{S_1}$$

德鲁德利用自由电子气模型还对欧姆定律做出了微观解释,导出了电阻率公式,从而建立了金属导电的经典理论.

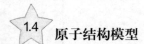 原子结构模型

关于物质的结构,我们祖先大约在公元前 11 世纪(商周之际)就曾提出过"五行说",认为宇宙万物由水、火、木、金、土五种元素组成. 西方古希腊哲学家德谟克利特(Democritus of Abdera,前 460—前 370)提出了朴素的原子论,认为宇宙万物都是由大量不可分割的微小物质颗粒所组成的. 这种物质微粒称为原子(希腊文 atomos,为不可分割之意). 不论是"五行说"还是朴素的原子论,都只具有思辨的性质,缺乏科学的根基. 1808 年英国物理学家、化学家道尔顿(J. Dalton,1766—1844)系统地提出科学原子论. 他用当量定律、定组成定律、气体分压定律提供的证据,首次雄辩地证实了原子的存在,并进行了原子量的计算,从而开创了人类真正认识原子的道路. 不过道尔顿也认为原子是不可分割的最小微粒. 直到 19 世纪末,物理学上相继出现奇迹般的三大发现,才开始动摇原子不可分的传统观点,揭开了探索原子结构的序幕.

世纪之交三大发现

首先是 X 射线的发现. 1895 年,德国物理学家伦琴(W. K. Röntgen,1845—1923)在对阴极射线*的研究中发现,从对

---

* 阴极射线是普吕克(J. Plucker,德国,1801—1868)在研究真空放电现象时于 1858 年首先发现的.

着阴极的电极(称对阴极)中会发射一种沿直线传播、不带电、穿透力极强的射线(图1.13). 伦琴确信这是一种人所未知的新射线,取名为"X射线". X射线的发现使人们开始意识到原子也有复杂的结构.

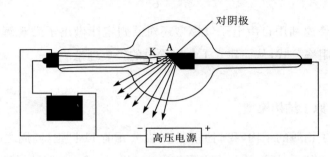

图1.13　伦琴射线的产生

次年(1896年),法国物理学家贝克勒尔(H. A. Becquerel)在对铀盐(硫酸铀酰钾)荧光作用的研究中,发现铀盐能发射一种射线,它能使底片感光、气体电离. 贝克勒尔确信这是从铀元素中产生的射线.

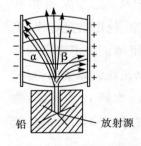

图1.14　天然放射现象

两年后,法国物理学家皮埃尔·居里(Pierre Curie)夫妇经过艰苦卓绝的努力,又成功地提炼出钋和镭两种天然放射性元素. 实验表明,天然放射性元素能自发地放射出 α、β、γ 三种射线(图1.14),最后变成没有放射性的铅. 天然放射性现象的发现严重动摇了原子不可再分的观念.

1897年,英国物理学家J·J·汤姆孙发现了电子*,彻底否定了原子不可分的神话. 此前不久,人们刚刚确认氢原子是最轻的"宇宙之砖",又立即被否定了,电子无疑是比原子更小的组成宇宙之砖.

---

* 电子的名词是1896年爱尔兰物理学家斯托尼(C. T. Stoney)提出的,当时只用来表示电荷的最小电量单位. 有关电子发现的较详细情况参考本丛书《猜想与假设》一书.

1 几种典型的物理模型

汤姆孙模型

到这时候,科学大门前摆着的任务已十分明确:揭开原子结构的秘密.既然原子中包含着带负电的电子,而整个原子又是电中性的,那么可以肯定原子中还有带正电的部分.因此,探索中的原子结构需要回答这些问题:原子内的正电荷和电子是怎样分布的?正负电荷如何相互作用?原子内究竟有多少电子?它的数目如何确定?怎样才能保持原子的稳定状态?如何解释元素的周期性和原子发光的线光谱?怎样解释放射性?等等.

许多物理学家曾为此提出过不同的物理模型,其中以 1904 年由电子发现者 J·J·汤姆孙提出的模型最有影响.

汤姆孙认为:原子好像一个带正电的"流体"球,集中了原子质量的绝大部分,带负电的电子作为点电荷有规则地镶嵌在球体某些固定位置上,就像夹在面包中的葡萄干,因此称为"面包夹葡萄干"模型(图 1.15).原子中的电子一方面受正电荷的吸引,另一方面又互相排斥,因而必然有一种状态可使电子平衡.这些电子必然组成环,并且六个以上的电子不能稳定在一个环上,数目更多就要组成两个以上的环.汤姆孙借助梅厄(A. Mayer)提出的用磁棒吸引水面上竖直漂浮的磁针(图 1.16),用模拟的实验方法证明自己模型的正确性.图 1.17 表示了用电磁铁吸引漂在水面上的磁针形成的图形——两个以上就会组成环,数目较多时就组成两个以上的环.

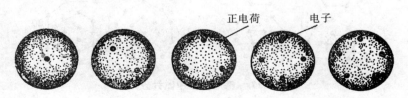

图 1.15 汤姆孙原子模型

模 型
MO XING

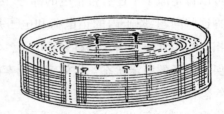

图 1.16　梅厄磁针实验

汤姆孙认为：原子发光就是由于电子在它们的平衡位置附近振荡产生的．他根据这个模型还算出了原子光谱的一个特征频率．

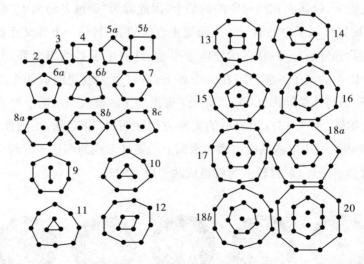

图 1.17　梅厄实验中磁针分布图

在汤姆孙模型中最重要的是原子内的电子数 n. 开始,他根据电子的荷质比 (e/m) 数值,估算出一个氢原子应有约 2 000 个电子. 后来汤姆孙设计了 X 射线和 β 射线的散射实验,判定原子内电子数 n 与原子量 A 为同一数量级. 这是汤姆孙和他的学生对原子理论的一项重大贡献.

汤姆孙模型不仅指出了原子内部是有结构的,打破了原子内部正负电荷互相对称的观念,而且由此导致了 α 粒子大角度散射实验的成功,标志着原子科学新时代的开始. 因此,人们称颂汤姆孙是"一位最先打开通向基本粒子物理学大门的伟人".

α 粒子散射实验

卢瑟福(E. L. Rutherford,1871—1937)是英国物理学家汤姆孙的学生. 1899 年他首先发现 α 射线和 β 射线. 后来,在研究射线对物质的作用时,于 1906 年首先发现 α 射线通过极薄物质时会发生散射现象——射线在底片上形成的亮点会变得模糊. 根据汤姆孙的散射理论,这是 α 粒子进入物质时与电子发生多次碰撞的结果,并且角度越大,散射的概率越小,散射角为 90°时的概率仅为 $\frac{1}{10^{3\,500}}$,可以说已是绝对不可能的了. 卢瑟福为了验证根据汤姆孙模型对大角度散射的解释,从 1909 年到 1910 年间和他的助手盖革(H. Geiger)和马斯顿(E. Marsden)反复进行 α 粒子散射实验. 他们用 α 射线射向一片厚度仅为 0.000 4 mm 的极薄的金箔时,从实验中发现,绝大部分 α 粒子穿过这层足足有 2 000 个金原子那么厚的金箔时,几乎不受任何阻挡,能轻易越过这道金原子墙,继续沿入射方向前进. 但也出乎意料地发现,散射角大于 90°的 α 粒子有很大的比例,约为 $\frac{1}{8\,000}$,比汤姆孙计算的结果高得多,甚至还有个别 α 粒子能被反弹(图 1.18).

模型 MO XING

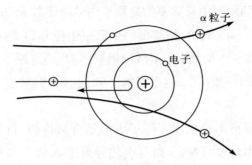

图 1.18　α 粒子散射实验现象

卢瑟福后来回忆说："我记得，非常激动的盖革到我这里来，并对我说：'我们好像得到了一些 α 粒子反向散射的情况……'，这是我一生中最不可思议的事，就好像我们向卷烟纸射去一颗 15 英寸的炮弹，而它又反射回来，还打中了我们一样的不可想象."这个现象用汤姆孙的实心带电球原子模型和带电粒子与电子发生多次碰撞的散射理论是无法解释的.

卢瑟福模型

为此，卢瑟福进行了苦苦的思索：α 粒子就是氦原子核，根据汤姆孙的"面包夹葡萄干"式的实心球原子模型，α 粒子就像是掉落两颗葡萄干的一个小面包，用一群小面包去打一个大面包阵（金属子阵），尽管速度很大，很难想象绝大部分小面包能浩浩荡荡通行无阻. 他经过计算，毅然抛开了他十分尊敬和信任的恩师、当时在科学界具有很高权威的汤姆孙的实心球模型，"吾爱吾师，吾尤爱真理"，于 1911 年提出了原子的有核模型（或称行星模型）.

卢瑟福在论文中写道："……经过思考，我认为反向散射必定是单次碰撞的结果，而当我做出计算时看到，除非采取一个原子的大部分质量集中在一个微小的核内的系统，是无法得到数量级的任何结果的，这就是我后来提出原子具有体积很小而质量很大的核心的想法."

卢瑟福认为：一切原子都有一个核，它的半径小于 10^{-12} cm，原子核带正电，它的电荷是 $+Ze$（Z 为原子序数），原子的半径是 10^{-8} cm，电子的位置必须扩展到以核为中心、以 10^{-8} cm 为半径的球内或球面上，为了维持平衡，电子必须像行星一样绕核旋转着. 这就是卢瑟福的有核原子模型或行星模型的基本内容（图 1.19）.

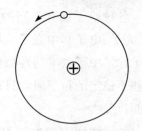

图 1.19　卢瑟福原子模型

在卢瑟福的原子模型中，原子中的正电荷和几乎全部质量都集中在极小的核内. 原子核在原子中所占的大小，就像一粒米悬挂在一个很大的体育馆中心一样，周围绝大部分是空荡荡的. 这个图景着实有点不好接受，难怪一开始有人并不相信卢瑟福的模型.

但是，卢瑟福终究胜利了. 他以他的核式模型开创了核物理学的新领域，被人们尊敬地称为"原子核物理之父".

汤姆孙也虚怀若谷，并不以学生的见解与自己不同而嫉贤妒能，并于 1919 年辞去著名的卡文迪许实验室主任的职务，提名卢瑟福继任，使这个科学中心后继有人.

1.5　夸克模型

"基本粒子"的疑问

自从 1897 年英国物理学家汤姆孙发现电子后，直到 1932 年发现中子为止，人们知道的比原子小的粒子只有 4 种：电子、质子、中子和光子. 当时它们被认为是组成物质的最小单元，一度曾被称为"基本粒子". 不久，物理学家又认识了正电子、π 介子、μ 子、中微子及其反粒子等. 后来，随着高能加速器技术的进一步提高，到了 20 世纪 50 年代，已发现的粒子总数竟达到 400 种之多，形成了一个庞大的粒子家族.

各种粒子都有不同的特性,例如,不同粒子的平均寿命差异很大.光子、电子和中微子是稳定的;质子的寿命大于10^{30}年;不稳定的粒子除了中子的平均寿命超过900 s之外,其他的都在10^{-16} s以下.这些不稳定的粒子通常只是在核反应中一闪而过,很难认识其"庐山真面目".

如果按照它们参与相互作用的种类不同,也可以把它们分成这样三类:

① 传播子

传递相互作用的粒子.如传递电磁相互作用的光子和传递强相互作用的胶子,以及传递弱相互作用的中间玻色子($W^{\pm}$、Z^0)等4种粒子.

② 轻子

直接参与弱相互作用,不直接参与强相互作用的粒子.除最常见的电子外,还有如μ子、τ子、e中微子、μ中微子、τ中微子及其反粒子等12种.

③ 强子

能直接参与强相互作用的粒子.除最常见的质子和中子外,还有如Λ超子、Σ超子、π介子、K介子等400多种.

面对这么多的粒子,尤其是为数众多的强子,自然地引起了人们的思考:这么多的粒子是否都是"基本"的?它们有内部结构吗?

理论和实验的探索

实际上,早在20世纪40年代末,一些物理学家已经对强子的结构进行了探索.当时确认的强子只有质子(p)、中子(n)、π介子(π^+、π^0、π^-),还没有发现反质子($\bar{p}$)和反中子($\bar{n}$).但是,由于狄拉克正电子理论的成功,人们坚信一定存在$\bar{p}$和$\bar{n}$.在这样的背景下,著名的美籍意大利物理学家费米(E. Fermi,1901—1954)和美籍华人杨振宁提出了第一个强子结构模型(费米-杨模型).他们认为,p和n是基本的，π介子(π^+、π^0、π^-)是由它们及其反粒子组成的.

可是，好景不长，费米-杨模型对后来发现的一批新粒子的行为无法解释.这批新粒子中有一类比π介子更重，称为重介子(又叫 K 介子，如 K^+、K^0、$\bar{K}^0$、K^-)；另一类比质子和中子还要重，称为重子(又叫超子，如 Λ、Σ^+、Σ^0、Σ^-).这批新粒子的行径非常古怪——它们通过强相互作用而产生，却通过弱相互作用而衰变.因此人们称它们为"奇异粒子".

为了解决闯进这批不速之客后带来的困难，1956年，日本物理学家坂田推广了费米-杨模型，认为 p、n 和 Λ 三个粒子是基本的，其他的强子都由它们及其反粒子组成.虽然坂田模型对于介子能够给出较好的结果，但对于重子依然无能为力.

物理学家对强子模型进行理论探索的同时，也不断进行着实验的探索.1950年4月，美国加州大学伯克利分校的几位物理学家，首先用实验证明了π介子不是基本粒子.于是，原来的基本粒子"不基本"的思想，进一步地深入人心.不久，斯坦福大学的霍夫斯塔特(R. Hofstadter)研究小组，用直线电子加速器做散射实验，他们发现质子不是集中的点结构，它有一定的大小和形状.1954年，他们进一步做了实验，又测得质子的大小约为$(0.74\pm 0.24)\times 10^{-16}$ cm.显然，像质子、中子这样的强子应该有内部结构，已经成为一个不争的事实.

那么，究竟组成物质最基本的单元是什么呢？直到20世纪60年代，美国物理学家盖尔曼首先提出了"夸克模型"，才让人们在迷茫中兴奋地看到了曙光.

夸克飞进了物理学

盖尔曼(M. Gell-Mann)于1951年在麻省理工学院获得博士学位后，先后在普林斯顿大学高级研究院、芝加哥大学和加州理工学院做研究工作.当时，粒子物理学的舞台空前活跃，一大批新粒子的发现深深地吸引着年轻的盖尔曼.

从1953年起,他根据一些粒子的实验规律,短短几年内首先在解决奇异粒子带来的困难方面做出了功劳(如提出奇异量子数、奇异数守恒定律等),取得了令人瞩目的成就.

紧接着,盖尔曼先撇开什么是更基本的粒子这类问题,抓住粒子分类的对称性考虑.他把几百个相互间看起来杂乱无章的粒子,根据它们的特性做了井井有条的排列,组成了一张张好像是粒子物理中的周期表,希望从中发现粒子结构的端倪.

众所周知,化学史上,俄国科学家门捷列夫抓住原子量的大小把各个元素排列起来,在性质上能呈现出明显的周期性.并且,根据所排列的元素周期表,不仅可以修正当时某些元素的原子量,还预言了某些新元素.元素周期表揭示了这些似乎互不相关的元素间相互依存的关系,有力地促进了现代化学的发展.

如今,盖尔曼抓住粒子对称性的排列,也会有这样的好运吗?果然,苍天不负有心人.盖尔曼通过不厌其烦地仔细排列和比较后发现,如果用三个粒子取代坂田模型中的p、n和Λ作为基本粒子,强子结构的问题就会一路顺畅了.

那么,这三个粒子应该具有什么特点呢?盖尔曼通过进一步研究后大吃一惊,要求这三个粒子必须具有分数电荷.这可是物理学中破天荒的第一回——自从1897年发现电子后,半个多世纪以来发现的所有粒子都具有整数电荷.电子电荷是一个最小的电量单位,仿佛已经是物理学中的金科玉律,从来没有违背过.然而,任何理论都必须服从客观实际的需要,这三个小家伙却只能取分数电荷,这也是夸克模型中最独特的地方*.

---

* 夸克的存在与自然界中是否有分数电荷有着直接的关系.因此,自从盖尔曼提出夸克模型后,许多物理学家煞费苦心去设计寻找分数电荷的实验.1977年,美国斯坦福大学费尔班克小组做了一次跟密立根油滴实验很类似的超导铌球实验,发现有一个铌球的电荷为(1/3)e,为夸克的存在提供了佐证.

为了给这三个特别的小家伙命名,盖尔曼突然想起了 J·乔伊斯的一首长诗《芬尼根彻夜祭》中的词句:

夸克……夸克……夸克……
三五海鸟把脖子伸直,
一起冲着麦克王,
除了三声'夸克',
麦克王一无所得……

仿佛是跟这个"三"有着不解之缘,于是他就很幽默地借用了"夸克"(quark)这个名称,把这三种粒子分别叫作上夸克(u)、下夸克(d)和奇夸克(s). 它们的反粒子分别称为上反夸克($\bar{u}$)、下反夸克($\bar{d}$)和奇反夸克($\bar{s}$). 他认为夸克之间依靠交换胶子紧密地结合在一起,也就是说,胶子就相当于夸克间相互作用的量子,跟电磁作用中的光量子一样. 这三种夸克和它们的反粒子以各种不同方式组合成的复合态,可以构成各种不同的强子(图 1.20).

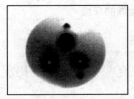 

质子包含两个上夸克和一个下夸克　　中子包含两个下夸克和一个上夸克

图 1.20　不同状态的强子

例如质子由两个上夸克和一个下夸克组成(记为 uud);中子由一个上夸克和两个下夸克组成(记为 udd);π^+ 介子由一个上夸克和一个反下夸克组成(记为 u$\bar{d}$);π^- 介子由一个反上夸克和一个下夸克组成(记为 $\bar{u}$d)等.

夸克模型的提出,使人们对物质结构的认识更深入一个层次(图1.21). 盖尔曼也由于在基本粒子研究方面的卓越贡献,荣获 1969 年度诺贝尔物理学奖.

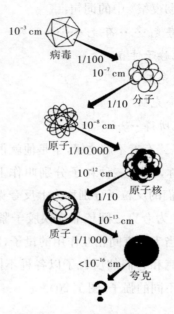

图 1.21　微观物质世界的尺度

夸克家族色味俱全

那么,物质世界中是否只有三种夸克呢? 在盖尔曼提出夸克模型 10 年后,立即有了响亮的回应.

1974 年,美籍华裔物理学家丁肇中和他领导的小组,在美国纽约州长岛的布鲁克海文国立实验室发现了一种前所未有的新粒子,他们称为 J 粒子(字母 J 取自"丁"的汉字字形). 差不多同时,美国斯坦福大学的里克特(B. Richter)教授等人也在对撞机的实验中发现了同一种新粒子,他们称为 ψ 粒子. 后来人们就把这种粒子命名为 J/ψ 粒子.

J/ψ 属于强子,它具有非常独特的性质. 它的质量很大(约为质子质量的 3 倍),但寿命却很长(约为 10^{-20} s),比质量相似的其他介子的

寿命约长 $10^3 \sim 10^4$ 倍. 进一步的实验和理论研究指出, J/ψ 粒子是由一种新的夸克及其反粒子组成的. 这个新的夸克称为粲夸克(c), 它的带电量为 $(2/3)e$. 丁肇中和里克特也因发现 J/ψ 粒子共同荣获 1976 年度诺贝尔物理学奖. 丁肇中也是继李政道、杨振宁后第三位获得诺贝尔奖的华人物理学家.

1977 年, 莱德曼等人通过实验发现一个独特的新粒子, 又确认了一个新的夸克, 称为底夸克(b), 它的带电量为 $(-1/3)e$.

后来, 科学家根据轻子和夸克之间存在着的对称性考虑, 又预言了第六种夸克——顶夸克(t), 它的带电量为 $(2/3)e$.

这样, 被人们确认的共有 6 种夸克. 每一种夸克都有对应的反夸克. 为了区分它们在组成不同强子时的不同表现, 物理学家展开丰富的想象力, 用红(R)、绿(G)和蓝(B)三色进行区分. 当然, 这完全不是光学意义上的颜色, 仅是借用这个名称而已. 接着, 物理学家干脆又用"味"这个词来区分 u、d 和 s 这三种夸克的不同. 当然, "味"同样是一种记号. 这样一来, 夸克有色有味, 格外引人入胜.

禁闭的幽灵

如今, 科学上已经有大量的实验和理论依据, 几乎一致认同夸克是组成物质的最小微粒. 夸克、传播子和轻子都是没有内部结构的"点状"粒子, 目前已经确认的其他几百种粒子都是由这样三类粒子组成的. 这三类粒子才称得上是真正的"基本粒子".

但是, 迄今为止, 科学家无论是在宇宙线里、加速器上以及自然界中, 在各种实验中始终无法找到自由的夸克. 夸克仿佛是一个被禁闭的幽灵, 这真是一个不解之谜!

有人认为, 由于夸克结合成某些基本粒子时的结合能太大了, 目前的设备还没有足够大的能量把夸克分离出来. 也有人认为, 夸克只能永远被囚禁在强子内部. 即使打碎一个强子, 但是它的每一个微小的碎块, 也并不是组成它的单个夸克, 而仍然是由几个夸克组成的新

粒子.

"夸克禁闭"成为一个重大的科学疑难,围绕着"夸克禁闭"可以引发出许多值得探讨的问题.它或许会超越当年"两朵乌云"所产生的巨大影响,让我们拭目以待吧!

2 物理模型在科学认识中的作用

建立物理模型是物理学中的一种十分重要的研究方法,它不仅在形成正确理论的过程中起着重要的作用,也渗透到对各种具体的物理问题的研究之中.它对物理学的发展和指导人们对物理现象、物理规律认识上的作用,大致可归纳为以下几个方面.

2.1 简化和纯化事物原型

物理模型是一种理想化的形态,它最明显的特点是对原型(研究对象和物理过程等)已摒弃了各种次要因素的影响,做了极度的简化和纯化的处理,突出了决定事物状态、影响事物发展变化的本质联系,从而可以借助模型顺利地开展研究工作.

譬如,研究地球绕太阳公转的运动,由于地球与太阳的平均距离(约为 1.496×10^{11} m)比地球的半径(约为 6.37×10^6 m)大得多,地球上各点相对太阳的运动可以看作相同,因此可以忽略地球的形状、大小,把地球简化为一个质点来处理,由此就可以较方便地找出地球绕太阳公转时的一些规律.

如果不建立这样一个理想化的物理模型,不仅地球绕太阳的运动复杂到难以研究,而且就连平常一个小球从地面上空不高处由静止下落的运动,也会变得无从下手.因为小球下落时,影响小球运动

的因素很多——首先是重力,根据万有引力公式

$$F = G\frac{Mm}{r^2}$$

它将随着小球下落过程中与地面距离的改变而变化;其次是小球所受的空气阻力,它与小球的形状、大小和下落速度有关,也将不断变化;其他诸如地球的自转、风速的影响,对铁质小球还会受到地球磁场的影响等. 如果要综合考虑这些因素后去找出小球下落运动的规律,那就变得十分困难,其实,有时也没有这个必要. 为此,我们可以对这个小球下落的过程加以纯化——当小球在地面上空不高处下落时,可以认为重力恒定;当小球下落速度不大时,可以忽略空气阻力的作用;同时,也可不计地球的自转、风速、地磁场等非主流的影响等. 经过这样的纯化后,这个小球的运动可以看作在均匀的重力场中只受重力的一种运动,我们称它为自由落体运动. 所以,自由落体运动也是一种理想化的物理模型. 伽利略正是运用这个落体模型找出它的运动规律来的.

牛顿在发现万有引力定律的过程中,从 1666 年到 1684 年 8 月之前,他的研究似乎没有实质性的进展,可能原因之一*就是当时牛顿还未能精确证明是否可以把月球、地球看作质量集中在中心的质点模型进行计算.

2007 年 10 月 24 日 18 时 05 分,我国首颗绕月人造卫星嫦娥一号顺利升空. 它通过自带的小型火箭多次变轨后,进入地月转移轨道,最终被月球引力捕获,并开展对月球的探测. 无论嫦娥一号的结构多么复杂,它从地面发射后直到被月球的引力捕获的整个过程中的轨迹有可能做什么调整,对它做了简化和纯化后,就可以看成一个质点,并以几条椭圆轨道和一条转移轨道来表示整个运动过

---

* 另一些可能原因是牛顿当时所知道的地球半径的数值不精确,计算误差较大,此外,可能他当时正致力于微积分、光学等方面的研究.

2 物理模型在科学认识中的作用

程(图 2.1).

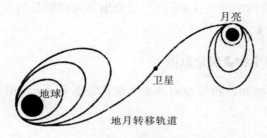

图 2.1 "嫦娥一号奔月"示意图

利用模型对原型简化和抽象,也是对工程技术问题进行理论探究的重要方法.图 2.2 所示是我们漫步江边时经常能看到的斜拉桥.它是二战后德国首创,由于它的跨度大、结构简单、造型美观,如今已风靡全世界.斜拉桥的桥面由

图 2.2 斜拉桥

许多钢索牵引着,这些钢索对称分布在高高的塔柱两边.为了研究钢索的拉力对塔柱的影响,可以采用一个简化的模型,如图 2.3 所示.

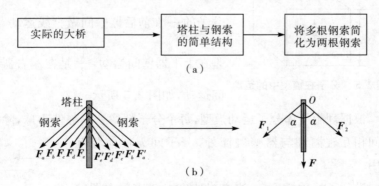

图 2.3 斜拉桥塔柱与钢索的简化模型

可以这么说,我们每次的物理课都在与模型打交道.平时的物理实验和所做的各种练习题等,都是简化和纯化了事物原型后的一种

模型. 我们正是依靠着对事物原型的简化和纯化后进行学习的. 由此可见, 对事物原型的简化和纯化, 抽象出物理模型是何等重要!

2.2 解释事物或现象原因

物理模型和事物原型间基本的逻辑联系可表示为图 2.4 所示的形式.

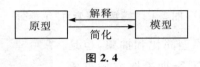

图 2.4

即从原型出发对其进行简化和纯化后抽象出物理模型；反过来物理模型可为原型提供解释的演绎系统. 我们从上面介绍的典型模型中选择两个模型为例做一说明.

(1) 利用理想气体模型解释气体定律

设想一个边长为 l 的立方体容器, 其中有 n 个气体分子. 由于分子运动的完全无规则性, 可以认为所有分子的 $\frac{1}{3}$ 在前后器壁间做直线运动, $\frac{1}{3}$ 是在上下器壁间运动, $\frac{1}{3}$ 是在左右器壁间运动, 如图 2.5 所示.

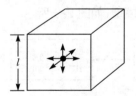

图 2.5　分子在模型中的运动

根据理想气体分子运动模型, 每个分子都像一个弹性小球, 除分子间相互碰撞和与器壁碰撞外, 分子间无任何相互作用.

设分子的质量为 m, 当它以速度 v 垂直射向器壁与器壁发生弹性碰撞后, 反射速度大小 $v' = v$ (图 2.6), 这个分子的动量变化

2 物理模型在科学认识中的作用

$$\Delta p = mv' - (-mv) = 2mv$$

器壁作用于这个分子的冲量为 $I' = \Delta p = 2mv$. 按牛顿第三定律,分子对器壁必施以同样大小的冲量

$$I = I' = 2mv$$

这个分子由器壁反弹后飞向对面的器壁,然后再反弹回到原来的器壁时一共经历的时间(忽略与壁的碰撞时间)为

$$\Delta t = \frac{2l}{v}$$

因此,一个分子在这样两次连续碰撞的时间内,对器壁的平均作用力为

$$\Delta \overline{f} = \frac{I}{\Delta t} = \frac{2mv}{\frac{2l}{v}} = \frac{mv^2}{l}$$

设不同分子以不同的速度 $v_1, v_2, \cdots, v_{n'}$ 运动,它们对一个器壁总的碰撞力为

$$\overline{f} = \Delta \overline{f}_1 + \Delta \overline{f}_2 + \cdots + \Delta \overline{f}_{n'}$$

$$= \frac{mv_1^2}{l} + \frac{mv_2^2}{l} + \cdots + \frac{mv_{n'}^2}{l}$$

$$= \frac{n'm}{l} \times \frac{v_1^2 + v_2^2 + \cdots + v_{n'}^2}{n'}$$

式中 $n' = \frac{1}{3}n$ 是前后(或上下、左右)两壁间运动的分子数.

令

$$\overline{v}^2 = \frac{v_1^2 + v_2^2 + \cdots + v_{n'}^2}{n'}$$

这是分子速率平方的平均值,称为方均根速率的平方,于是得

$$\overline{f} = \frac{1}{3} \times \frac{nm}{l} \overline{v}^2$$

用 l^2 除上式左右两边,即得理想气体分子对器壁的压强公式

$$p = \frac{\overline{f}}{l^2} = \frac{1}{3}\frac{n}{l^3}m\overline{v}^2 = \frac{1}{3}n_0 m\overline{v}^2 = \frac{2}{3}n_0\overline{w}$$

式中 $n_0 = \frac{n}{l^3}$ 是单位体积中的分子数,称为分子密度. $\overline{w} = \frac{1}{2}m\overline{v}^2$ 是分子的平均平动动能,它是一个仅由气体的温度决定的量*.

如果气体的温度不变,则气体分子的平均平动动能不变,根据气体的压强公式可知,气体的压强仅与分子密度成正比. 一定量气体的体积压缩为原来的 $\frac{1}{2}$ 时,分子密度为原来的 2 倍,压强也为原来的 2 倍,这就是玻意耳定律的结果. 如果气体的体积不变,一定质量气体的分子密度也不变,气体的压强随气体分子平均平动动能的增加而增大,即随温度升高而增大. 这就是查理定律的结果. 如果在升高气体温度、增大分子平均平动动能的同时适当地增加体积,即减少分子密度,就可保持气体的压强不变,这就是盖·吕萨克定律的结果.

这样,我们运用理想气体模型就可以从微观上对气体定律做出解释.

(2) 利用金属导电模型解释欧姆定律和电阻定律

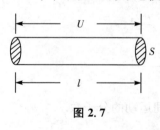

图 2.7

如图 2.7 所示,在一段长 l、截面积为 S 的导体两端加上电压 U 以后,在导体中建立了电场,电场强度 $E = \frac{U}{l}$. 作用在自由电子上的电场力 $F = Ee$. 设电子质量为 m,根据牛顿第二定律,得自由电子定向移动的加速度

$$a = \frac{F}{m} = \frac{Ee}{m} = \frac{e}{ml}U$$

---

* 现行中学物理教材中简单地把温度说成是分子平均动能的标志. 上述压强公式推导已引入高考中(参 2013 年北京高考物理第 24 题).

2 物理模型在科学认识中的作用

由于导体中的自由电子在运动过程中频繁地与金属正离子碰撞,自由电子定向移动的运动很快受到破坏,限制了定向移动速度的增加.并且,由于自由电子热运动的无规则性,在与金属正离子碰撞后向各个方向散射的机会相等,失去了碰撞前具有的定向移动的特性.因而可以认为,自由电子在与金属正离子两次碰撞之间做的是初速度为 0 的匀加速运动.

设自由电子在两次碰撞之间的时间为 τ,则碰前的末速度 $v_\tau = a\tau$,在两次碰撞过程中定向移动的平均速度

$$\bar{v} = \frac{1}{2}v_\tau = \frac{1}{2}a\tau = \frac{1}{2}\cdot\frac{eU}{ml}\tau$$

把这个结果代入根据导电模型得到的电流强度表达式 $I = neS\bar{v}$,即得

$$I = neS \cdot \frac{1}{2} \cdot \frac{eU}{ml}\tau = \frac{e^2 nS\tau}{2ml}U$$

对于一定的金属材料,在一定的温度下,τ 是个确定的数据(约为 $10^{-14} \sim 10^{-12}$ s).这就是说,对一段确定的金属导体,$\dfrac{e^2 nS\tau}{2ml}$ 是个常数.因此我们从上式可以得出结论:导体中的电流强度 I 跟这段导体两端的电压 U 成正比.这就是欧姆定律的结果.

把 I-U 关系式中的比例常数写成 $\dfrac{1}{R}$,即

$$\frac{1}{R} = \frac{e^2 nS\tau}{2ml}$$

或

$$R = \frac{2ml}{e^2 n\tau S}$$

我们称 R 为导体的电阻.由此可见,金属导体的电阻 R 与它的长度 l 成正比,与它的截面积 S 成反比,并且与金属材料性质有关(n、τ 都是与材料有关的量).这正是电阻定律的结果.所以导体的电阻率

$$\rho = \frac{2m}{e^2 n\tau}$$

它完全由材料本身的特性决定,与导体中是否通有电流以及电流的大小、方向均无关.

这样,我们就从德鲁德的自由电子气模型出发,从微观上对欧姆定律和电阻定律做了解释.

2.3 建立或证明物理理论

物理模型和理论(假设)之间基本的逻辑联系是:从对模型的研究出发可建立(或证明)理论,从而认识事物中所蕴含的物理规律,得出符合事物实际的结果(近似结果);反过来,从理论(假设)出发,也可归约出物理模型(图 2.8).

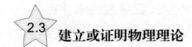

图 2.8

例如,伽利略从教堂里吊灯的摆动中,抽象出单摆模型后,通过对单摆的研究,发现了单摆振动的等时性规律. 后来,荷兰物理学家惠更斯(C. Huygens)进一步提出了摆的数学理论,导出了单摆的运动定律,即周期公式

$$T = 2\pi\sqrt{\frac{l}{g}}$$

反过来,根据单摆的振动理论,对于如图 2.9 中双线摆的振动、小球在半径很大的圆弧形槽底附近的滚动、加速运动车厢(或电梯)中摆球的运动等,都可归约为单摆模型进行演算. 更一般地,从单摆模型建立的谐振动理论,可以研究大量的各种形式的实际振动问题——在回复力满足条件 $F = -kx$ 时都可归约为谐振动模型.

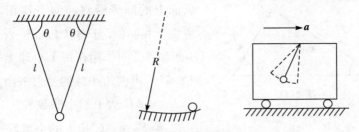

图 2.9 不同情况下小球的振动

为了进一步说明物理模型在建立(或证明)理论、认识事物规律性中的作用,下面我们再举两个典型的物理模型加以说明.

(1) 斯台文链

将一个物体放在斜面上,需要多大的力才能保持静止呢? 对这样一个目前高中一年级学生已经熟知的静力学问题,当时的人们是并不清楚的. 1586年,比利时力学家斯台文(S. Stevin)在他的著作《静力学原理》一书中,采用了一个理想模型对这个问题做了论证:他设想了一个底面水平、截面呈三角形的棱柱,在它的上面放一个由 14 颗相同的光滑的小球均匀串联起来的链圈,如图 2.10 所示. 这一链圈只可能有两种状态:静止或运动.

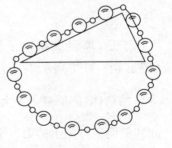

图 2.10 斯台文链

如果链圈运动,当一个小球向前刚好取代另一个小球的位置时,整个链圈在斜面上的伸展情况又恢复原状,于是,链圈还要继续沿刚才的方向运动下去,从而形成永恒的运动. 斯台文认为,链圈的这种永恒运动是不可能的,也是和经验相违背的,因此他得出结论:链圈只能静止在三角形的棱柱斜面上.

当链圈静止在斜面上时,水平底边下面的那八个小球对称地悬挂着,把它们去掉不会影响斜面上小球的平衡. 此时链圈在三棱柱每

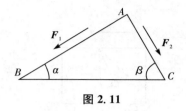

图 2.11

一斜面上的部分沿斜面向下作用着的力应该是相同的. 分别以 F_1、F_2 表示沿 AB 面和 AC 面作用在每个小球上的力(图 2.11),由两边小球的受力平衡知

$F_1 \times AB$ 边上的小球数
$= F_2 \times AC$ 边上的小球数

因为在每一边上的小球数与其边长成正比,于是由上式可得

$$\frac{F_1}{F_2} = \frac{AC \text{ 边上的小球数}}{AB \text{ 边上的小球数}} = \frac{AC}{AB}$$

上式表示在高度相同的斜面上,等重的物体所受的沿斜面方向的力与斜面的长度成反比. 设 AB、AC 两斜面的倾角为 α、β,用三角函数可将上式表示为

$$\frac{F_1}{F_2} = \frac{\sin\alpha}{\sin\beta}$$

于是,斯台文得出了下述的斜面定律(图 2.12):处于高 h、长为 l 的光滑斜面上重为 G 的物体,能够被一个大小为 $F = \dfrac{h}{l}G$、方向和斜面平行向上的力所平衡.

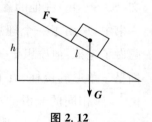

图 2.12

斯台文通过这个链圈模型(后人称为斯台文链),巧妙地解决了光滑斜面上物体的静力平衡问题,实际上已引进了力的分解法则,对静力学的发展做出了很大的贡献.

(2) 范德瓦尔斯气体模型*

实际气体的性质与理想气体不完全相符,并不严格地遵从气体的实验定律,其原因有二:第一是分子的固有体积的存在,第二是分

---

* 这是一个获得诺贝尔奖的理论的一部分,下文的介绍都在初等数学范畴内,如果阅读有困难,可以先跳过,不影响对全书的阅读.

子间的相互作用力的性质比弹性球性质复杂得多.为了找出实际气体的状态参量(p、V、T)之间的关系,荷兰物理学家范德瓦尔斯(J. D. Van der Waals)仔细研究了这两种因素的影响,于1873年提出了范德瓦尔斯气体模型(或称范德瓦尔斯方程).

范德瓦尔斯认为,由于第一个原因——分子的固有体积的存在——表现在容器内气体分子的运动并不像质点那样自由,供给分子自由运动的空间要比容器的几何容积 V 小一些.不过,也不能认为容器的几何容积和全部分子体积之差就是分子运动的自由空间.

设有一个容积为 V 的立方形容器,其边长为 $V^{\frac{1}{3}}$.令分子的直径为 d,则其体积为 $\frac{4}{3}\pi\left(\frac{d}{2}\right)^3$.

当容器内只有一个分子时,这个分子可自由运动的实际空间为

$$(V^{\frac{1}{3}}-d)^3$$

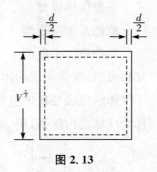

图 2.13

如图 2.13 所示.

当容器内有两个分子时,每个分子可自由运动的实际空间为

$$(V^{\frac{1}{3}}-d)^3-\frac{4}{3}\pi d^3$$

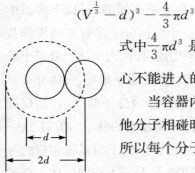

图 2.14

式中 $\frac{4}{3}\pi d^3$ 是当两个分子相碰时,第二个分子中心不能进入的那部分空间体积,如图 2.14 所示.

当容器内有 N 个分子时,由于每个分子与其他分子相碰时不能进入的空间互相重叠的结果,所以每个分子可自由运动的平均空间可认为是

$$V_f=(V^{\frac{1}{3}}-d)^3-\frac{N}{2}\cdot\frac{4}{3}\pi d^3$$

$$\approx V - N \cdot \frac{16}{3}\pi\left(\frac{d}{2}\right)^3$$

令 $V_0 = N \cdot \frac{4}{3}\pi\left(\frac{d}{2}\right)^3$，表示 N 个分子的固有体积，又设 $b = 4V_0$，于是上式可写成

$$V_f = V - 4V_0 = V - b$$

这也就是说，考虑到分子本身的固有体积 V_0 后，气体分子运动的空间（即气体的体积）应比容器的实际容积 V 小一些，减小的体积等于所有分子固有体积的 4 倍，因而应用气体的状态方程时应以 $(V-b)$ 代替原来公式的 V. 对于 1 mol 气体的状态方程，相对于不同物理模型的方程为

理想气体模型 $\qquad pV_0 = RT$

范德瓦尔斯模型 $\qquad p(V_0 - b) = RT$

对于第二个原因——分子间相互作用力的存在——分子间由于互相吸引，气体所占的体积要比玻意耳定律得出的体积小一些，相当于气体的压强要比理想气体时的压强更大一些. 增大的这部分压强称为气体的内压强，用 p_i 表示.

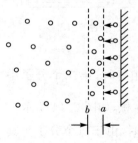

图 2.15

分子的相互作用对位于容器中部和靠近器壁的分子的影响是不同的. 对位于容器中部的气体，每一个气体分子都被它周围的其他分子包围，平均地讲，作用于这个分子上的吸引力互相抵消. 但在器壁附近，气体分子只受到与它相邻的气体内分子的吸引，即仅限于如图 2.15 中 ab 薄层内的分子的吸引. 这一层内的分子数目与分子密度 n_0 成正比. 此外，由于与器壁相碰的分子数也与 n_0 成正比，所以作用于器壁附近的分子上指向气体内部的吸引力与 n_0^2 成正比，亦即与体积的平方成反比 $\left(n_0 = \frac{N}{V}\right)$. 因而气体

分子的内压强 p_i 可表示为

$$p_i = \frac{a}{V^2}$$

气体对器壁所产生的真实的压强应为

$$p + p_i = p + \frac{a}{V^2}$$

范德瓦尔斯根据他所设计的模型对理想气体模型做了修正后，1 mol 气体的状态方程应表示为

$$\left(p + \frac{a}{V_0^2}\right)(V_0 - b) = RT$$

这就是著名的范德瓦尔斯方程，式中的修正数 a 与 b 跟气体的性质有关，它们的具体数值由实验数据测定。

范德瓦尔斯方程比理想气体的状态方程更准确地描述了真实气体的性质。表 2.1 列出的是 0 ℃ 时 1 L 氮气的实验数据与按理想气体模型（克拉珀龙方程）及范德瓦尔斯模型（范德瓦尔斯方程）所得的数据的比较。

表 2.1　克拉珀龙方程与范德瓦尔斯模型数据比较

压强 p/atm	pV 值/(atm·L)	$\left(p + \frac{a}{V^2}\right)(V-b)$ 值/(atm·L)
1	1.000 0	1.000
100	0.994 1	1.000
200	1.048 3	1.009
500	1.390 0	1.014
1 000	2.068 5	0.983

由此可见，根据理想气体模型得到的克拉珀龙方程以及其他实验定律，仅适用于压强不太大的情况，压强很大时，必须对它做出修

正,换用范德瓦尔斯气体模型.

范德瓦尔斯这一出色的工作,不仅修正了理想气体状态方程,更重要的是论证了气液态混合物是以连续方式互相转化的.后来,他又把气态方程推广到更普遍的情况,因此获得了1910年度诺贝尔物理学奖.

2.4 指出方向和做出预见

由于在理想模型的抽象过程中排除了大量的次要因素的干扰,突出了事物原型(研究对象或物理过程等)的主要特征,因而研究时更便于发挥逻辑思维的力量,可以使得对理想模型的研究结果能够超越现有的条件,并由此指出进一步研究的方向或形成科学的预见.

如在固体物理学的理论研究中,常常以没有缺陷的理想晶体作为研究对象,后来,应用量子力学对这种理想晶体进行计算的结果表明,其强度比实际的金属材料的强度约大 1 000 倍. 这个结果启发人们,通常金属材料的强度之所以比理想晶体的计算结果弱得多,一定是因为实际材料中存在着许多缺陷的缘故.后来通过仔细研究,果然发现了金属结构的缺陷,也找到了减少这些缺陷、提高金属强度的方法.

通过对物理模型的研究做出科学预见的,有许多精彩实例.

(1) 海王星的发现

自从1781年发现天王星后,通过不断地对它观测,1821年法国学者布瓦尔德发现,根据不同时间的资料算出来的轨道都互不相同,要根据以前的观测资料预报天王星以后的位置总不成功. 天王星的"出轨"现象,引起了许多天文学家的思考.

当时,德国著名数学家贝塞尔(F. W. Bessel,1784—1846)在开普勒的行星轨道模型和牛顿引力理论的指导下,大胆提出存在另一

2 物理模型在科学认识中的作用

颗行星的可能.他说:"我认为借助新行星揭开天王星秘密的一天终将到来,因为这个新行星的轨道可以根据它对天王星的作用而计算出来."

天王星的"出轨"现象同样引起了法国青年、天文学家勒维烈(U. J. J. Le Verrier,1811—1877)和英国剑桥大学学生亚当斯(J. C. Adams,1819—1892)的浓厚兴趣.于是,一场默默的竞赛开始了.

勒维烈经常到巴黎天文台去查阅天王星观测资料,并与自己理论计算的结果进行对比.亚当斯也不断到剑桥大学天文台去,他还得到一份皇家格林尼治天文台的资料,使他的理论计算能及时同观测值做比较.

1845年9月,亚当斯把研究结果请剑桥大学天文系转给英国皇家天文台台长.可是,尊贵的台长对此表示怀疑,搜寻工作就被搁置起来,一直到1846年7月29日才开始搜寻工作,但在这个搜寻工作中,又有两次把这颗新行星当作恒星轻易放过了.

1846年8月31日,勒维烈把最后的研究结果送到法国科学院(后转到德国柏林天文台),9月18日他写信给德国天文学家伽勒(J. G. Galle,1812～1910),求援说:"请您把你们的望远镜指向黄经326°处宝瓶座内黄道的一点上,您就将在此点约1°的区域内发现一个圆而明亮的新行星,它的亮度约近9等,……"在9月23日伽勒收到信的当天晚上,在勒维烈所指出的那个位置果然发现了原有星图上没有的一颗行星.9月25日伽勒复信给勒维烈:"先生,你给我们指出位置的新行星是真实存在的……"这样,25年来笼罩在哥白尼—牛顿学说上空的最后一朵乌云在这一片欢呼声中终于被驱散了.用笔和纸居然发现了肉眼看不见的行星,这件事立刻轰动了世界,终于使太阳系模型成为严密的科学理论.

两个默默的对手谁胜谁负,一时难倒了裁判者.人们称他们两位

都是海王星的发现者.

(2) 激光冷却原子

大家都知道,激光是一种高功率的光,它具有极高的亮度.激光能产生高温,可以用于激光焊接、激光手术等.利用激光冷却原子,听起来真像是一种"异想天开"的寓言.

那么,科学家是怎样会想到用激光冷却原子的呢? 这就是模型思想的一大功劳了.主持激光冷却原子的著名美籍华裔物理学家、诺贝尔奖获得者朱棣文教授说:"建立模型的思想很有用.胶水能让运动的小弹丸停止运动,那么用什么办法可使原子的运动减慢下来呢? 于是想到激光可能会起到类似胶水的作用."因此,激光冷却装置又被通俗地称为"光学糖浆".

在学习分子动理论的时候已经知道,任何物体的分子都在始终不停地做着无规则的热运动.物体的温度越高,物体内分子的无规则运动越激烈.因此,物理学中把温度定义为物体内分子无规则运动的平均动能的量度.理论研究指出,理想气体分子的平均平动动能(ε)与其绝对温度(T)之间有关系式

$$\bar{\varepsilon} = \frac{1}{2}m\bar{v}^2 = \frac{3}{2}kT$$

式中 $\bar{v}^2$ 称为分子热运动的方均速度(平方后取平均的意思),k 是玻尔兹曼常数.显然,温度越高,物体内分子的平均速率越大.因此,要求物体的温度降低,只有使物体内部分子(或原子)运动得缓慢些.

明白了物体的温度与其内部分子(或原子)运动速率的关系后,也就不难理解用激光冷却原子的奥秘了.因为一束光可以看成是由许多光子组成的,光子像小球一样也具有动量,实验中只需要利用激光跟原子发生对撞,就可以迫使原子的运动减速,相应的温度也就会降低下来了.

1985 年,美国斯坦福大学的朱棣文教授和美国国家标准与技术

研究院的菲利浦斯等人出色地完成了激光冷却原子的实验.

如图 2.16 所示,他们在一个玻璃盒内充入金属原子蒸气当作需要冷却的对象.在这团原子的上下、左右和前后设置了六束激光,仿佛形成一个"光陷阱",将原子囚禁在空间的一个小区域内.在盒内金属原子做着杂乱无章的热运动过程中,总会有激光朝它迎面射来.每个金属原子通过与光子的对撞后,它的运动速率就减小.通过这样不断地碰撞,最后的总效果将使金属原子蒸气的温度迅速降低.

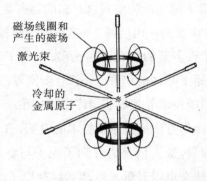

图 2.16　激光冷却的原理

实验中,他们发现经过 1 min 就能使玻璃盒中心附近的原子降温到 40 μK. 接着,他们关闭激光器,让已经冷却到 40 μK 的金属原子处于特殊磁场的约束中.通过这个磁约束,使金属原子的温度进一步降低.最终被他们"捕获"在玻璃盒中央的金属原子的温度,可以低达 2.4×10^{-11} K. 这是到目前为止世界上的实验室内能达到的最低温度.这个温度已非常接近绝对零度了.

那么,用激光冷却方法捕获原子后有什么用呢？科学家告诉你,它的作用大体可以概括为四方面：

(1) 用作原子精密测量的基础 —— 通常,科学家是通过光谱分析了解原子能级结构的.这些光谱数据是否精密准确,都与原子的状态有关.如果原子是孤立和静止的,得到的光谱线数据会更精确.这方面,冷原子就具有了明显的优势.

(2) 用作原子频率标准——原子频率标准也称为原子钟.用作频率标准时,要求原子谱线的频率必须准确、稳定.采用冷原子技术后,可使原子钟的精度提高3个数量级.

(3) 产生特殊的物质状态——早在1925年,玻色和爱因斯坦曾经做出理论预言,在极低温度的条件下,可能存在一种区别于固态、液态、气态的完全新颖的物质状态(称为玻色-爱因斯坦凝聚态,简称BEC态).朱棣文等人的实验为实现这种新的物态奠定了基础.

(4) 开辟了许多新的应用领域——激光冷却原子技术,为原子物理的研究催生了许多新的研究课题,开发了原子物理的不少新的应用领域.如激光原子晶体的研究,原子干涉仪等,这一方法也在纳米技术以及原子制版技术等领域获得广泛的应用.

所以,用激光冷却方法捕获原子技术的发明,有着重大的理论意义和广阔的应用前景,被人们誉为开创了光子与物质原子相互作用研究的新纪元.朱棣文也因对激光冷却和捕获原子的研究荣获1997年度诺贝尔物理学奖.

从"胶水使小弹丸减速"的物理模型,预见了激光能冷却原子,并成功地完成了实验,足见物理模型的伟大力量了!

2.5 利用模型做合理估算

由于物理模型连通了事物原型和理论之间的关系,因此,对于在生活、生产和科学研究中有许多问题需要进行估算时,往往都需要建立一个模型.例如,为了估算子弹穿过一个苹果的时间,可以建立一个匀速运动模型;为了估算分子的直径,可以建立一个分子球模型等.即使对于那些存在着很复杂因素的问题,同样可以通过简化、抽象建立一个合适的物理模型,从而对它做出合理的判断,进行有一定依据的估算.下面列举几个很有意思的具体问题加以说明.

(1) 大飞机为何怕小鸟

自从美国的赖特兄弟俩发明飞机起,也就有了鸟撞飞机的记载.有资料表明,全世界每年发生鸟撞飞机的事件多达上万起,轻则飞机被撞受损,重则使飞机失去平衡,机毁人亡.20世纪80年代,英国一架"鹞式"战斗机在威尔士地区上空与一只秃鹰相撞使飞机坠毁.近年来也有多次重大事故,如:

2007年4月,美国副总统切尼乘坐飞机即将到达芝加哥国际机场时,一只小鸟撞到飞机的右侧引擎,并致使引擎损坏;

2008年8月,国航一架波音737客机,从北京起飞就被鸟群撞击,后来发现飞机前部撞出一个直径30 cm的大坑;

2009年3月,日航一架波音747-400型客机,被鸟撞后发生机械故障,紧急迫降浦东国际机场;

2010年4月,南京空军一架训练轰炸机在800多米高处遭鸟群撞击,战机多处损坏,第一领航员负伤;

……

一只纤纤小鸟,通常就只有1～2 kg.飞机如钢铁壁垒一般,相对于鸟儿俨然是个庞然大物,通常都重达几十吨,甚至上百吨(如波音777的起飞总质量能达到230 t),怎么会经不起一只小小的鸟儿撞击呢?为了解开这个谜团,可以建立碰撞模型进行探讨.

设飞机与鸟的质量分别为 M 与 m,飞行速度分别为 v 和 v',两者在水平方向迎面相撞,碰后黏合在一起,因此鸟撞飞机可以看成是一次完全非弹性碰撞.设碰后的共同速度为 u,以飞机速度方向为正方向,由动量守恒

$$Mv - mv' = (M+m)u \qquad ①$$

设鸟与飞机碰撞过程中受到的平均作用力为 F,对鸟运用动量定理

$$F\Delta t = mu + mv' \qquad ②$$

联立①、②两式,并考虑到 $M \gg m, v \gg v'$ 的关系,得

$$F = \frac{m(u+v)}{\Delta t} \approx \frac{mv}{\Delta t} \qquad ③$$

为了估算碰撞的时间 Δt,需要再建立一个运动模型——由于碰撞时,鸟儿受到巨大的作用力,可以想象鸟身变成一个肉饼似的贴在机身上. 若鸟身长为 l,它完成这个过程(相当于鸟从静止到获得速度 v)可以认为在恒力作用下做匀加速运动,则

$$\Delta t = \frac{l}{\bar{v}} = \frac{2l}{v} \qquad ④$$

代入式④后,得

$$F = \frac{mv^2}{2l} \qquad ⑤$$

若以鸟的质量 $m = 1$ kg,身长 $l = 0.25$ m,飞机的速度 $v = 500$ m/s 计算,则碰撞中的作用力可达

$$F = 5 \times 10^5 \text{ N} \qquad ⑥$$

即相当于质量 50 t 的物体在地面上时的重力. 这么大的力作用在鸟身截面这样一小块面积上,巨大的压强自然使鸟儿瞬间粉身碎骨,飞机也会受到严重的创伤或酿成空难事故. 所以,高速飞行的飞机(或高速列车)都会害怕与鸟儿的相撞,并已成为世界航空界的一个难题.*

说 明

上面通过简化的模型探讨了鸟撞飞机的问题,真实情况要复杂得多. 例如,从许多资料显示,鸟与飞机相撞后并非真像薄的肉饼一样贴在飞机表面,常会有一部分身体进入机体内;鸟的身体在发生形

---

* 关于鸟撞飞机的问题,在本人与张善贤、高云昭共同编写的《高中物理常见错误例析》(河南教育出版社,1986 年出版)曾做过讨论. 当年,对作用时间 Δt 的估算采用的是匀速运动模型,得到的作用力为 $F = \frac{mv^2}{l}$,两个结果的数量级基本一致.

变的过程中,必然会有机械能的损失等.

有的同学根据碰撞过程中飞机对鸟做功(W)等于鸟的动能增加,并认为这项功等于作用力(F)与鸟身长(l)的乘积,于是由

$$\begin{cases} W = \dfrac{1}{2}mv^2 \\ W = Fl \end{cases} \qquad ⑦$$

直接得到

$$F = \frac{mv^2}{2l} \qquad ⑧$$

这样计算的结果尽管相同,但是在物理原理上却经不住仔细推敲——上述应用动能定理时,显然是将鸟看作一个质点,因此不会有内力做功. 实际上鸟儿与飞机相撞过程中,由于其身体各部分组织之间的相互碰撞、摩擦等,必然有内力对自身做了负功(W'),从而有机械能的损失(ΔE). 因此,此时的鸟儿已经不能再看成质点,而应该是一个系统(质点组),对鸟儿应用动能定理时的正确表达式(即应用质点组动能定理)应该是

$$W - W' = \frac{1}{2}mv^2 \qquad ⑨$$
$$\quad\quad\searrow \Delta E$$

或

$$W = \frac{1}{2}mv^2 + \Delta E \qquad ⑩$$

所以,采用式 ⑦ 的方法得到的结果欠妥.

应该指出,对于这种实际问题的解释与估算,往往可以建立不同的物理模型进行研究,相应的也可以有不同的解法. 但是,必须遵循的原则是:所有的模型在物理上要合理.

(2) 静电高压奥秘何在

在干燥的天气脱下毛制品衣服或化纤衣服时,常常会发出"劈啪

声",黑夜中有时还会看到小小的火星.这就是静电产生的放电现象.

我们知道,任何物体(不论是导体还是绝缘体)只要经过接触、摩擦、分离等都能产生静电.电子论指出,当两个呈电中性的不同物体接触时,由于两种物体的表面情况不同,电子逸出表面所需要做的功(逸出功)也不同,因而在两者接触的界面上就会有电荷的交换,形成一个物体上正电荷过剩,另一个物体上负电荷过剩的状态,于是,就在两个物体接触界面上形成了电偶层(图 2.17),相互间存在着一定的接触电压.如果用力使这两个物体分离,因为它们分别带上异号电荷,两物体间就会产生相当高的静电电压.

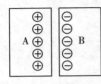

图 2.17　电偶层

下面,我们建立一个简单的模型,对这里的静电电压做一下估算.

将人体和衣服(或两层衣服)看成两块面积较大、彼此靠得很近的平行板电容器,其电容为

$$C = \frac{\varepsilon S}{4\pi k d}$$

设所带电荷量为 Q,则板间电压和场强分别为

$$U = \frac{Q}{C} = 4\pi k d \frac{Q}{\varepsilon S}$$

$$E = \frac{U}{d} = \frac{Q}{Cd} = 4\pi k \frac{Q}{\varepsilon S}$$

通常衣服和人体(或两层衣服)紧密接触,当衣服与人体迅速分离时,由于间距的增大,电容量减小,电压增大.设衣服和人体(或两层衣服)的间距 $d = 25 \times 10^{-8}$ cm,若脱衣服时使间距陡然变至 $d' = 0.1$ cm,由于间距增大 40 万倍,则电容减小 40 万倍,电压将升高为原来的 40 万倍.因此,即使原来的接触电压很小,设只有 0.01 V,此时会立即升高到 4 kV.所以,人们脱衣服时产生的静电电压高达几十 kV

是不足为奇的.例如,人在地毯上行走或从椅子上起立时,人体的静电电压可高达 10 kV;橡胶和塑料薄膜行业里的静电电压可达 100 kV.

不过,值得注意的是,如果脱衣服时仅是单纯的增大间距,虽然提升了电压,但其间的电场强度并不会增加.从上面的表达式可以知道,平行板电容器的板间场强 E 跟间距 d 无关.如果要增大场强的话,必须增加电荷量.

实际上,人们在脱衣服时,人体与衣服(或两层衣服)并不是简单的分离,同时还存在着不断地摩擦.由于这个作用,使电荷量也得以增加.更重要的是,人体和衣服(或两层衣服)毕竟不是理想的平行板电容器,而是两个凹凸不平、形状不规则的带电体,它们的电荷并不是均匀分布的.因此,越是凸起的部位,电荷的分布越密集,在它周围产生不均匀电场的强度也越大.当这个电场强度达到空气的击穿电场强度($E=35$ kV/cm)时,空气分子中正负电荷被电离,从而就引起静电放电现象.

平时,从科普书中看到静电会产生很高的电压时,心头总有些迷惑不解.通过建立这样一个简化模型后,就可以运用中学物理范畴内的知识,对静电会产生高电压获得比较圆满的解释,从而也有利于提高对静电危害的认识.

(3) 每年降水知多少

国家气象局举行的新闻发布会上介绍,2011 年我国平均降水量为 61 年来最少,全国平均气温偏高,为连续第 15 年偏暖.那么,从理论上说,我国每年的降水量大概可以有多少呢?

在气象学上,把空气中含有水汽的总量称为"可降水量".因此,从理论上估算的降水量指的就是"可降水量".因为空气中的水汽主要是由海洋里的水蒸发形成的,所以先要对海洋与陆地之间的水循环建立一个简化模型(图 2.18).

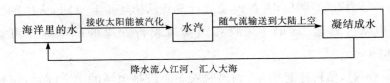

图 2.18

此外,还需要知道几个参数:地表的太阳常数 $k=3.8\,\mathrm{J/(min\cdot cm^2)}$,即地面上 $1\,\mathrm{cm}^2$、$1\,\mathrm{min}$ 内平均接受的太阳能为 $3.8\,\mathrm{J}$,水的平均汽化热为 $\lambda=2.2\times10^6\,\mathrm{J/kg}$,即 $1\,\mathrm{kg}$ 水变成同温度的水汽所需要吸收的热量为 $2.2\times10^6\,\mathrm{J}$.

设地球表面积为 $S_{地}$,在 1 年内地球表面吸收的太阳能为

$$Q=kS_{地}t$$

由于地球表面 $\dfrac{3}{4}$ 的部分被海洋覆盖,同时考虑到昼夜交替,一年中海洋吸收的太阳能为

$$Q'=\dfrac{1}{2}\times\left(\dfrac{3}{4}Q\right)=\dfrac{3}{8}kS_{地}t$$

已知水的汽化热为 λ,因此一年中海水的蒸发量为

$$M=\dfrac{Q'}{\lambda}=\dfrac{3}{8\lambda}kS_{地}t$$

设我国大陆面积为 $S_{中}$,海水汽化后变成的水汽可以认为是平均分布在上空的,所以一年中输送到我国大陆上空的水汽质量为

$$m=\dfrac{S_{中}}{S_{地}}M=\dfrac{S_{中}}{S_{地}}\cdot\dfrac{3}{8\lambda}kS_{地}t=\dfrac{3}{8\lambda}kS_{中}t$$

取 $S_{中}=9.6\times10^{10}\,\mathrm{m}^2$,$t=365\,\mathrm{d}=5.256\times10^5\,\mathrm{min}$,代入汽化热 λ 和太阳常数 k 的值,即可算得

$$m=3.268\times10^{14}\,\mathrm{kg}$$

即约为 3 万亿吨. 每年流入海洋的水流质量可以认为等于输送到我国大陆上空的水汽质量,也为 3 万亿吨.

2　物理模型在科学认识中的作用

应该指出,由于实际的天气变化非常复杂,影响降水的因素很多.因此,上面通过简化模型得出来的数据,跟气象专业的实际测量会有相当的出入.但是,能够在中学知识范畴内,通过这样一个简化模型,对大范围的降水情况做出估算,本身就是一个很"了不起"的事了.所以,并不单纯追求达到多少的准确度,侧重于体会通过建立模型进行估算的方法.

3 物理模型的建立和发展

物理模型虽然是一种通过科学抽象建立起来的理想化的形态,在现实中并不存在,但它也并不是完全虚构的,它的新旧更迭的变化也并不是任意编造的. 物理模型的建立和发展有着深厚的客观基础.

3.1 物理模型抽象于事物原型

任何一个理想化的物理模型,都以一定的客观实际存在的事物或实际过程为原型. 由于实际的事物和过程都是非常复杂的,它往往包含着多方面的特征和多种矛盾,受到多方面的因素牵制,但在一定场合和一定条件下,又必然有一种主要矛盾或主要因素,由它们决定着事物的主要特征和过程的主要运动方式或趋势. 因此,通过对原型的高度抽象和概括建立的理想化的物理模型与原型所不同的是:物理模型所反映的并不是客观事物(或过程)多样性的统一,也不是反映多方面的属性,而是反映了客观事物(或过程)的某种主要属性或主要运动方式,所以物理模型只是对原型的一种近似的反映. 譬如:

托勒密的九重天模型或哥白尼的太阳系模型本身就是用来描绘客观存在的宇宙结构的,日月星辰的自然位置和它们的运动变化就是这两种模型的原型. 显然,托勒密和哥白尼的模型都只是近似地对天体运动做了描述.

理想气体模型完全是从实际存在的各种气体中抽象出来的一种宏观模型.根据玻意耳定律和查理定律的适用范围可知,一切气体在压强趋于零时都会变成理想气体,这就是说,理想气体模型反映的是实际气体在压强趋于0时的一种极限性质.由于实际气体存在时,它的压强不可能为0,因此理想气体也只是实际气体的一种近似反映.

金属导电模型是以金属导体中客观存在着的电子的运动为原型,通过对电子的运动过程做了一些理想化条件的规定,突出了电子的主要运动方式后提出来的.显然,它也只能产生于发现电子以后.

夸克模型完全是建立在已发现的大量微观粒子的基础上的.可以想象,没有大量粒子为背景,科学家根本不可能想到去探索粒子内部结构的,也不可能提出什么"夸克"模型了.

所以,任何物理模型都有它的原型或客观基础.

3.2 建立物理模型的理论基础

理想化的物理模型是建立在经验材料和实验事实的基础上的,而且都有一定的背景理论作为指导.

科学家以人们长期的经验积累和在科学实验中取得的大量素材为基础,并在一定的背景理论指导下,经过一系列的科学抽象、概括和逻辑论证,从而建立起相应的物理模型.这里,科学家丰富的想象力和创造精神以及坚持不懈的努力往往起到十分重要的作用.回顾一下前面介绍的卢瑟福有核模型的建立可以有更具体的体会.

(1) 前人积累了丰富的经验材料

在卢瑟福以前,对原子结构模型除汤姆孙的"面包夹葡萄干"式模型外,科学家们还提出过多种不同的模型.

① 1902年德国基根大学教授勒纳德(P. Lenard)提出了"中性微粒模型".他根据自己做过的阴极射线穿透金属箔的实验,表明金

属中的原子并非实心的,其中应有大量的空隙,因此他认为原子内的电子和相应的正电荷组成"中性微粒",取名为"动力子"(dynamics),无数"动力子"漂浮于原子内部的空间.

② 1904年日本的长冈半太郎(Hantaro Nagaoka)提出了"土星模型".长冈根据麦克斯韦的土星卫环理论推测原子的结构,认为原子是一个很重的正电荷,电子围绕着它按一定的间隔分布在周围.他还通过计算说明电子运动和光谱的关系.虽然长冈的理论很不完善,但他已提出了原子核的观念,为后来卢瑟福有核模型开辟了道路.

③ 1908年瑞士的里兹(W. Ritz)提出了"磁原子模型".他通过对原子光谱的研究,认为原子光谱线的频率决定于磁场的作用力,因此每个原子像一根小磁棒,它的磁性是由电子绕轴旋转形成的.

此外,早在1896年,荷兰著名物理学家洛伦兹(H. A. Lorentz)提出了弹性束缚电子模型;1897年,开尔文提出了包含电子的正电云模型等.

这些模型虽然并不成功,但都形象地启示人们的思考和想象,激发人们进一步去探索原子深层结构的奥秘,卢瑟福也正是由此踏上了成功之路.

(2) 新的实验事实呼唤建立新的物理模型

卢瑟福的核式结构模型是应α粒子大角度散射实验的需要而建立的.

早在1906年,卢瑟福就注意到,用小孔校直了的α粒子束穿过空气时能在照相底版上留下轮廓十分清晰的光斑,当在它经过的路径上放置一块厚度仅为20 μm的云母片时,光斑就模糊了.这种模糊状态相当于有一部分α粒子偏转了大约2°.卢瑟福本来都是用汤姆孙的实心带电球原子模型和带电粒子散射理论来解释的,对于小角度散射矛盾还不明显,后来用金箔做实验时出现了大角度散射现象,表现出明显的矛盾.因为α粒子的质量(6.64×10^{-27} kg)比电子的质量

(9.1×10^{-31} kg)大得多,约为电子质量的 7 300 倍,它与电子相碰时,相当于一颗高速飞行的子弹撞到一粒尘埃,不会使 α 粒子的速度方向有显著变化,使 α 粒子发生偏转的只能是原子中正电荷的作用.

我们可以用汤姆孙模型对 α 粒子的偏角做一估算:

设原子的半径为 R,电量 $Q_z = Ze$,均匀分布于整个原子内. 当 α 粒子在原子外时,因整个原子呈电中性而不受力. 当 α 粒子进入原子内与中心相距为 r 时,仅受到半径为 r 的这部分球体内电荷的作用(图 3.1),这部分球体的电量为

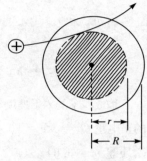

图 3.1

$$Q_r = \frac{Q_z}{\frac{4}{3}\pi R^3} \cdot \frac{4}{3}\pi r^3$$

$$= \frac{r^3}{R^3} Q_z$$

由库仑定律得相互斥力

$$F = k\frac{Q_r Q_\alpha}{r^2} = k\frac{Q_z Q_\alpha}{R^3} r$$

即与离开中心的距离 r 成正比.

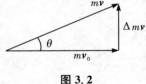

图 3.2

设 α 粒子的入射动量为 mv_0,受到原子中正电荷的冲量作用后出射动量为 mv,引起的动量变化为 Δmv(图 3.2). 显然,当正电荷的斥力冲量方向(即 Δmv 的方向)垂直入射动量 mv_0 的方向时,使 α 粒子发生偏转的角 θ 最大. 由图 3.2 知

$$\theta = \tan^{-1}\frac{\Delta mv}{mv_0} = \tan^{-1}\frac{Ft}{mv_0}$$

因为 α 粒子射向原子时可能受到的最大斥力为

$$F_m = k\frac{Q_z Q_\alpha}{R^3} R = k\frac{Q_z Q_\alpha}{R^2}$$

α粒子穿越原子时可能的最长时间为

$$t_m = \frac{2R}{v_0}$$

将 F_m 和 t_m 代入偏角 θ 的表达式,即可估算得最大偏角

$$\theta_m = \tan^{-1}\frac{k\dfrac{Q_z Q_\alpha}{R^2} \cdot \dfrac{2R}{v_0}}{mv_0} = \tan^{-1}\frac{2kQ_z Q_\alpha}{Rmv_0^2}$$

取 α 粒子的入射速度 $v_0 = 1\times 10^7$ m/s,原子半径 $R = 10^{-10}$ m,金原子的正电量 $Q_z = Ze = 79\times 1.6\times 10^{-19}$ C,α粒子的 $q_\alpha = 2e = 3.2\times 10^{-19}$ C,质量 $m = 6.64\times 10^{-27}$ kg,代入计算得 α 粒子可能发生的最大偏角仅为 $\theta_m = 4'$,与实验中发现大于 90° 的散射角的结果相差甚远.

这一新的实验事实与旧模型的尖锐矛盾,召唤卢瑟福去建立新的原子模型,并通过溯因法判断出原子中存在着巨大的电力,从而形成新模型的萌芽(图 3.3).

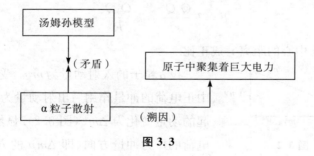

图 3.3

(3) 背景理论知识对新模型有密切的逻辑联系

任何模型的产生都离不开一定的背景理论.

当时,卢瑟福面临着大量关于放射性元素能辐射出各种各样射线的实验,尤其是卢瑟福和索第(F. Soddy)共同进行的科学实验,成

功地从钍中分离出一种新物质钍-X.他们发现这种钍-X放射性的衰变丝毫不受改变物理条件或加进其他化学物质的影响.此外,他们还发现,因受镭或钍射线的作用而被暂时活化的非放射性物质也能放出γ射线,所有这些材料不仅表明原子中有巨大的电力,而且是有内部结构的.

另一个重要的背景知识就是人们已知的电子的质量只有氢原子的$\frac{1}{1840}$,总带一份负电荷.再加上元素周期律的知识,人们完全可以归纳出这样的结论:原子是有复杂结构的,可以由一种形式转化为另一种形式;电子很可能是表明化学性质周期变化的原子结构的共同单位.

卢瑟福根据α粒子散射实验得出的关于原子中聚集着巨大电力的结论,再加上其他一些背景知识就可以做出在原子中存在一个体积很小、质量很大的核的判断.于是,卢瑟福的下一个目标就是设计实验来完善还不十分清晰的模型构想.

(4) 通过实验和数学方法完善模型

卢瑟福的助手盖革设计出一种可用来计算由镭放射出α粒子的方法,这就是盖革计数器.

盖革计数器的基本结构如图3.4所示.在一个玻璃管内有一个导电的圆筒(或在管壁上涂一层导电薄膜)作为阴极,一根通过圆筒轴心的金属丝作为阳极.管内装入惰性气体和少量的乙醇气或溴气.在两极加上约800～1500 V的直流电压.当有射线粒子飞进管内时,管内气体电离,产生的电子在电场作用下向阳极加速运动.电子在运动中能量越来越大,达到一定值时,会使气体分子发生电离,再产生电子.于是经过一段很短的时间,就会产生大量电子,这些电子到达阳极,正离子到达阴极,就使计数管发生一次短暂的放电,从而得到一次脉冲电流.

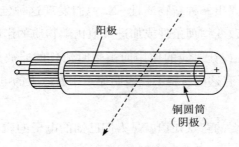

图 3.4　盖革计数管

他们结合数学方法利用盖革计数器算出在千分之一克的镭里,每秒能发射出 136 000 个 α 粒子.这样,不仅使对 α 粒子的散射问题有可能进入定量的研究,也意味着,从卢瑟福 1899 年发现 α 射线以来,人们首次能在实验室里观察到单个 α 粒子即单个原子(氦原子)的行踪.

1909 年卢瑟福的助手盖革和马斯登发表了他们对 α 粒子散射的测量结果:"三组测量表示,在这些条件下,8 000 个粒子中有一个要反射回来."卢瑟福认为这只能是单次碰撞的结果,才形成有核模型的构想.

为了检验这种有核模型的真实性和与库仑定律的一致性,需要从库仑定律导出数学式,算出 α 粒子在离排斥中心不同距离处通过时产生偏转的多少.卢瑟福在一位年轻的数学家福勒的帮助下导出了散射公式,它与盖革用闪烁计数器测得的散射曲线非常符合.盖革和马斯登在论文里写道:"我们完全证实了卢瑟福教授的理论."这样,原子核的真实性被确证了.

由此可见,一个模型的完善和确立,绝不是一蹴而就的,它往往需要在背景知识与实验之间经历多次的反复,最后才能被确证下来.其中,除了依靠科学家敏锐的观察、丰富的想象和宏博的理论知识外,还必须有敢于冲破传统理论束缚的勇气和一丝不苟、刻苦工作的精神.如在用闪烁法直接记数时,观测十分辛苦,整个实验过程都要守在暗室里,眼睛通过显微镜紧紧盯住硫化锌荧光屏,一个一个地统计闪烁数,在实验过程中需记下 100 000 次以上的闪烁.可以想象,这是件多么艰巨的工作,充分显示了前人科学研究成果的来之不易.

建立物理模型的基本方法

物理模型是高级思维活动的产物,脱胎于事物原型的高度抽象与概括.

抽象、假设、类比等是建立物理模型的基本的思维方法.譬如,从杠杆模型和卡诺循环可见一斑.

(1) 杠杆模型

杠杆模型是从许多生活、生产工具中抽象出来的.

图 3.5　桔槔取水

我国远在春秋战国时期的古书中已有使用桔槔从井中打水的记载(图 3.5).这就是一种杠杆.在由墨翟创立的墨家所著的《墨经》中对它的平衡条件已做出了很全面的分析,可以说,我国古代祖先比古希腊阿基米德(Archimedes of Syracuse,约前 287—前 213)早 200 多年已应用了杠杆原理.

在西方,古希腊阿基米德把生活、生产中应用杠杆得来的一些经验知识归纳成几条"不证自明的公理":

① 在无重量的杆的两端离支点相等的距离处挂上相等的重量,

它们将平衡.

② 在无重量的杆的两端离支点相等的距离处挂上不相等的重量,重的一端将下倾.

③ 在无重量的杆的两端离支点不相等的距离处挂上相等的重量,距离远的一端将下倾.

④ 一个重物的作用可以用几个均匀分布的重物的作用来代替,只要重心的位置保持不变.相反,几个均匀分布的重物可以用一个悬挂在它们的重心处的重物来代替.

⑤ 相似图形的重心以相似的方式分布.

从这些公理出发,阿基米德运用几何学的方法,通过严密的逻辑证明,得出了杠杆平衡原理:两重物平衡时,所处的距离(即离开支点的距离)与它们的重量成反比.

这个原理的发现及其应用,当时曾引起了轰动.至今还流传下来这样的传说——阿基米德曾对叙拉古的希罗王(King Hiero,前269—前216在位)宣称:"给我一个稳固的支点,我就能把地球挪动."(图3.6)

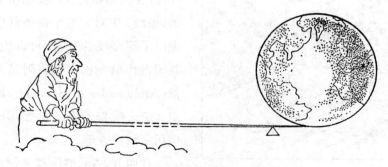

图 3.6　阿基米德撬动地球想象图

在阿基米德所归纳的公理中已使用了"无重量"这样的理想条件,并得出这个理想条件下的杠杆平衡条件,可以说已形成了杠杆模型的雏形.只是当时生产力低下,物理学还处于早期的哲学思辨和零星研究阶段,思维的层次尚未达到(也无需达到)这么高的境界.

以后,随着生产的发展,制造了更多更复杂的机械(机器),如较简单的滑轮、轮轴、抽水唧筒、杆秤(天平)以及起重机等(图 3.7).并且,随着静力学理论的发展、研究水平的提高,人们注意到许多物体(包括上述一些简单和复杂的机械)的平衡状态都可以抽象为满足一定条件下绕某一固定轴(或点)的转动,于是从大量具体的物体(包括各种工具和机械)中抽象出杠杆模型.

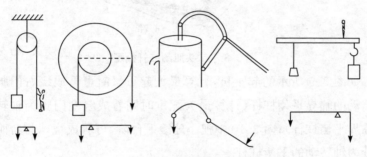

图 3.7　各种简单机械

所以,现在我们说的"杠杆模型",已脱胎于具体的一根绕固定轴(或支点)转动的硬棒,它已不再具有原型的细节特征,但却可概括出众多原型的共性:能绕固定轴(或支点)转动,或可以看成绕某一根假想的轴转动,并且已不限于只受到一个动力和一个阻力的简单情况.它的平衡条件也已从初中物理归纳的"动力×动力臂=阻力×阻力臂",上升到"使杠杆绕顺时针向转动的所有力矩之和等于使杠杆绕逆时针向转动的所有力矩之和",用公式表示为

$$\sum M_顺 = \sum M_逆 {}^*$$

利用这个杠杆模型,既可以研究像吸水唧筒、滑轮、轮轴、杆秤以

---

* 目前上海市的中学物理教材中,继续保持着有关力矩平衡的知识.

及人体某部分肌肉骨骼的杠杆作用(图 3.8),也可以研究像塔式起重机、一般物体的转动平衡问题和计算均匀分布的不规则形状物体的重心位置等较为复杂的问题.

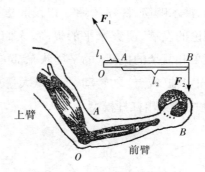

图 3.8　二头肌的杠杆模型

如图 3.9 所示的起重机,计算最大起重量时可看成绕右门脚为轴转动的临界平衡杠杆(计算最大配重时则看成绕左门脚为轴转动的临界平衡杠杆);图 3.10 中把小球滚上台阶,可看成绕球与台阶接触处为轴转动的平衡杠杆.

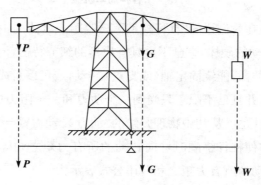

图 3.9　塔式起重机

图 3.11 中,在一个半径为 R 的均质圆球中挖去一个半径 $r = \dfrac{R}{2}$ 的球穴后,计算剩余部分的重心位置时,可设想在球穴的对称位置再

3 物理模型的建立和发展

挖去一个小球 Ⅱ,挖去两个小球后的剩余部分 Ⅰ 的重心在原球心 O_1,因此,计算挖去一个球穴后的重心位置就转化为一个找寻杠杆平衡支点的问题(图 3.11). 于是有

$$G_1 = \frac{4}{3}\pi R^3 \rho - 2 \times \frac{4}{3}\pi \left(\frac{R}{2}\right)^3 \rho = \frac{3}{4} \times \frac{4}{3}\pi R^3 \rho$$

$$G_2 = \frac{4}{3}\pi \left(\frac{R}{2}\right)^3 \rho = \frac{1}{8} \times \frac{4}{3}\pi R^3 \rho$$

由杠杆平衡条件

$$G_1 \times CO_1 = G_2 \times CO_2 = G_2 \left(\frac{R}{2} - CO_1\right)$$

即得重心 C 离原球心距离为

$$CO_1 = \frac{G_2 R}{2(G_1 + G_2)} = \frac{1}{14}R$$

由此可见,杠杆模型的建立是在具体原型基础上通过思维抽象后的结晶.

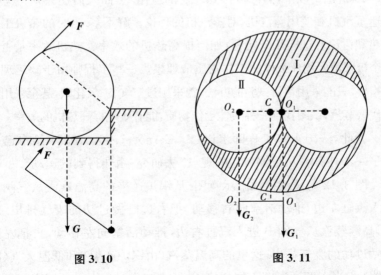

图 3.10   图 3.11

模 型 MO XING

物理模型的建立也常依赖于假设.除了在对具体原型抽象过程中需要忽略某些次要的、非本质的因素(如不计杠杆重力等)外,常常因为某些事物原型的真相比较隐蔽或人们还不清楚时,就完全是由假设建立物理模型的.譬如关于天体运行结构,无论是托勒密的九重天模型还是哥白尼的太阳系模型,都是依据假说形成的一种模型,也完全可以称为假设.从这个意义上说,假设与物理模型之间没有不可逾越的鸿沟.

(2) 卡诺循环

有一些物理模型是从类比或比较中受到启发而提出来的.如前面介绍的德鲁德通过自由电子的运动与气体分子的运动相类比,提出金属导电模型;卢瑟福在 α 粒子散射实验基础上通过与太阳系模型类比,提出原子核式结构模型.在热学发展史上,还有一个通过类比提出的极为著名的模型——卡诺理想循环.

19 世纪初以来,蒸汽机得到广泛的应用.然而人们还只知道怎样制造蒸汽机和使用蒸汽机,对蒸汽机的理论了解不多.当时的热机工程界热烈讨论着这样几个问题:如何提高热机的效率?热机效率是否有一个极限值?用什么样的工作物质最理想?一些工程师由于缺乏理论的指导,只能采用盲目试验的办法,曾采用过空气、二氧化碳,甚至采用酒精代替蒸汽,试图找到一种最佳工作物质,能有效地提高热机的效率.

为此,法国青年工程师卡诺(S. Carnot,1796—1832)给自己提出了一个任务:"从足够普遍的观点"去研究"由热得到的运动".

图 3.12 是蒸汽机汽缸示意图.从锅炉送来的高温蒸汽从气阀 A 进入汽缸左边,推动活塞向右移动,把右边已做过功的废气排出.以后,高温蒸汽从气阀 B 进入汽缸右边,推动活塞向左移动,再把左边已做过功的废气排出.这里的高温蒸汽(由锅炉产生)和低温大气(冷凝器)相当于两个温度不同的热库,活塞工作时每次必须把废气排出才能完成往复循环.

3　物理模型的建立和发展

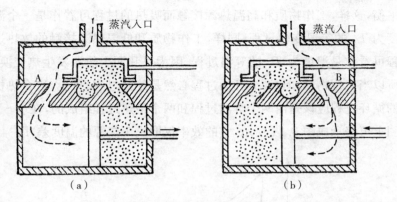

图 3.12　蒸汽机工作原理

卡诺把蒸汽机的工作过程与水轮机的工作过程做了类比.卡诺说:"我们可以恰当地把热的动力和一个瀑布的动力相比.瀑布的动力依赖于它的高度和水量;热的动力依赖于所用热质的量和我们可以称之为热质的下落高度,即交换热质的物体之间的温度差."虽然在这个类比中,卡诺用了"热质"这样一个错误的观点,但这个类比使他得到了一个十分有益的正确结论:蒸汽机必须工作于高温热源与低温热源之间,它所产生的机械功一定与两个热源的温度差成正比.并且,一切蒸汽机和一切热机如果在同样温度的两个热源之间工作,就会有同样的效率,与工作物质无关.

所以,一个热机的最简单的结构,可以用图 3.13 普遍地表示.这里,高温热源(加热器)的温度为 T_1,低温热源(冷凝器)的温度为 T_2.热机的工作物质从高温热源吸热 Q_1,对外做功 A,向低温热源放热 Q_2.

这个热机工作时,假设它在循环过程中的每一时刻,系统都处于平衡状态(称为准静态).因此,工作物质与高温热源接触的过程中,基本上没有温度差,即内外无限接近温度

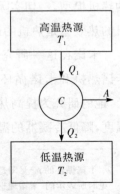

图 3.13　热机的结构

平衡,这样,工作物质和高温热源接触而吸热的过程可看作是一个温度为 T_1 的等温变化过程;同样,工作物质和低温热源接触的放热过程可看作是温度为 T_2 的等温过程.因为只和两个热源发生热交换,所以当工作物质和热源分开的过程必然是绝热过程.可见,这个热机的循环过程应该是由两个等温过程和两个绝热过程组成的,在 p - V 图上可表示成图 3.14 所示.它的效率仅取决于热源的温度差,即

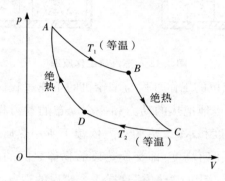

图 3.14　卡诺热机的循环

$$\eta = \frac{Q_1 - Q_2}{Q_2} = \frac{T_1 - T_2}{T_2} *$$

遵循这个理想工作循环的热机称为卡诺热机,它是一种理想化的热机模型,一切实际热机的热效率都低于卡诺热机的效率,卡诺热机的热效率是热机的最高极限.

卡诺在这一研究工作中出色地运用了理想模型的方法,建立了卡诺热机和卡诺循环,对热机的发展起了很大的推动作用.在实践上,他的研究为提高热效率指明了方向——应该尽量提高发热器的温度,降低冷凝器的温度,且与工作物质无关;在理论上,他的理论包

---

* 卡诺循环的 p-V 图是克拉珀龙(B. P. E. 即 Clapeyron)在 1834 年重新研究卡诺理论时所表示的.卡诺理想热机的效率的正确证明是克劳修斯(R. J. E. Clausius)于 1850 年完成的.卡诺循环同样已被引入高考中(参见 2013 年江苏高考物理 12 题).

含了热力学第二定律的基本内容——从单一热源吸热使之完全变为有用功而不产生其他影响是不可能的*.

恩格斯评价说："他研究了蒸汽机,分析了它 …… 他撇开了这些对主要过程无关紧要的次要情况而设计了一部理想的蒸汽机(或煤气机). 的确,这样一部机器就像几何学上的线或面一样是绝不可能制造出来的,但是它按照自己的方式起到了像这些数学抽象所起的同样的作用;它表现了纯粹的、独立的、真正的过程."

3.4 物理模型的发展与进化

理想化的物理模型是一个历史范畴. 它往往受到一定的科学技术条件和人们当时的认识水平的限制,只是在某种范围内和一定程度上对客观事物或客观过程抽象的结果. 因此,物理模型的合理性是相对的. 随着科学试验和观察手段的不断更新,新的实验事实的不断发现,以及经验材料的积累和科学理论的发展,在原来的实验事实基础上、根据原来的理论建立起来的旧模型会逐渐暴露出它的局限性,这就要求人们根据新的实验事实或日益丰富的经验材料和新的科学理论,抽象出更新的理想模型.

新建立的物理模型往往有这样的特点,它包含着旧模型合理的内核,克服它的局限性,更接近于客观实在,能更准确地反映客观事物的本质.

我们从哥白尼模型到开普勒模型、从卢瑟福模型到玻尔模型的发展中,可以清楚地认识到这一点.

(1) 从哥白尼模型到开普勒模型

哥白尼模型实际上并没有摆脱柏拉图关于圆周运动是最完美运

---

* 从单一热源吸热而不向冷凝器放热的热机并不违背能量守恒定律,但同样是不可能的,因此称它为第二类永动机. 热力学第二定律也可说成是:第二类永动机是不可能的.

动的思想,并且仍旧采用了托勒密的"均轮 — 本轮"组合运动模型,因此他无法发现行星运动的规律.

八分之差的启发

开普勒(J. Kepler,1571—1630)是德国天文学家,1600 年受聘到布拉格天文台当了著名的丹麦天文学家第谷·布拉赫(Tycho Brahe,1546—1601)的助手.翌年,第谷逝世后把毕生的观察记录——大约 750 颗星体的有关资料和图表(其中包括详尽的关于火星运动的全部记录)都留给了开普勒.探索天体运行奥秘的"接力棒",就这样从第谷手中传给了开普勒.当开普勒根据老师留下的资料,试着用托勒密 — 哥白尼的运动组合模型说明火星轨道的细节时,他拼凑了 70 次,所观测的位置与第谷的观测记录仅相差 8′,应该说已是十分成功了.

但开普勒深信老师亲自制作的仪器和观测误差是很小的,绝不会超过 2′.开普勒认为这 8′之差意味着用托勒密 — 哥白尼的"本轮 — 均轮"组合运动模型不可能得到与实测数据相符的结果.开普勒坚定地指出:"单这 8′就已经为改造全部天文学铺平了道路".后来的事实确也如此,开普勒在这 8′之差的基础上,对哥白尼模型进行了根本性的改造和进一步的完善.

为了解决这 8′之差,开普勒大胆地抛开了束缚人们头脑两千年之久的天体做"匀速圆周运动"的观念,决心根据第谷的观测结果,找出行星轨道的形状和大小.

开普勒巧测轨道

开普勒首先面临的难题是:用什么方法去测定行星(包括地球)运动的"真实"轨道,如同观测者能从"天外"看行星绕太阳运动一样?他经过艰苦的思索,想出了一条"动中取静"的妙计.因为依照大地测量工作中确定基线的方法,如果要测定地球(在其轨道上)与太阳的距离,同样要以某一恒星作为定点,以便与太阳构成基线.但开普勒并没有去找这样的恒星,却利用同时对太阳和火星进行观测的巧妙办法去测定地球的轨道. 具体的测法是:从太阳、地球、火星处于一条直线的时刻开始描绘,经过一个火星年(687 天),火星又回到同一位置,相对于恒星天球可以分别绘出从太阳和火星到地球的视线,它们的交点就是地球在其轨道上的新的位置(图 3.15). 经过若干组每隔一个火星年的观测数据的处理,就可确定出地球的轨道形状. 开普勒发现地球的轨道几乎是一个圆周,太阳稍稍偏离圆心. 然后,开普勒再次利用了每隔一个火星年的观测数据,确定火星的轨道. 因为每经过一个火星年,火星总在同一位置,而地球却处在自己轨道上的两个不同的位置. 从这两个位置绘出的指向火星的视线的交点必是火星轨道上的一点. 利用若干组这样的数据,就可以确定火星的若干位置,从而获得火星的轨道曲线.

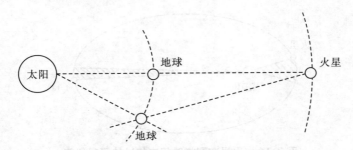

图 3.15 确定地球在轨道上位置的方法

行星运动三定律

开普勒立即看出,火星的轨道是一种"卵形线". 通过大量的复杂计算,开普勒终于发现这个曲线就是古希腊人早已研究过的椭圆. 采用同样的方法,他又发现每个行星都沿椭圆轨道运动,太阳就在这些椭圆的一个焦点上. 开普勒写道:"如梦方醒一样,一盏新灯照亮了我的心头,如果把太阳放在卵形线的一个焦点上,第谷的观察是那样地令人满意."由此,他得出了轨道定律,即开普勒行星运动第一定律

——所有行星分别在大小不同的椭圆轨道上运动,太阳位于这些椭圆的焦点上.

进而,开普勒根据地球的运动轨道和每天对太阳视位置的记录,确定了地球在轨道上的位置和沿轨道的运动速率.开普勒发现,地球和火星在离太阳近时(近日点处)运动得快,而在离太阳远时(远日点处)运动得慢.通过计算得出,地球到太阳的连线在相等时间内扫过的面积都是相同的.后来通过对火星的计算,同样发现火星与太阳的连线在相等时间内扫过的面积相同(图3.16).由于这个关系是如此美妙和简单,所以开普勒虽然仅仅计算了地球和火星的运动,但他坚信这个关系无论对于哪个行星和轨道上的哪个部分都是正确的,由此得出了面积定律,即开普勒行星运动第二定律——在同样的时间内,行星与太阳的连线在其轨道平面上所扫过的面积相等.

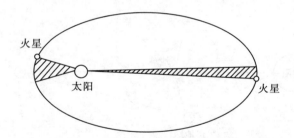

图3.16 火星在同样时间内扫过的面积相等

有趣的是开普勒轨道定律的发现也撞上了一个好的机遇:在当时已知的六颗行星中,除水星外(因观测记录太少,开普勒当时未研究),各行星的轨道偏心率*都很小,如表3.1所示.其中只有火星轨道的偏心率较大,而开普勒恰好选中火星进行研究,因而使他得以有可能察觉出是椭圆.开普勒曾说:"唯有火星才使我看透天文学的秘

---

* 偏心率反映了椭圆的扁平程度,$e = \sqrt{1-(\frac{b}{a})^2}$.偏心率越大,椭圆越扁,圆的偏心率为零.

密,否则这个秘密永远不会被揭晓."

表 3.1 各行星的偏心率

行星	偏心率 e	短轴与长轴之比(b/a)	轨道示意图
水星	0.206	0.978 5	
金星	0.007	～1.000 0	
地球	0.017	0.999 9	
火星	0.093	0.995 7	
木星	0.048	0.998 8	
土星	0.056	0.998 4	

开普勒于 1609 年出版的《新天文学》一书中发表了上述两个定律. 但开普勒并不满足,他坚信各个行星的运动周期和轨道大小应该是"和谐"的,它们之间必然存在着某种确定的联系,只有在找出各个行星的这种统一关系后,才能够构成一个太阳系的整体模型,从而体现出宇宙的和谐与一致. 开普勒怀着这种信念,忍受贫困、疾病和其他不幸的折磨,长年累月地考察了许多因素的可能的组合. 当时开普勒并不知道行星和太阳之间的实际距离,他以地球作为比较的标准. 取日地平均距离作为距离的单位,以地球绕太阳运动的周期为时间的单位,反复耐心地进行各种运算,经过 9 年的努力,终于发现了各行星运动的周期与行星离太阳距离之间的关系(表 3.2).

表 3.2 各行星运动周期情况以及与太阳的距离

行星名称	公转周期 (T)	太阳距离 (R)	周期平方 (T^2)	距离立方 (R^3)
水星	0.241	0.387	0.058	0.058
金星	0.615	0.723	0.378	0.378
地球	1.000	1.000	1.000	1.000
火星	1.881	1.524	3.54	3.54
木星	11.862	5.203	140.7	140.85
土星	29.457	9.539	867.7	867.98

1619年,开普勒发表了行星运动的周期定律,即开普勒行星运动第三定律——各个行星绕太阳公转的周期的平方与它们到太阳的平均距离的立方成正比. 用公式表示为

$$\frac{T_1^2}{R_1^3}=\frac{T_2^2}{R_2^3}=\cdots \quad 或 \quad \frac{T^2}{R^3}=恒量$$

开普勒在发现这一定律时情不自禁地写道:"……(这正是)我十六年以前就强烈希望要探索的东西. 我就是为这个而同第谷合作……现在我终于揭示了它的真相. 认识到这一真理,这是超出我的最美好的期望."

开普勒克服了因天花病造成的视力减退与双手致残的巨大障碍,克服了因宣传哥白尼学说而两次遭到的政治迫害以及不得不背井离乡的困境,为天文事业奋斗一生,终于获得了成功.

开普勒行星运动三定律全面解决了行星体系的运行问题,比起托勒密——哥白尼模型,他的定律(或称开普勒模型)更为优美和简明. 开普勒以哥白尼模型为基础,做了重大的修正和补充,因此能更准确地反映出太阳系中各行星的运动规律. 他利用第谷的数据和自己发现的定律编制了一套天文表,使用了一个世纪以上,直到用更为精确的望远镜的观测代替第谷的观测为止. 开普勒也是用数学公式表达物理定律最早获得成功的人之一,从他的时代开始,数学方程就成为表达物理定律的基本方式.

(2) 从卢瑟福模型到玻尔模型

卢瑟福的原子模型虽然成功地解释了 α 粒子散射实验,但与经典物理学理论是根本矛盾的. 首先,根据经典电磁理论,电子绕核旋转,它会向外发射电磁波,能量会逐渐减小,因而电子绕核旋转的频率也将逐渐改变,这样,它向外辐射的应是连续光谱,这与实验中观察到原子的线光谱是互相矛盾的. 其次,由于原子能量的逐渐减小,电子绕核运动的半径也将逐渐减小而很快落到核上. 计算表明,原子的"寿命"仅 10^{-12} s 的时间,这又与原子是一个稳定系统的事实根本矛盾.这些矛盾的存在,不仅表明这一模型还不完善,而且又一次预示着,对原子世界需要有一种不同于经典物理学的新的理论.对这一问题首先做出划时代贡献的是玻尔.

玻尔(N. Bohr,1885—1962)是丹麦物理学家.1911 年秋,玻尔赴英国剑桥大学卡文迪许实验室,在 J·J·汤姆孙指导下从事原子物理的实验和理论研究.1912 年 4 月赴曼彻斯特,在卢瑟福的实验室工作.他既坚信卢瑟福有核模型是符合客观事实的,也清楚这一模型的困难.1912 年 6 月,玻尔离开卢瑟福实验室后完全转入到对原子模型的研究上.

氢光谱规律

玻尔是从对氢光谱的研究上发现端倪的.图 3.17 是从氢气放电时用摄谱仪摄得的氢原子在可见光区域和近紫外区域的特征谱线.

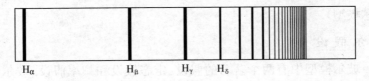

图 3.17　氢原子的特征谱线

瑞士的巴耳末(J. J. Balmer,1825—1898)根据氢光谱谱线的波长分布,在 1884 年找出了一个经验公式

$$\lambda = B \frac{n^2}{n^2 - 4} \quad (n = 3, 4, 5, 6)$$

由这一公式所表述的谱线称为巴耳末线系.后来瑞典的光谱学家里德伯(J. Rydberg,1854—1919)改用波数(波长的倒数)表示:

$$\frac{1}{\lambda} = \frac{4}{B} \left(\frac{n^2 - 4}{4n^2} \right) = R \left(\frac{1}{2^2} - \frac{1}{n^2} \right) \quad (n = 3, 4, 5, 6)$$

$R = 1.097\,373\,177 \times 10^7$ m,称为里德伯常量.此后,1908 年在红外区

域又发现了氢光谱的帕邢线系.

1908年,里兹提出了"并合原理",即氢原子的任意一条谱线的波数可以表示成两个光谱项之差. 于是,就得到一个广义巴耳末公式

$$\frac{1}{\lambda}=R\left(\frac{1}{n_1^2}-\frac{1}{n_2^2}\right)$$

式中 n_1 取固定的正整数,n_1 取所有满足 $n_2 \geqslant n_1+1$ 的正整数.

当 $n_1=1, n_2 \geqslant 2$ 时,就得到莱曼线系;

当 $n_1=2, n_2 \geqslant 3$ 时,就得到巴耳末线系;

当 $n_1=3, n_2 \geqslant 4$ 时,就得到帕邢线系.

巴耳末公式所揭示的氢原子光谱线是以一定自然数的阶梯呈规律性的递增分布,给玻尔以很大的启发. 他以原子只能发出有特定频率的光谱线这一事实出发,把卢瑟福、普朗克的思想结合起来,创造性地将量子观点引入到原子结构理论中去,在 1913 年接连发表了三篇被称为"伟大的三部曲"的不朽的论文,建立了玻尔原子理论(或称玻尔模型).

玻尔假设

玻尔模型中有两个著名的假设:定态假设和频率假设. 玻尔说:"第一个假设是考虑了原子的普遍稳定性,第二个假设主要考虑了存在有线光谱."这两个假设可以通俗地表示为三点:

① 原子只能处于一系列不连续的能量状态,在这些状态中,原子是稳定的,电子虽然环绕原子做加速运动,但并不辐射能量,这些状态称为"定态".

② 原子在两个定态间可跃迁. 原子从一种定态(设能量为 E_2)跃迁到另一种定态(设能量为 E_1)时,需要辐射(或吸收)一定频率的光子,所辐射(或吸收)的光子能量由这两种定态的能量差决定,即

$$h\nu = E_2 - E_1 = \Delta E$$

其对应的波长为

$$\lambda = \frac{ch}{E_2 - E_1} = \frac{ch}{\Delta E}$$

③ 原子的不同能量状态对应着电子的不同运动轨道. 由于原子的能量状态是不连续的,因此电子绕核运动的可能轨道也是不连续的,其半径满足条件

$$mvr = n\frac{h}{2\pi}$$

式中 $n=1,2,3,\cdots$,称为量子数,h 为普朗克常数. 这个条件称为轨道量子化.

能级公式

氢原子的各个定态的能量值,称为它的能级. 各个能级的能量都包括电子绕核运动的动能和电子跟核相互作用的电势能两部分之和.

设电子绕核运动的轨道半径为 r,电子的质量和电量分别为 m、e,由核对电子的库仑力作为电子绕核运动的向心力,即

$$k\frac{e^2}{r^2} = m\frac{v^2}{r}$$

得电子绕核的动能

$$E_k = \frac{1}{2}mv^2 = \frac{1}{2}m\left(\frac{ke^2}{mr}\right) = \frac{ke^2}{2r}$$

由点电荷电势公式得电子的电势能*

$$E_p = -\frac{ke^2}{r}$$

因此,电子处于轨道半径 r 时氢原子的总能量(能级值)为

$$E = E_k + E_p = \frac{ke^2}{2r} - \frac{ke^2}{r} = -\frac{ke^2}{2r}$$

---

* 真空中点电荷的电势 $\varphi = k\dfrac{q}{r}$.

根据玻尔模型中轨道量子化的条件 $mvr = n\dfrac{h}{2\pi}$ 和向心力公式可知

$$m\sqrt{\dfrac{ke^2}{mr}}\,r = n\dfrac{h}{2\pi}$$

由此即可得出电子绕核运动的轨道半径

$$r = \dfrac{n^2 h^2}{4\pi^2 mke^2}$$

把它代入上面能级值的表达式得各能级的能量为

$$E = -\dfrac{ke^2}{2\dfrac{n^2 h^2}{4\pi^2 mke^2}} = -\dfrac{2\pi^2 k^2 e^4 m}{n^2 h^2}$$

在正常状态下，原子处于最低能级（$n=1$），这时电子在离核最近的轨道上运动，这种状态叫"基态"．给物体加热或受光照射时，原子能够从相互碰撞或从入射光子中吸收一定的能量，从基态跃迁到较高能级（$n>1$），电子在这些轨道上运动时原子所处的状态，称为"激发态"．根据上面两个公式可以算出电子的不同轨道半径和对应的能级值．

表 3.3 电子的不同轨道半径和对应的能级值

量子数 n	1	2	3	4	5
半径 $r/(\times 10^{-10}\text{ m})$	0.53	2.12	4.77	8.48	13.25
能级值 E_n/eV	−13.6	−3.4	−1.51	−0.85	−0.54

习惯上常把氢原子的各个能级表示成图 3.18 所示的能级图．

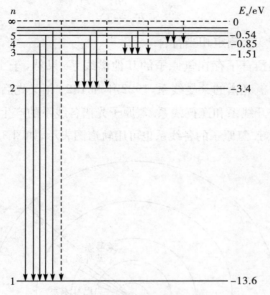

图 3.18 氢原子的能级图

成功与局限

利用玻尔模型可以成功地解释氢光谱:氢光谱的产生是原子从高能级向低能级跃迁的结果,原子从不同的高能级向同一低能级跃迁时产生的光谱属于同一谱线系,其波长由公式 $\lambda = \dfrac{ch}{\Delta E}$ 决定. 如巴耳末线系分别是由 $n=3,4,5,6$ 等高能级向 $n=2$ 这一能级跃迁时产生的. 在可见光区域内的四条谱线的波长依次为

$$\lambda_\alpha = \frac{ch}{E_3 - E_2}$$

$$\lambda_\beta = \frac{ch}{E_4 - E_2}$$

$$\lambda_\gamma = \frac{ch}{E_5 - E_2}$$

$$\lambda_\delta = \frac{ch}{E_6 - E_2}$$

计算结果与实验测定相当符合.

玻尔还预言了存在氢原子的其他谱线系. 果然, 于 1914 年在紫外区发现了氢光谱的莱曼线系, 1922 年和 1924 年又先后发现了远红外区的布拉开线系和逢德线系. 氢原子光谱各线系的产生都跟玻尔理论符合得很好. 氢原子的各线系也可用轨道图表示, 如图 3.19 所示.

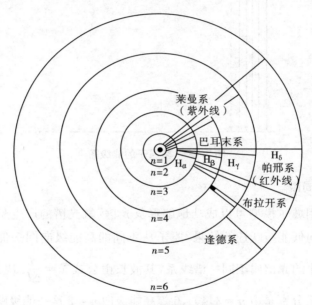

图 3.19 氢原子轨道图

根据玻尔理论还可给出里德伯常量: 由巴耳末线系知

$$\frac{1}{\lambda} = \frac{\Delta E}{ch} = \frac{-E_1}{ch}\left(\frac{1}{2^2} - \frac{1}{n^2}\right)$$

代入基态的能级值

$$E_1 = -\frac{2\pi^2 k^2 e^4 m}{h^2}$$

则

3 物理模型的建立和发展

$$\frac{1}{\lambda} = \frac{2\pi^2 k^2 e^4 m}{ch^3}\left(\frac{1}{2^2} - \frac{1}{n^2}\right)$$

得里德伯常量

$$R = \frac{2\pi^2 k^2 e^4 m}{ch^3} = 1.097\ 373 \times 10^7 \text{ m}^{-1}$$

它与实验结果符合得很好.

由于玻尔理论观点新颖,与经典物理理论不同,当初不少物理学家难以接受.他们对玻尔硬是"命令"电子的行为,有些物理学家认为是对经典物理学的"亵渎和疯狂",有些物理学家很不以为然,认为这不是在搞物理,这不过是一块"无知的遮羞布". 不过就在玻尔理论提出后的第二年(1914年),玻尔的能级理论就被德国物理学家弗兰克和赫兹(James Franck & Gustav Hertz)从实验上验证了原子分立能态的存在,为玻尔理论提供了有力的证据.

苏联的著名理论物理学家福克在一首自由体诗中赞颂玻尔:

您的丰功伟绩无穷无尽,
谁也无法诋毁,
谁说您的理论狂乱暗晦?
是您宣布了这一伟大理论,
我们绝不允许他人诽谤捣鬼!

玻尔理论的成功是由于引入了量子观点,但由于历史条件的局限,玻尔并没有从根本上脱离经典物理学的理论框架,因此用玻尔理论解释比较复杂的原子时遇到了困难,其失败之处在于它保留了过多的经典物理理论.有人称玻尔模型是"普朗克的量子观点与经典力学的混合".但是,正由于这一"混合",开始打破了经典物理一统天下的局面,开创了揭开微观世界基本特征的前景,为建立描述微观世界运动规律的量子力学理论体系奠定了基础.

物理模型的不断进化

从哥白尼模型到开普勒模型、从卢瑟福模型到玻尔模型的新旧更迭,说明各种物理模型都不是凝固不变的,它们都会在实践中不断地发展进化的.

范德瓦尔斯气体模型虽然较理想气体模型更接近实际气体,但它与理想气体模型的区别也只是近似程度的不同.实践和理论的发展促使物理学家从气体微观结构和宏观理论两方面做进一步的修正.其中根据"理想气体是实际气体在压强趋于零时的极限性质"这一宏观推论进行修正的代表性方程是"昂尼斯方程",将实际气体的状态方程表示成压强 p 的级数形式

$$pV = A + Bp + Cp^2 + Dp^3 + \cdots$$

式中 A、B、C、D 分别为一系列系数.当 $p \to 0$ 时,上式就化为理想气体的状态方程,即

$$pV = A = Rt$$

金属导电模型,德鲁德用牛顿力学的方法去剖析微观客体——电子的行为,必然是十分粗糙的.事实上,铜的自由电子密度比标准状况下理想气体的密度高 3 000 倍,并且它们都带电,强大的库仑力迫使它们会与离子频繁相碰.所以"自由电子气"模型并不能真实地反映电子的导电运动.随着量子论的诞生,著名物理学家索末菲(A. J. W. Sommerfeld,1868—1951)和美籍瑞士物理学家布洛赫(F. Bloch)等运用量子论提出"费米气"模型,并通过实验证明,对大多数元素和简单化合物,"费米气"模型已取得显著成功.不过对于非晶体,"费米气"模型也无法提供简明答案,又有待进一步发掘新的理论模型.

玻尔模型中的经典痕迹是保留了电子运动的轨道,后来,量子力学的发展把电子运动的轨道彻底地改革了.

根据量子力学的观点,氢原子的行为应该用一个波动方程——

3 物理模型的建立和发展

薛定谔方程来描述. 在这个方程中,用一个波函数 $\psi(x,y,z)$ 描述电子的运动状态. 根据德国物理学家玻恩的概率解释,在离核不同距离处出现电子的概率(几率),就由波函数振幅的平方 $|\psi|^2$ 决定. 玻尔理论中的核外电子的轨道,只不过是电子出现概率最大的地方. 图 3.20 中画出了原子的核外电子轨道和波函数 $|\psi|^2$ 所对应的关系.

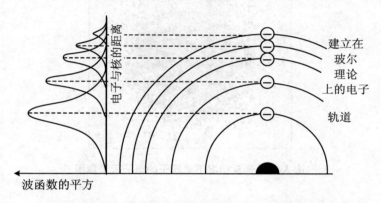

图 3.20 原子的核外电子轨道和波函数 $|\psi|^2$ 所对应的关系

由此可见,对于氢原子的核外电子,它并没有确定的轨迹(轨道),我们也无法预言某一时刻它究竟出现在核外空间的哪个地方,只能知道它在某处出现的概率(机会)有多少. 如果以单位体积内电子出现的几率(即几率密度大小),用一个个小黑点的疏密来表示——小黑点密的地方表示电子出现的几率密度大,小黑点疏的地方表示电子出现的几率密度小,这样画出来的结果看上去好像一片带负电的云状物笼罩在原子核周围,通常把它称为电子云(图 3.21).

显然,就氢原子而言,从卢瑟福的行星模型——玻尔的能级模型——薛定谔的电子云模型与玻恩的概率波解释,随着所建立的模型越来越接近客观实在,人们的认识也越来越深化.

物理模型是人类认识成果的结晶,必然受实践的制约,又必须在实践中发展和经受考验. 针对层出不穷的新的科学发现中涌现的问

题,人们可以采用不同的方法,创造各种不同的模型,然后通过实验进行筛选和修正,使模型从不完善走向完善.

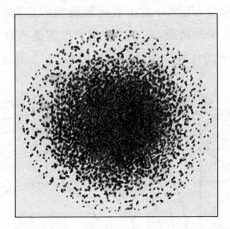

图3.21 通常情况下氢原子的电子云示意图

4 中学物理中常见的四类模型

物理模型是一个理想化的形态,从不同的角度研究可以有不同的区分方法,并且也没有严格的定论.为了便于理解和应用,根据中学物理教学的特点及模型的主要教学功能,把它分为以下四类.

4.1 对象模型

用来代替由具体物质组成的、代表研究对象的实体系统,我们称它为对象模型(也可称为概念模型).这一类模型在中学物理中极为常见,如力学中有质点、刚体、杠杆、轻质弹簧、单摆、弹簧振子、弹性体、塑性体、理想流体、行星运动太阳系模型等;热学中有弹性球分子模型、理想气体、绝热物质、绝对黑体、理想热机等;电学中有点电荷、试验电荷、理想导体、绝缘体、理想电表、纯电阻、纯电感、纯电容、无限长直导线、无限大平行带电板、无限长螺线管、理想变压器、理想二极管等;光学、原子物理中有光线、薄透镜、波粒二象性模型、原子模型等.

建模的两种情况

对象模型的建立(设计思想)主要基于两种情况:

一种情况是为了突出客观实体的主要矛盾或本质因素,采用了

模 型
MO XING

剪叶去枝的方法,摒弃了一些次要的非本质的因素,使研究客体简化和纯化后,从客观实体中直接抽象出来的,它的目的是为了简化对问题的研究.如研究一列火车的加速运动时,就完全可以不必考虑运动中车轮的转动、车厢在弹簧上的上下振动和晃动等非主要因素;研究一个小灯的电功率时,就可以不必考虑灯丝的分布电容、分布电感等效应,把它简化为一个纯电阻处理.上面的大部分物理模型都是在这种思想指导下建立起来的.

另一种情况是为了解释某些行为和特性建立起来的模型.如为了解释 α 粒子散射实验现象,提出原子的"核式结构模型";为了解释光在干涉、衍射中表现的波动性和光电效应中表现的粒子性,提出了"波粒二象性模型"等.这一类模型可以称为理论模型,是科学家丰富想象力的结晶,在科学上有着极为重要的地位,往往是作为理论的初级形式出现的.

同一客体不同模型

同一个客观物体在不同场合可以抽象成不同的对象模型.如研究地球绕太阳的运动规律时,把太阳抽象为质点模型;研究能量转换过程时,把太阳抽象为质点系模型;研究太阳在地面上的照度时,把太阳抽象为点光源模型等.

由于对象模型的建立有它特定的背景或条件,因此实际问题中对具体研究对象能否抽象成某个模型或抽象成什么模型也不能一概而论,应根据对问题的研究方向和要求确定.

例题 1 在竖直墙上用细线悬挂两个均质小球(图 4.1).平衡时,图 4.1(a)中的悬线通过球心,图 4.1(b)中的悬线不通过球心,试分析两者的受力情况并画出受力图.

4 中学物理中常见的四类模型

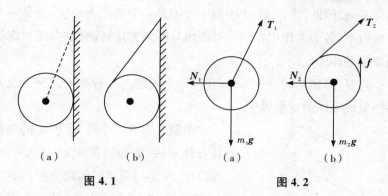

图 4.1

图 4.2

分析与解答 把图 4.1(a)中的小球抽象为质点,它受到三个力作用:重力 m_1g、悬线拉力 T_1、墙壁弹力 N_1,其受力图如图 4.2(a)所示.

把图 4.1(b)中的小球抽象为一个刚体,它受到四个力作用:重力 m_2g、悬线拉力 T_2、墙壁弹力 N_2、墙壁静摩擦力 f,画出的受力图如图 4.2(b)所示.

说　明

为什么同样用绳子靠墙悬挂一个小球,两者需要抽象成不同的物理模型呢?这是由它们不同的条件决定的.

因为是均质小球,重力必通过球心.图 4.1(a)中悬线通过球心,平衡时它只能沿 T_1、m_1g 两者的合力方向挤压墙壁,墙壁产生的弹力必通过球心.可见图 4.1(a)中的小球是一个共点力系统,无需考虑它的转动,应该抽象为质点.图 4.1(b)中的悬线不通过球心,小球不仅挤压墙壁,在悬线拉力 T_2 的作用下还有使小球顺时针方向转动的趋势,而墙壁对球的弹力仍通过球心.显然,仅在 m_2g、T_2、N_2 这样三个力作用下小球是无法平衡的,为了阻止小球顺时针向的转动趋势,墙壁必然会产生一个沿墙壁向上的摩擦力(虽然题中并未直接说明墙的摩擦情况).这样才能保证对小球的合力矩为零,否则小球不会平衡.因此,图4.1(b)中的小球不是一个共点力系统,而是一个平面力系(各个力作用在同一平面内),必须考虑转动效应,所以应该抽象为刚体.*

有时,即使是同一个客体,在同一个问题的几种不同情况下也需要抽象成不同的对象模型.

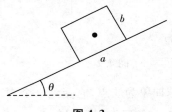

图 4.3

例题 2 有一个质量为 m 的均质长方体木块,底面边长为 a,高为 b,放在斜面上.它与斜面间的动摩擦因数为 μ(图4.3).当斜面倾角 θ 由很小逐渐增大时,什么情况下木块沿斜面下滑?什么情况下木块会翻倒?

分析与解答 这个木块放在斜面上时共受到三个力的作用:重力 mg、斜面支持力 N、斜面摩擦力 f。如果只考虑木块沿斜面的滑行,可以把木块抽象为一个质点,木块所受三个力都可画在它的重心上,如图4.4所示.

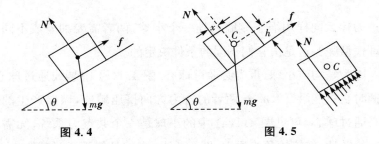

图 4.4 图 4.5

实际情况中,木块所受的摩擦力发生在它与斜面的接触面上,方向沿斜面向上.木块放在斜面上时又有前倾的趋势,势必造成前部(靠近斜面底端)稍稍压紧斜面,后部稍稍"放松",斜面对木块各部分

---

* 有固定转动轴物体的平衡条件,参见杠杆模型.

的支持力大小不同,各部分支持力的合力 N 不再通过木块重心,而稍稍前移,如图 4.5 所示. 这样才能保证摩擦力 f 对木块重心 C 逆时针方向转的力矩和支持力 N 对木块重心 C 顺时针方向转的力矩之和为零. 因此,实际情况下的木块不再是一个共点力系统,而是一个平面力系,所以不能抽象为质点,必须抽象为一个刚体.

设斜面支持力 N 的作用点前移 x,重心离斜面高 h,由平衡条件知

$$mg\sin\theta - f = 0$$
$$mg\cos\theta - N = 0$$
$$Nx - fh = 0$$

联立三式得

$$x = \frac{f}{N}h = h\tan\theta$$

抬高斜面时,重力的分力 $mg\sin\theta$ 和摩擦力 f 都会增大,但 f 有一个极限值,即

$$f_\mathrm{m} = \mu_0 N$$

式中 μ_0 称静摩擦因数.

同时,斜面支持力作用点的前移距离 x,也受到木块几何尺寸的限制,它的极限值为 $x_\mathrm{m} = \dfrac{a}{2}$.

因此,在抬高斜面的过程中,若 f 先达到极限值 f_m 而 x 未达到极限值 x_m,则物体将沿斜面下滑;若 x 先达到极限值 x_m 而 f 未达到极限值 f_m,则物体将以木块前边缘为棱边逆时针方向翻倒.

由此可见,对质点和刚体这两个对象模型而言,抽象的依据决定于对物体的受力情况和运动情况的分析. 当物体受到共点力系作用或物体做平动时,可以抽象成一个质点模型;当物体受到平面力系作用或物体发生转动或有转动趋势时,应该抽象为刚体模型.

对于其他对象模型,同样需注意各自的背景条件.譬如在通常的电压、电流测量中,都可以把电压表、电流表看作理想电表,不必考虑其内电阻;在研究透镜的成像特性时,通常不必考虑因透镜厚度所产生的"球面像差"和"色差"现象*,可抽象为薄透镜等.

4.2 条件模型

把研究对象所处的外部条件理想化,排除外部条件中干扰研究对象运动变化的次要因素,突出外部条件的本质特征或最主要的方面,从而建立的物理模型称为条件模型.如物体沿水平面运动时所受摩擦力对运动的影响不起主要作用,或需要假想一种没有摩擦力的环境,引入光滑平面的模型.其他如不可伸长、不计质量的绳子,轻质杠杆,只受重力作用或不计重力作用,均匀介质,匀强电场和匀强磁场等.

简化研究

引入条件模型主要是为了简化对问题的研究.譬如,研究在地面上空不高处无初速下落的物体的运动,把局部空间看成一个重力强度为 g 的均匀重力场;不同物体下落时受到恒定的重力作用,运动情况就比较简单.

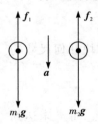

图 4.6

设两物体的质量分别为 m_1、m_2,所受阻力分别为 f_1、f_2(图 4.6),它们的运动方程为(取竖直向下为正方向)

$$m_1 g - f_1 = m_1 a_1$$
$$m_2 g - f_2 = m_2 a_2$$

---

* 球面像差和色差:因透镜厚度影响,主轴上一点发现的光束经球面折射后不再交于一点的现象,叫球面像差(简称球差).因透镜对不同颜色的光折射率不同,不同颜色的光所成的像的位置和大小不同,这种现象叫色差.

即

$$a_1 = g - \frac{f_1}{m_1}$$

$$a_2 = g - \frac{f_2}{m_2}$$

阻力恒定时,这两个物体都做着 $a < g$ 的匀加速运动.

如果不计阻力,$a_1 = a_2$,表示任何物体在真空中都以相同的加速度下落.

如果考虑阻力,当速度不太大时物体所受阻力与物体的形状和正面面积等有关. 对于两个同样大小、不同质量的铁球和木球(设 $m_1 > m_2$),它们在空气中下落时,空气阻力可认为相同. 由上面的计算结果知 $a_1 > a_2$,表示质量大的物体下落的加速度大,因此铁球比木球落得快. 这也正是常识所告诉我们的.

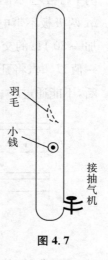

图 4.7

上面的两个结论都可用实验加以验证:如图 4.7 所示,在玻璃管内放一枚小钱和一根羽毛,管内有空气时,管子倒转时小钱先落到管底发出"啗"的一声,羽毛还飘在管中. 用抽气机抽出管内空气,管子倒转时,小钱和羽毛都同时落到管底,这个实验称为"钱毛管"实验.

通过把地面上方空间抽象成一个均匀的重力场模型,对落体运动得出的结论完全符合实验结果和我们的生活经验,说明这一模型是非常合理的和有效的. 如果不建立这样一个条件模型,对落体运动的理论分析将会使人眼花缭乱,困难得难以下手,也很难让人明白从理论得出的符合实验的结果.

又如,研究带电粒子射入平行板电场中的运动,通常可不考虑板

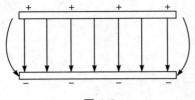

图 4.8

的边缘效应,把两板间的电场抽象为匀强电场(图 4.8). 有时,即使两板上加的是一个交变电压,在一定条件下,也可把它看成是恒定电压,依然可给入射电子设置一个匀强电场的运动环境.

例题 1 在真空中速度为 $v = 6.4 \times 10^7$ m/s 的电子束连续地射入两平行板之间(图 4.9). 极板长度 $l = 8.0 \times 10^{-2}$ m,间距 $d = 5.0 \times 10^{-3}$ m. 两极板不带电时,电子束将沿两极板之间的中线通过. 在两极板上加一 50 Hz 的交变电压 $u = U_0 \sin\omega t$,当所加电压的最大值 U_0 超过某一值 U_c 时,将开始出现以下现象:电子束有时能通过两极板;有时间断,不能通过.

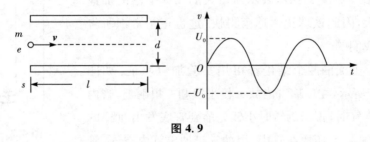

图 4.9

① 求 U_c 的大小;

② 求 U_0 为何值时才能使通过的时间 $(\Delta t)_通$ 跟间断的时间 $(\Delta t)_断$ 之比为

$$(\Delta t)_通 : (\Delta t)_断 = 2 : 1$$

分析与解答 两板上加以交变电压后,板间形成一个时刻变化的电场,变化周期 $T = \dfrac{1}{f} = \dfrac{1}{50}$ s $= 0.02$ s. 电子通过两板的时间(不加电场时)

$$\Delta t = \frac{l}{v} = \frac{8.0 \times 10^{-2}}{6.4 \times 10^7}\ \text{s} = 0.125 \times 10^{-8}\ \text{s}$$

由于 $\Delta t \ll T$，因此可以认为在电子穿过平行板的过程中，板间是一个大小、方向不变的匀强电场，电子在这个过程中做的是匀加速运动．

① 设电压为 U_c 时电子恰打在板的边缘，即电子的偏距 $y = \dfrac{d}{2}$，由

$$y = \frac{d}{2} = \frac{1}{2} \cdot \frac{U_c e}{dm} \cdot \left(\frac{l}{v}\right)^2$$

得

$$U_c = \frac{d^2 m v^2}{e l^2}$$

$$= \frac{(5.0 \times 10^{-3})^2 \times 9.1 \times 10^{-31} \times (6.4 \times 10^7)^2}{1.6 \times 10^{-19} \times (8.0 \times 10^{-2})^2}\ \text{V}$$

$$= 91\ \text{V}$$

② 由上面的计算知，当所加交变电压瞬时值大于 U_c 时，电子束就不能通过平行板；当电压瞬时值小于 U_c 时，电子束才可以通过平行板．相应的通过和间断时间如图 4.10 所示．当 $(\Delta t)_{通} : (\Delta t)_{断} = 2 : 1$ 时，表示在半个周期内，仅在第一个 $\dfrac{T}{6}$ 和第三个 $\dfrac{T}{6}$ 时间内能通过（如图 4.10 中画线区域），由

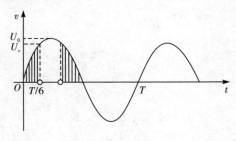

图 4.10

$$U_c = U_0 \sin 60°$$

得

$$U_0 = \frac{U_c}{\sin 60°} = \frac{91}{\frac{\sqrt{3}}{2}} \text{ V} \approx 105 \text{ V}$$

如果我们不给电子设置这样一个匀强电场的外部环境,这个问题的处理会变得十分困难,在实际情况下也无必要.

不能任意延扩条件

把外部条件抽象成一定的物理模型,往往仅局限于某一个范围内,不能任意地无限延扩. 如把地面上空抽象成一个均匀的重力场,只能在离地面不太高的范围内;对磁体(或通电导线)周围空间的磁场和电荷周围空间的电场,也只能在满足一定条件下在某个局部区域才可抽象成一个匀强磁场或匀强电场的模型. 一些同学把这种均匀场的范围任意延扩,使用中就会发生错误.

例题 2 沿着地球表面飞行和离地高 $h = R$(地球半径)处飞行的两颗人造地球卫星的环绕速度之比为

A. $1:2$ B. $2:1$ C. $1:\sqrt{2}$ D. $\sqrt{2}:1$

分析与解答 人造地球卫星运动时所需要的向心力等于它所受到的重力. 设卫星沿地表飞行和在离地 h 高空飞行时的速度分别为 v_0、v_h,一些同学列出下面的关系式:

$$mg = m\frac{v_0^2}{R}$$

$$mg = m\frac{v_h^2}{r} = m\frac{v_h^2}{R+h} = m\frac{v_h^2}{2R}$$

二式联立得

$$\frac{v_0}{v_h} = \frac{\sqrt{Rg}}{\sqrt{2Rg}} = \frac{1}{\sqrt{2}}$$

因此认为答案为 C.

这样的选择就错了. 因为在地表和高空的重力加速度不同, 不能再抽象成一个均匀重力场模型. 当不计地球自转影响时, 由万有引力公式, 有

$$G\frac{Mm}{R^2}=mg_0$$

$$G\frac{Mm}{(R+h)^2}=mg_h$$

得

$$\frac{g_0}{g_h}=\frac{(R+h)^2}{R^2}=\frac{4R^2}{R^2}=4$$

代入上面的算式

$$\frac{v_0}{v_h}=\frac{\sqrt{Rg_0}}{\sqrt{2Rg_h}}=\frac{\sqrt{Rg_0}}{\sqrt{\frac{1}{2}Rg_0}}=\sqrt{2}$$

所以正确答案应该是 D.

例题 3 如图 4.11 所示, 在蹄形磁铁的一支上套一个矩形线框 $abcd$. 当线框稍稍向右平移时, 关于线框内是否会产生感应电流的问题, 甲、乙两位学生根据电磁感应现象的两种说法各执一词, 展开了热烈争论:

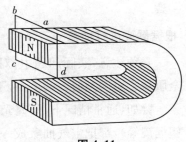

图 4.11

甲: 因为两磁极间是一个匀强磁场, 磁感线和框面平行, 线框右移时, 穿过线框的磁通不变, 框内不会产生感应电流;

乙: 线框右移时, cd 边切割磁感线, 按右手定则, 线框中会产生沿 d—c—b—a—d 方向流动的感应电流.

请你对这两位学生的说法做出评价.

分析与解答 乙的说法是正确的. 甲的错误就在于他对两极间的匀强磁场做了任意的延扩.

实际上,一个蹄形磁体只有在两极间极小区域内才能看成是匀强磁场,周围其他地方仍是非匀强磁场. 线框稍稍右移时,只有 cd 边处在匀强磁场中,其余部分均处在非匀强磁场中,如图 4.12 所示.

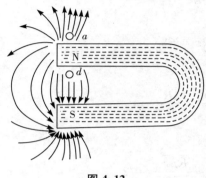

图 4.12

由于磁感线是闭合曲线,穿过线框的磁通不仅有磁体外部的磁感线,还有磁体内部的磁感线. 考虑了磁场的不均匀性和磁体内、外穿过线框的磁感线后可以看到,线框右移时,从右向左穿过线框的总磁通在增加,根据楞次定律可知,线框中会产生从 d 端流入、a 端流出的感应电流.

即沿着 $d—c—b—a—d$ 方向流动. 可见电磁感应的两种说法完全一致.

根据需要进行抽象

必须注意,实际问题中,对外部条件抽象成怎样的物理模型,完全服从于对问题研究的需要,不能一概而论.

譬如,通常情况下,研究光在空气介质中成像情况时(如照相机、望远镜等),都把空气抽象成一种均匀介质. 然而在解释海市蜃楼现象时,就不能抽象成为一种均匀介质,海市蜃楼现象正是由于空气的不均匀性造成的.

海市蜃楼是一种由光的折射造成的虚幻景象,常出现在炎热无风的天气. 由于空气是热的不良导体,沿竖直方向出现温度的垂直分布时,空气的密度和折射率也形成垂直分布.

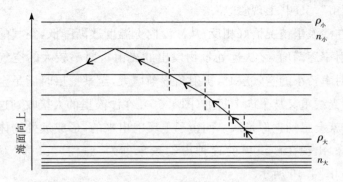

图 4.13　海面上空空气的密度和折射率的分布

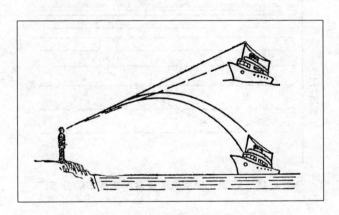

图 4.14　海面上的蜃景

从海面向上,空气层温度逐渐升高,空气的密度和折射率逐渐减小.从远处海面上一物体(如一根桅杆)发出的光经空气下层到上层逐次反射时,每次都从折射率大的空气层射向折射率小的空气层,相当于从一种光密介质射向另一种光疏介质,折射角逐渐加大,光线逐渐弯曲.当光线在某一层空气层上的入射角增大到大于该层的临界角时将发生全反射,光线重又从这一层逐渐折回海面(图 4.13).站在海边的人接收到这束反射光,就会幸运地从天空中看到行驶于海面的船——船的正立的虚像(图 4.14).出现在海边的这种虚幻景象称为"海市",又叫"上现蜃景".

在沙漠里情况恰好相反,从沙漠向上温度逐渐降低,空气的密度和折射率逐渐增大.从远处景物发出的光由折射率较大的空气层射向折射率较小的空气层时,折射角逐渐增大,至某一层时满足全反射条件,光线重又从下向上折射(图 4.15).在沙漠里的人接收到这束光线后,就会感到它像是从一面镜子上反射出来的,形成远处物体倒立的虚像.出现在沙漠里的这种虚幻景象称为"蜃楼",又称"下现蜃景",如图 4.16 所示.

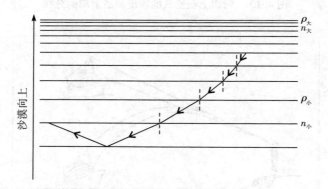

图 4.15　沙漠上空空气的密度和折射率的分布

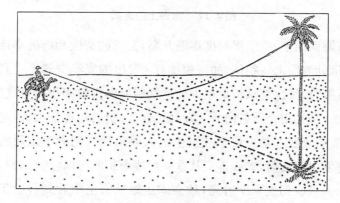

图 4.16　沙漠中的蜃景

由此可见,外部条件本来是客观的,一般不会因研究对象的运动变化发生很大的变化(不考虑场的激发和叠加作用),但为了研究问题时的方便,能否把外部条件抽象成一定的物理模型以及抽象成怎样的物理模型,完全取决于问题的需要.

4.3 过程模型

把具体物理过程纯粹化、理想化后所抽象出来的一种物理过程,称为过程模型.

变复杂为简单

实际的物理过程一般都较复杂.如前面所说列车沿平直轨道运动时,其中还有车轮的转动、车厢的振动、左右晃动等各种不同的运动形态.对应各个不同的运动形态可以有不同的研究课题.在中学物理阶段,仅研究列车的整体平动特性时,就可以不考虑车轮的转动、车厢的振动和晃动,把列车的运动过程纯粹化、理想化,看作是一个质点(对象模型)做单一的某种运动,如匀速直线运动、匀加速直线运动、匀速圆周运动等.

按照伽利略对运动的分类,所谓"匀速直线运动"指的是"在任何相等的时间间隔内,通过同样距离"的一种运动.如果我们对沿直线轨道运行的列车,测得每 1 s 内通过的距离是 20 m,是否表示这趟列车一定做匀速直线运动呢?严格地说还不能.因为这趟列车在 0.5 s 内、在 0.1 s 内、在 0.01 s 内……在任何一段相等的时间间隔内通过的距离并不一定相等.我们的测定仅表示从每 1 s 来观察,该列车是做匀速直线运动.可见匀速直线运动实际上是一种理想化的运动过程.同样,匀加速直线运动指的是在"任何相等的时间内速度的变化(增加或减少)都相等"的运动,它也是一种理想化的运动过程.

此外,如弹性碰撞、完全非弹性碰撞、纯滚动的运动、简谐运动、

等温过程、等压过程、等容过程、绝热过程、恒定电流等,都是突出某一方面的主要特征、忽略一些次要过程后抽象出来的理想过程,它们都是一种过程模型.

建立过程模型的目的,也是为了简化对问题的研究,以便得出基本符合实际的结果.

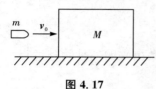

图 4.17

例题 1 水平桌面上一块质量 $M = 10$ kg 的木块,被一颗质量 $m = 10$ g、以水平速度飞行的子弹击中(子弹未穿出),两者一起沿桌面滑行 $s = 20$ cm. 已知木块与桌面间的动摩擦因数 $\mu = 0.2$,求子弹的入射速度 v_0. 取 $g = 10$ m/s^2.

分析与解答 子弹击中木块时,在水平方向除了子弹与木块间的相互作用外,还受到桌面摩擦力的作用. 由于子弹击中木块的过程往往极快,子弹与木块间相互作用的冲量远大于桌面摩擦力的冲量,因此对这个击中过程,可以不考虑桌面摩擦力的作用,并把它看作是一个完全非弹性碰撞过程——就像子弹击中一块始终保持静止的木块,然后两者获得共同速度后一起滑行. 对击中过程和滑行过程,由动量守恒定律和动能定理分别列式,有

$$mv_0 = (m+M)u$$

$$-\mu(m+M)gs = 0 - \frac{1}{2}(m+M)u^2$$

联立得

$$v_0 = \frac{m+M}{m}\sqrt{2\mu gs}$$

$$= \frac{10 \times 10^{-3} + 10}{10 \times 10^{-3}}\sqrt{2 \times 0.2 \times 10 \times 0.2} \text{ m/s}$$

$$= 895 \text{ m/s}$$

说　明

对子弹击中木块的过程做这样的抽象是否合理？我们可以对子弹的速度条件做一估算.

设子弹击中木块过程中两者间平均作用力为 $\overline{F}$，桌面摩擦力为 f，从子弹击中木块到两者相对静止的时间为 Δt. 由子弹和木块水平方向的隔离体受力图（图 4.18），用动量定理. 对子弹有

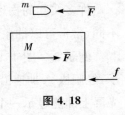

图 4.18

$$-\overline{F}\Delta t = mv - mv_0$$

对木块有

$$(\overline{F} - f)\Delta t = Mv - 0$$

$$f = \mu(m + M)g$$

联立得两者的共同速度

$$v = \frac{mv_0}{m + M} - \mu g \Delta t$$

上式中右边第一项 $\dfrac{mv_0}{m+M}$ 就是忽略摩擦力时子弹和木块的共同速度，所以，要求能忽略摩擦力的作用，应满足条件

$$\frac{mv_0}{m+M} \gg \mu g \Delta t$$

即

$$v_0 \gg \mu \frac{m+M}{m} g \Delta t \approx \mu \frac{M}{m} g \Delta t$$

取题中数据 $m = 10\text{ g}, M = 10\text{ kg}, \mu = 0.2$，设 $\Delta t = 0.01\text{ s}, g = 10\text{ m/s}^2$ 代入估算得

$$v_0 \gg 0.2 \times \frac{10}{10 \times 10^{-3}} \times 10 \times 0.01 \text{ m/s} = 20\text{ m/s}$$

也就是说，只需要求子弹速度远大于 20 m/s，就可对这击中过程中忽

略桌面摩擦力作用了.通常子弹的速度为几百米每秒,都能满足要求.

不同阶段不同模型

许多实际的物理过程,在运动变化的不同区段,由于物理条件的不同,常常可以抽象成不同的过程模型而分段研究.

例题 2 图 4.19 为示波管原理示意图.灯丝 K 加热后发射电子,经阳极 A 加速沿中轴线射入两偏转板,电子通过偏转板后打在荧光屏上即能显示一个亮点.设加速电压 U_0,偏转板长 l,间距 d,荧光屏离偏转板边缘 L,偏转板上加电压 U.求电子打在荧光屏上的位置偏离入射方向的距离.

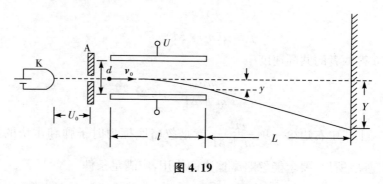

图 4.19

分析与解答 电子从阴极发射到达荧光屏可以分成三个过程,对应着三种不同的过程模型.

(1) 加速——匀加速直线运动模型

不计电子发射的初速度时,由

$$eU_0 = \frac{1}{2}mv_0^2$$

得电子被阳极加速后的速度

$$v_0 = \sqrt{\frac{2eU_0}{m}}$$

(2) 偏转——类平抛模型

电子进入偏转板后,做着类似重力场中平抛物体的运动. 射出偏转板时的偏距

$$y_1 = \frac{1}{2}at_1^2 = \frac{1}{2}\frac{Ue}{dm}\left(\frac{l}{v_0}\right)^2$$

(3) 惯性运动——匀速直线运动模型

电子离开偏转板后,沿出射方向做匀速直线运动. 因为出射时的水平速度与竖直速度分别为

$$v_x = v_0$$

$$v_y = at = \frac{Ue}{dm} \cdot \frac{l}{v_0}$$

则电子打在荧光屏上的位置离开出射处的竖直距离

$$y_2 = v_y t_2 = \frac{Ue}{dm} \cdot \frac{l}{v_0} \cdot \frac{L}{v_0} = \frac{eUlL}{dm(v_0)^2}$$

所以,电子打在荧光屏上的位置偏离入射方向的距离为

$$Y = y_1 + y_2$$

$$= \frac{Ue}{2dm}\left(\frac{l}{v_0}\right)^2 + \frac{UelL}{dmv_0^2}$$

$$= \frac{Uel}{dmv_0^2}\left(\frac{l}{2} + L\right)$$

$$= \frac{lU}{2dU_0}\left(\frac{l}{2} + L\right)$$

当 $l \ll L$ 时,上式可表示为

$$Y = \frac{lL}{2dU_0}U = kU$$

即与偏转板上所加电压 U 成正比.

4.4 数学模型

几乎所有的物理问题都可用数学方法进行描述：

一列火车沿平直轨道运动,在数学上可抽象为一个点沿坐标轴(x轴)的位置变动,并用坐标 x 表示它的位置(图 4.20(a));一艘海轮在大海中航行或一架飞机在空中飞行,数学上可抽象为一个点在平面直角坐标内和空间直角坐标内的位置变动,可以用两个坐标(x,y)或三个坐标(x,y,z)描述它的位置,分别如图 4.20(b)和图 4.20(c)所示.

用开关控制电灯,物理语言有两个状态:接通或断开. 若把开关换成一个晶体二极管,它同样有两个状态:导通或截止. 把它们用数学方法表示时,可以用 1、0 两个数字表示这两种状态(表 4.1).

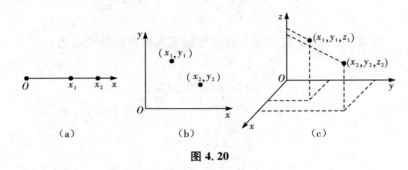

图 4.20

诸如此类,还有许多其他例子.

把物理学的研究对象、运动变化中的状态和经历的过程以及客观物理规律数学化,都可称为数学模型. 像上面这样,建立一个坐标或引进两个数字(数学语言),都可称为是建立了一个数学模型.

4 中学物理中常见的四类模型

表 4.1

物理状态	数学语言
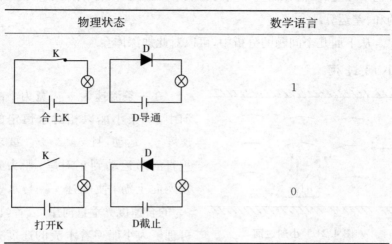	1
	0

建立数学模型的目的,可以更概括、更简洁、更普遍地描述不同事物的共同特性及其内在规律性,也便于进行定量计算.

物理学中有许多数学模型,除上面所说的以外,如矢量模型、平均值模型、无限小模型等.许多具体的物理计算和图像,实际上都可以联系着一定的数学模型.因此,数学模型在中学物理中有着极其广泛的作用.

下面,以矢量模型和无限小模型为例,体会一下数学模型在物理中应用的广泛性.

(1) **矢量模型**

利用一个矢量模型,就可以统一物理中反映客观对象不同物理内容的所有矢量(如位移、速度、加速度、力、动量、冲量、电场强度、磁感应强度等)的描述方法和特征:任何一个既有大小又有方向的物理量,都可用一根有向线段表示;它们的合成与分解都服从平行四边形法则.这么一来,运动的合成与分解(对应着位移、速度、加速度的合成与分解)、力的合成与分解、某段时间内动量的变化、两个点电荷的合电场强度、两根通电直导线的合磁感应强度等,都概括为一个矢量的和、差运算.

从下面几个问题的分析中,可以对此加深体会.

小船过河

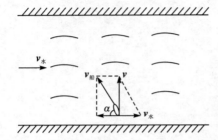

图 4.21 小船过河

在一条流速为 $v_水$、宽为 l 的河中,一条小船以相对水恒定的速度 $v_船$ 运动,且 $v_船 > v_水$.要求垂直河岸运动到正对岸,船头必须逆向上游,使船速 $v_船$ 与水速 $v_水$ 的合速度 v 垂直河岸.或者,也可理解为小船逆着水流的速度分量抵消水速(图 4.21).于是由速度的分解

$$v_船 \cos\alpha = v_水$$

得船头偏向上游的角度 α 应满足条件

$$\cos\alpha = \frac{v_水}{v_船}$$

或

$$\alpha = \cos^{-1}\frac{v_水}{v_船}$$

圆运动中的速度变化

图 4.22 表示一个质量为 m、以速度 v 做匀速圆周运动的质点,它在两条互相垂直的直径两端位置 A、B、C、D 四点的速度用 v_A、v_B、v_C、v_D 表示,其大小都为 v,但方向不同.因此,要求从 A 点起经 $\frac{T}{4}$(T 为周期)、$\frac{2}{4}T$、$\frac{3}{4}T$ 时间内的速度变化就转化为一个矢量差的问题,即

$$\Delta v_{BA} = v_B - v_A$$
$$\Delta v_{CA} = v_C - v_A$$
$$\Delta v_{DA} = v_D - v_A$$

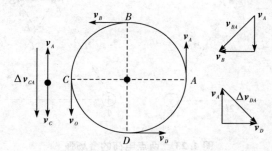

图 4.22　圆运动中的速度变化

或者,也可把上述各式表示为

$$\Delta v_{BA} = v_B + (-v_A)$$
$$\Delta v_{CA} = v_C + (-v_A)$$
$$\Delta v_{DA} = v_D + (-v_A)$$

同样可应用习惯上的平行四边形合成法则.

两点电荷的合场强

　　真空中两个相距为 $2l$、电量均为 $q = 2 \times 10^{-8}$ C 的点电荷,当它们均带正电或分别带有正、负电荷时,要求位于两者连线中垂线上、距两者均为 $2l$ 的 P 点的电场强度.

　　由点电荷场强公式知,点电荷 q_1、q_2 在 P 点的场强大小相等,均为

$$|E_1| = |E_2| = k\frac{q}{4l^2}$$

但它们在 P 点的场强方向不同:正电荷在 P 点的场强沿连线向外,负电荷在 P 点的场强沿连线向内.用矢量合成的平行四边形法则得到不同情况下 P 点的合场强如图 4.23 所示.

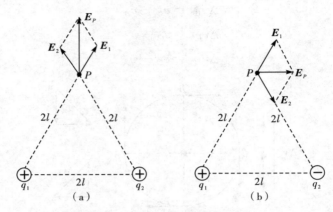

图 4.23　两点电荷的合场强

当两点电荷均带正电时，P 点的合场强大小为

$$E_P = |E_1|\cos 30° + |E_2|\cos 30°$$
$$= \frac{\sqrt{3}\,kq}{4l^2}$$

当两点电荷分别为正、负电荷时，P 点的合场强大小为

$$E_P = |E_1| = |E_2| = \frac{kq}{4l^2}$$

简谐运动的位移和图像

悬挂在竖直轻弹簧上的小球做简谐运动的过程中，任何时刻的位移可以用一根长度等于振幅 A 的矢量以同样周期做匀速圆周运动时在直径上的投影表示，即

$$y = A\cos\theta = A\cos\omega t$$

式中 $\omega = \dfrac{2\pi}{T}$ 称为圆频率（即圆运动时的角速度），T 为振动周期．并由此很容易画出对应的振动图像（图 4.24）．

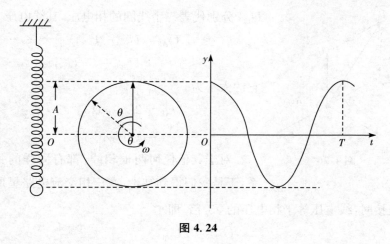

图 4.24

相电压与线电压

三相交流电路中三相电压可以用三个互成 120° 角的矢量表示. 图 4.25 为三相交流发电机三组线圈(Ax、By、Cz)和星形连接电路图.

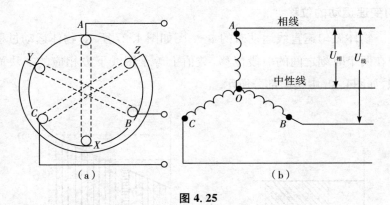

图 4.25

为了找出每相线圈的电压（相电压）和两根相线之间的电压（线电压）的关系，可以利用矢量模型转化为一个计算矢量差的问题.

如图 4.26 所示,用三个大小相等、互成 120° 角的矢量 U_{AO}、U_{BO}、

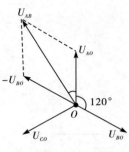

图 4.26

U_{CO} 分别代表三个线圈的相电压,其线电压

$$U_{AB} = U_{AO} - U_{BO}$$
$$= U_{AO} + (-U_{BO})$$

它的大小为

$$U_{AB} = 2U_{AO}\cos 30°$$
$$= \sqrt{3} U_{AO}$$

对于其他任何两根相线,都有同样的关系,于是我们得到结论:在三相交流电路星形连接时,线电压等于相电压的 $\sqrt{3}$ 倍,即

$$U_{线} = \sqrt{3} U_{相}$$

(2) 无限小模型

利用无限小模型,通过把时间(或位移)分割的办法,转化为对许多小段时间(或位移)内不变量的累积,从而可算出它们累积作用的效果或可用某一个平均量代替.

匀变速运动的位移

物体做匀速直线运动时的 v-t 图如图 4.27 所示.物体运动过程中在两个时刻之间的一段位移,数值上等于图线下方相应的一块面积,如图 4.28 中阴影部分所示.

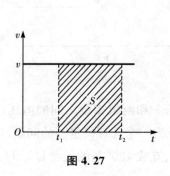

图 4.27

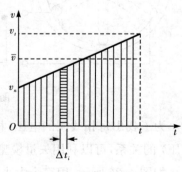

图 4.28

物体做匀变速直线运动时的 v-t 图是一条倾斜直线,如图 4.28 所示. 把整个运动时间 t 分成许多极小的时间区段,即

$$t = \Delta t_1 + \Delta t_2 + \Delta t_3 + \cdots + \Delta t_i + \cdots + \Delta t_n$$

当分得足够小的时候,每一小段内的运动可以看作是匀速运动,它所通过的位移等于图线下方对应于这一小段时间 Δt_i 的一块面积(如图 4.28 中阴影部分). 所以,在整个时间 t 内物体的位移

$$s = \Delta s_1 + \Delta s_2 + \Delta s_3 + \cdots + \Delta s_i + \cdots + \Delta s_n$$

数值上就等于图线下方时间 t 内所对应的面积. 这是一块梯形,于是得位移公式

$$s = \frac{v_0 + v_i}{2} t$$

$$= \frac{v_0 + v_0 + at}{2} t$$

$$= v_0 t + \frac{1}{2} a t^2$$

根据同样道理可知,它可以被一个以平均速度 $\bar{v}$ 运动的匀速直线运动代替,这个平均速度的数值为初速与末速的算术平均值,即

$$\bar{v} = \frac{v_0 + v_i}{2}$$

弹性势能

弹簧在伸长、压缩形变中产生的弹力 f 与形变量(伸长或压缩的量)x 成正比,即

$$f = kx$$

因此,计算弹簧形变时弹力的功(或外力的功)就属于变力做功问题.

物体受恒力作用时,在位移 x 内恒力 F 的功,数值上等于 F-x 图线下方的一块面积(图 4.29(a)). 根据弹力 f 与形变量 x 的图像,采用把整个形变过程分成许多极小区段的办法,即可推知在发生形变 x 时弹力的功(或外力的功)数值上等于图线下方三角形的面积

(图 4.29(b))，即

$$W = \frac{0+kx}{2}x$$
$$= \frac{1}{2}kx^2$$

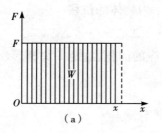
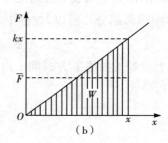

图 4.29

这个结果也可看成是以平均力 $\overline{F} = \frac{1}{2}kx$ 使弹簧发生形变 x 时做功所得到的.

外力克服弹力使弹簧形变时做的功，转化为弹簧的弹性势能，因此，发生形变 x 的弹簧具有的弹性势能为

$$E_P = \frac{1}{2}kx^2$$

前面，我们根据处理中学物理范畴内的问题介绍了 4 类模型. 实际上，同一个物理问题中，往往需要同时建立多个模型. 譬如，对于研究对象先要建立一个对象模型，然后给它所处的外部环境和运动变化过程再确定相应的条件模型和过程模型，最后常需借助数学模型做出有关的计算. 所以，各种模型往往是综合运用的.

5 物理模型在中学物理学习中的指导作用

 科学探究的重要途径

研究物理问题有两条重要途径:一是实验,二是理论. 在做理论分析时,往往需要从造模型着手. 物理学中所总结出来的反映物质运动变化的客观规律,实质上都是物理模型的运动变化规律.

在中学物理教学中,我们同样是从实验和理论分析两种途径研究各种物理问题,也需要运用物理模型. 可以说,每一个具体物理问题的解决过程中,都会自觉不自觉地选用相应的模型. 所以,领会和掌握物理模型的思维方法,对学习和应用物理知识,有着极为重要的指导作用. 请看下面的 6 个问题:

问题 1 据说,在某次国际物理学会议期间,有人向三位著名美国物理学家盖莫夫、奥本海默、布洛赫提出一个小问题:一条装满石头的船浮在池中水面上,如果将船中石头投入水里,池中水面高度会发生怎样的变化?

这三位物理学家由于漫不经心,把这个小问题都答错了.

如果你有幸作为中学生代表参加这次会议并在现场,对这个小问题将怎样研究呢?

途径是两条:做一个模拟实验或根据浮体平衡理论分析.

模型 MO XING

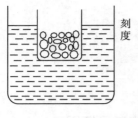

图 5.1

如图 5.1 所示,用一个较大的烧杯盛半杯水——相当于水池,水面上静浮一个放有小石子的小烧杯——相当于小船,记下水面位置.然后用镊子小心地把小石子放到大烧杯中,观察大烧杯中水面的变化.你将会发现,水面会下降一些.

从浮体平衡的分析也可得到同样的结果.

这里的实验方法,就是一个模型方法.它对原型做了简化处理,像是放大或缩小了尺寸的模型,具有物质模型的特点,通过对这种简化模型的实验和理论分析,就可以较容易地发现事物的真相.

问题 2 如图 5.2(a) 所示,是许多人家里常见的旧式摆钟,旋紧发条,通过齿轮的转动带动摆锤来回摆动,指针也跟着转动了.如果摆钟走时不准了,可以调节摆锤下面的一个小螺母进行校准.那么,为什么调节这个小螺母能够起到校准走时的作用呢?

图 5.2(a)

大家很容易产生的直觉猜想:大概调节这个螺母,可以微微调节摆锤上下的高度,即摆锤重心的位置,从而影响摆锤来回摆动的时间.那么这里究竟有什么规律可循呢?为了揭开其中隐藏着的奥秘,可以做一次简单的实验探究.

图 5.2(b)

取一个小球代表摆锤,将它悬挂在一根细线上,将线的上端固定,然后让小球偏离平衡位置一个小的角度后从静止开始摆动(图 5.2(b)),测量摆球来回摆动 n 次的时间 t,即可算出摆动一次的时间(即周期)为

$$T = \frac{t}{n}$$

接着,可以改变悬线的长度,用同样方法测出摆动的周期.通过多次实验,可以得到一组对应于不同悬线长度(l)和摆动周期(T)的数据.从这组数据的分析中,就可以找出摆的振动周期与悬线长度的关系,即摆长越长,振动周期越大.进一步研究还可得出定量关系

$$T \propto \sqrt{l}$$

这就是在高中物理"简谐运动"中所得到的结论.显然,这样的一次实验探究,实际上就是对物理模型(单摆模型)所做的探究——将钟摆简化为一个小球,将摆杆简化为一根细线,限定小球偏离小角度的范围内摆动等.但是,通过对这个模型探究所得出的结论却是很有意义的.从上面的关系式可以看到:摆的振动周期与摆长有关.摆线越长,摆动的周期越大,钟面上所对应的指针每走动一格的时间也就越长,意味着走时较慢.所以,通过微微调节摆锤下方的螺母,相应地改变了锤的高度,就可以调节摆钟的走时了.

问题 3 俯卧撑是同学们常做的一项运动.如果需要估算一下在做俯卧撑时克服重力做功的平均功率,你认为应该怎么办呢?

由于人体是一个不规则体,为了进行估算,可以先将做俯卧撑的人体抽象为一根刚性直杆,即建立一个简化模型.人体的重心大体上位于身高 60% 处,假设位于 O 点,并将人体的重力集中于重心(图5.3).运动中"撑起"的过程就是把人体重心抬高的过程,在这个过程中需要消耗肌肉的能量克服重力做功.

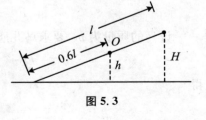

图 5.3

假设运动员的质量为 m,身高为 l,撑起时头顶升高的高度是 H,根据相似三角形的比例关系易知,撑起时人体重心升高的高度为

$$h = 0.6H$$

因此,每次撑起时需要克服重力做功

$$W = mgh = 0.6mgH$$

如果测得在时间 t 内,完成标准俯卧撑动作 n 次,则运动员克服自身重力做功的平均功率为

$$P = \frac{nW}{t} = \frac{0.6nmgH}{t}$$

所以,为了进行估算,需要测定人体的质量 m、每次撑起时头顶升高的高度 H 以及在时间 t 内完成俯卧撑的次数 n. 请同学们在课外活动中不妨实际测量一下.

问题 4 生物课上,老师将麻雀与鸵鸟作了比较,说明鸵鸟不能像麻雀等小鸟一样飞翔的道理. 现在,请你再从物理学角度探究一下鸵鸟不能飞翔的原因.

因为飞翔的必要条件是空气对鸟的"上举力"至少与鸟的重力平衡. 由于空气的"上举力"通常与飞行体的横截面积和飞行速度有关,通过查找实验资料(或直接通过实验)表明,在速度不太大时空气的"上举力"与圆球形物体的横截面积(S)的大小及运动速度的平方(v^2)成正比. 因此,为了简单起见,可以把鸟抽象为一个圆球体,则其"上举力"可以表示为

$$F = kSv^2$$

设鸟的质量为 m,要求鸟儿能够起飞,必须满足的条件是

$$kSv^2 > mg$$

得

$$v > \sqrt{\frac{mg}{kS}}$$

假设鸟儿的几何线度(即长、宽、高的尺度)为 l,则其质量 $m \propto l^3$,截面积 $S \propto l^2$,于是由上式可得鸟儿起飞的速度条件为

$$v \propto \sqrt{l}$$

由此可见,鸟的尺寸越小,起飞的速度也就越小;鸟的尺寸越大,起飞的速度也就越大.像麻雀等小鸟,它们的起飞速度仅约20 km/h,往往只需要用翅膀拍打几下即可获得足够的"上举力"起飞了;而鸵鸟的体形庞大,其体长约为燕子的25倍,起飞速度需要约100 km/h,差不多达到了飞机的起飞速度,因此它无法在空中翱翔.

这样,我们利用了对模型的实验和将实物形成简化模型后,就可以进一步从物理学上认识这些生物体飞行的差别了.

问题 5 某个学生听到一则"母子球"的描述:有质量相差较大的一大一小两个弹性球(母子球),把小球放在大球上面,让它们从 h 高处落到坚硬的地面上发生碰撞后,小球竟会反弹到 $9h$ 的高度.

究竟有没有可能发生这样的事呢?探究的途径也有两条:一是进行实验;二是做理论分析.

如图 5.4 所示,设质量分别为 M、m 的两球($M \gg m$)从离地高 h 处自由下落,着地时两者向下的共同速度可认为相同,即

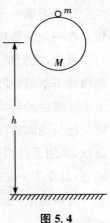

图 5.4

$$v_M = v_m = \sqrt{2gh}$$

大球与地面相碰后,以原来同样大小的速度反弹,即反弹速度

$$v'_M = v_M = \sqrt{2gh}$$

小球相对于大球下落的速度

$$v_{mM} = v_m - (-v'_M)$$
$$= 2\sqrt{2gh}$$

接着,小球与大球相碰.当 $M \gg m$ 时,小球可认为以原来同样大小的速度(即相对于大球的速度)反弹,故小球对大球的反弹速度

$$v'_{mM} = 2\sqrt{2gh}$$

则小球相对于地面的反弹速度

$$v'_m = v'_{mM} + v'_M$$
$$= 3\sqrt{2gh}$$

所以小球反弹高度

$$h_m = \frac{v'^2_m}{2g} = 9h$$

由此可见,这位学生听到的母子球描述是合理的.

仔细考察一下这个理论分析过程(解题过程),可以看到,它都是建立在一定的物理模型基础上的.

首先,我们把两球都看作没有大小的质点,建立的是对象模型;把两球下落的空间看作是一个均匀的重力场,且不计空气阻力,即给予小球的运动环境建立一个理想化的条件模型;然后在运动过程中,把大球与地面的碰撞、小球与大球间的碰撞都简化为一个弹性碰撞过程,采用了过程模型;最后,通过计算并做了适当近似给出问题的解答,对应于一定的数学模型.

可以想象,如果我们不建立这么几个物理模型,这个问题是难以回答的.

问题 6 一个学生从课外科普书中看到,装甲车和战舰常采用多层钢板,它比采用同样质量、同样厚度的单层钢板更能抵御穿甲弹的射击.这似乎跟习惯思维相悖.为了弄清楚这里的道理,他请教了物理老师.老师说,在没有条件进行实验探究的情况下,可以通过简化模型作为台阶进行理论探究,比较两种情况下入射子弹的能量损失,就能够粗略地说明了.*

---

* 这是 2011 年全国高考理科综合的一道题,这里为了配合叙述的需要,改变了问题的表述.在这个简化模型中,由于假设子弹质量与分割后的每一块钢板的质量相同,因此就便于比较结果了.

如图 5.5(a) 所示,质量为 $2m$、厚度为 $2d$ 的钢板静止在水平光滑桌面上. 假设子弹的质量也为 m,以某一速度垂直射向该钢板,并且刚好能将钢板射穿. 现把钢板分成厚度均为 d、质量均为 m 的相同两块,间隔一段距离平行放置,如图 5.5(b) 所示. 若子弹仍以同样的速度垂直射向第一块钢板,穿出后再射向第二块钢板. 设子弹在钢板中受到的阻力为恒力,且两块钢板不会发生碰撞,也不计重力影响. 显然,只需求出子弹射入第二块钢板的深度,就可以进行比较.

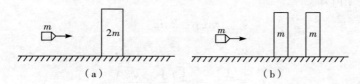

图 5.5

设子弹的初速度为 v_0,射入厚度为 $2d$ 的钢板将要穿出时,钢板和子弹的共同速度为 u. 由动量守恒知

$$mv_0 = (2m+m)u \qquad ①$$

得

$$u = \frac{1}{3}v_0$$

在这个过程中,子弹损失的动能为

$$\Delta E = \frac{1}{2}mv_0^2 - \frac{1}{2} \times 3mu^2 = \frac{1}{3}mv_0^2 \qquad ②$$

分成两块钢板后,设子弹穿过第一块钢板后子弹和钢板的速度分别为 v_1 和 u_1,由动量守恒知

$$mv_0 = mv_1 + mu_1 \qquad ③$$

已知钢板对子弹的阻力恒定,则射穿第一块钢板子弹的动能损失应为 $\frac{1}{2}\Delta E$,由能量守恒知

$$\frac{1}{2}mv_0^2 = \frac{1}{2}mv_1^2 + \frac{1}{2}mu_1^2 + \frac{1}{2}\Delta E \qquad ④$$

联立③④两式,代入 ΔE 的值,并考虑到必须满足条件 $v_1 > u_1$,因此得

$$v_1 = \left(\frac{1}{2} + \frac{\sqrt{3}}{6}\right)v_0 \qquad ⑤$$

设子弹射入第二块钢板并留在其中后两者的共同速度为 u_2,由动量守恒知

$$mv_1 = 2mu_2 \qquad ⑥$$

得

$$u_2 = \frac{1}{2}v_1 = \frac{1}{2}\left(\frac{1}{2} + \frac{\sqrt{3}}{6}\right)v_0 \qquad ⑦$$

损失的动能为

$$\Delta E' = \frac{1}{2}mv_1^2 - \frac{1}{2} \times 2mu_2^2 \qquad ⑧$$

代入 v_1 和 u_2 的值,并考虑到 ΔE 的关系,即得

$$\Delta E' = \frac{1}{4}\left(1 + \frac{\sqrt{3}}{2}\right)\Delta E \qquad ⑨$$

因为子弹在钢板中受到的阻力恒定,设子弹射入第二块钢板的深度为 x,于是由

$$\frac{\Delta E}{\Delta E'} = \frac{2d}{x}$$

得

$$x = \frac{1}{2}\left(1 + \frac{\sqrt{3}}{2}\right)d < d \qquad ⑩$$

由此可见,装甲车和战舰常采用多层钢板,确实能比采用同样质量、同样厚度的单层钢板更能抵御穿甲弹的射击.

在这个理论探究中,更显示出建立模型的作用了. 首先,这个模型

（对象模型）的构建完全是人为的，因为实际情况中的子弹质量不可能与每一块钢板的质量相等。其次，又设置了子弹刚好能垂直射穿质量为 $2m$ 的钢板以及光滑平面、阻力恒定、两者不会相碰等条件模型，最后把子弹与钢板的相互作用看成弹性碰撞，利用了过程模型。很明显，只有构建了这样的模型后，才可能运用中学物理范畴内的知识对它进行理论探究。虽然这个模型的构建完全是人为的，但通过对这个模型的探究得到的结论却有着现实的意义——模型的价值充分地得到了展示！

通过上面几个问题，我们可以看到，在中学物理学习中，无论是为了进行实验探究或理论探究，同样需要从"造模型"着手。并且，从上述问题中也可以看到，在中学物理学习中"造模型"的方法，原则上说，与科学研究中"造模型"一样，也是采用简化与抽象，假设理想化条件，运用类比模拟等方法。例如，在对钟摆振动周期、俯卧撑和子母球的研究中，都作了一些简化，假设一些理想化条件；在池中水面变化的问题中，采用了类比模拟方法；在对小鸟和穿甲板的研究中，假设了一些简化和理想化的条件等。显然，我们在这里所做的工作，无论是实验探究性质的，还是理论探究性质的，都属于对物理模型的探究，或者说，都是在构建了一定的模型基础上展开活动的，得到的结论自然也只是对所抽象的模型才能成立的。

因此，可以这么说：科学探究需要物理模型，学习物理也同样离不开物理模型。

5.2 解题的一把金钥匙

在物理解题中，无论是解释现象、解答问题、做出估算、实验探讨等都需要模型。每一个具体的物理问题都会对应着一定的物理模型。整个解题过程所对应的模型，大体情况可以概括为：

① 分析题意，明确研究对象——建立对象模型；

② 根据已知条件,确定研究对象的物理条件或所处的状态——建立条件模型(或状态模型);

③ 找出研究对象所经历的状态变化过程——建立过程模型;

④ 根据研究对象所处的状态或经历的过程,选用适当的物理规律,列出方程——将物理模型转化为数学模型;

⑤ 对方程求解,得出结果——将对模型的研究,还原成对实际问题的解释或结论.

当然,在具体解题过程中是没有必要如此呆板地亦步亦趋进行对照,重要的是具有建立模型的思想.尤其是对于某些难度比较大或者情景比较复杂和生疏的问题,如果能够根据具体的现象和过程,把它还原成一定的物理模型,这对于下一步能否正确求解有着极为重要的作用.因此,建立一个合适的物理模型,就等于已经揭开了掩盖现象真相或过程本质特征的面纱,仿佛已经找到了一把解题的金钥匙.

下面通过几个问题进一步体会模型的金钥匙作用.

例题 1 在月球上能看到地球的某地方,以月球为参考系时,关于地球绕月球公转的下列说法中,正确的是(　　).

A. 能观察到地球绕月球公转,周期为 27 d 7 h 43 min 11 s(即等于在地球上观察到月球的公转周期)

B. 能观察到地球绕月球公转,周期为 24 h

C. 能观察到地球绕月球的公转,周期为 365 d

D. 不能观察到地球绕月球的公转

分析与解答 先考虑观察者置身于地球上(即以地球为参考系),并把月球抽象为一个质点模型(即假定月球无自转),那么,从地球上应该可以观察到月球的整个表面,如图 5.6 所示.

实际上,月球绕地球公转的同时还在自转,由于月球自转的周期与绕地球公转的周期相同,角速度方向又一致,从而使得月球始终以一面朝地球,另一面背向地球,如图 5.7 所示.所以本题中需把月球抽象为刚体.

5　物理模型在中学物理学习中的指导作用

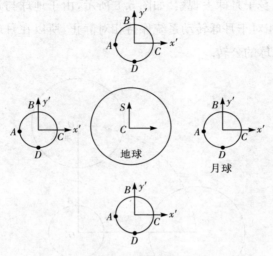

图 5.6　假定月球无自转

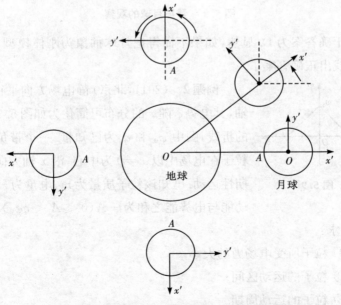

图 5.7　月球自转周期等于绕地球公转周期

我们置身于月球去观察.如图5.8所示,由于地球与月球做同步转动,地球相对于月球转动系统保持相对静止,所以在月球上观察不到地球绕月球的公转.

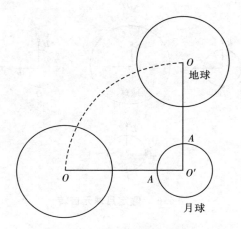

图5.8 置身月球的观察

正确答案为D.显然,如果不懂得把月球抽象为刚体模型,也就无法找出正确答案了.

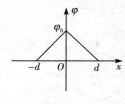

图5.9

例题2 （2011,北京）静电场方向平行于 x 轴,其电势 φ 随 x 的分布可简化为如图5.9所示的折线,图中 φ_0 和 d 为已知量.一个带负电的粒子在电场中以 $x=0$ 为中心,沿 x 轴方向做周期性运动.已知该粒子质量为 m、电量为 $-q$,其动能与电势能之和为 $-A(0<A<q\varphi_0)$,忽略重力.求:

① 粒子所受电场力的大小;

② 粒子的运动区间;

③ 粒子的运动周期.

5 物理模型在中学物理学习中的指导作用

分析与解答 根据题中所说的静电场方向,一定是匀强电场*,因此可以建立一个均匀带电的无限大薄板模型,形成向两侧辐射的匀强电场(图5.10).显然,薄板所在位置的电势最高(φ_0),由薄板向两侧电势均匀减小.利用这个模型把抽象问题具体化,就可以从无声的启发中化解困难.

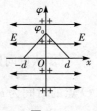

图 5.10

① 由于电势随 x 轴均匀变化,已知 O、d 两点间的电势差为 φ_0,因此该匀强电场的电场强度为

$$E = \frac{U_{Od}}{d} = \frac{\varphi_0}{d}$$

粒子所受电场力的大小为

$$F = qE = \frac{q\varphi_0}{d}$$

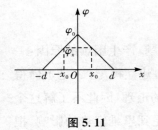

图 5.11

② 设想薄板中央有个小孔,粒子穿过小孔往返运动,运动区间为 $(-x_0, x_0)$,对应的电势为 φ_x,如图 5.11 所示.由于粒子在两端的速度为零,总能量等于其电势能,即

$$-q\varphi_x = -A \quad \Rightarrow \quad \varphi_x = \frac{A}{q}$$

由相似三角形对应边的比例关系

$$\frac{\varphi_x}{\varphi_0} = \frac{d-x_0}{d} \quad \Rightarrow \quad x_0 = d\left(1 - \frac{A}{q\varphi_0}\right)$$

所以粒子运动区间

---

* "电场线相互平行时一定是匀强电场"这个结论,可以采用反证法加以证明:在这个电场中取一个矩形回路,其一对边与电场线平行,另两对边与电场线垂直,然后使一个点电荷沿这个闭合矩形回路运动一周.如果电场线疏密不一致,由于两对边受到的电场力不同,所做的总功必然不等于零.这样,就违背了静电场的基本性质.所以,电场线平行时,一定是匀强电场.

$$-d\left(1-\frac{A}{q\varphi_0}\right) \leqslant x \leqslant d\left(1-\frac{A}{q\varphi_0}\right)$$

③ 从负向极端位置处开始运动的 $\frac{1}{4}$ 周期考虑,设从 $-x_0$ 运动到 O 点的时间为 t,由牛顿第二定律和运动学公式

$$qE = ma$$
$$x_0 = \frac{1}{2}at^2$$

联立两式并代入 E 和 x_0 的值,得

$$t = \sqrt{\frac{2mx_0}{qE}} = \sqrt{\frac{2md^2}{q\varphi_0}\left(1-\frac{A}{q\varphi_0}\right)}$$

所以粒子的运动周期为

$$T = 4t = \frac{4d}{q\varphi_0}\sqrt{2m(q\varphi_0 - A)}$$

说　明

　　这是一道颇有创意的、难度较大的高考题. 产生困难的原因:一是题意比较抽象,同学们缺乏足够的想象力建立模型;二是不懂得"静电场方向平行于 x 轴"必然是匀强电场的道理,因此不了解这个电场的性质,感觉难以着手;三是一些同学受到思维定势的影响,把周期性运动都看成简谐运动,结果又陷入泥潭.

　　如果解题时能够通过分析引入"薄板"模型,把抽象的问题具体化,思维有了具体的依托,就显得容易多了. 由此可见,解题时(尤其是对于某些比较难的和新型的问题)建立一个合适的物理模型有着非常重要的意义.

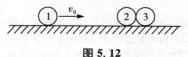

图 5.12

例题3　光滑水平面上有三个完全相同的小球排成一直线,2、3 两球静止并靠在一起,1 球以速度 v_0 运动(图5.12). 设碰撞中不损失机械能,则碰后三个小球的速度为(　　).

A. $v_1 = v_2 = v_3 = \dfrac{1}{\sqrt{3}} v_0$

B. $v_1 = 0, v_2 = v_3 = \dfrac{1}{\sqrt{2}} v_0$

C. $v_1 = 0, v_2 = v_3 = \dfrac{1}{2} v_0$

D. $v_2 = -\dfrac{1}{3} v_0, v_2 = v_3 = \dfrac{2}{3} v_0$

E. $v_1 = v_2 = 0, v_3 = v_0$

分析与解答 如何看待这个碰撞过程,即建立怎样的物理模型,是正确解答题目的关键.最容易犯的错误是把 2、3 两球看作一个整体,小球 1 与这个整体相碰,由弹性碰撞规律得碰后小球 1 及 2、3 两球这一整体的速度分别为

$$v_1' = \frac{m_1 - m_{23}}{m_1 + m_{23}} v_1 = \frac{m - 2m}{m + 2m} v_1 = -\frac{1}{3} v_1$$

$$v_{2,3}' = \frac{2m_1}{m_1 + m_{23}} v_1 = \frac{2m}{m_1 + 2m} v_1 = \frac{2}{3} v_1$$

于是错选成 D.

实际上,两球靠在一起和两球是一个整体两者并不相同.两个质量 50 kg 的人靠在一起与一个质量 100 kg 的人显然有差别.因为只是宏观上的靠在一起,其实相互间还是有着微小的间距,因此这里的碰撞过程先是 1 与 2 碰,再是 2 与 3 碰.建立了这样的一个过程模型后很容易求解.

质量相同的运动小球与静止小球做弹性正碰后,两者互换速度:

1 与 2 碰后,$v_1' = 0, v_2 = v_0$;

2 与 3 碰后,$v_2' = 0, v_3 = v_0$.

因此正确答案为 E.

说　明

从本题的解答可知,这里的小球 2 仅起了一个传递动量和能量的作用. 把这个问题推广一下:若光滑水平面上并排放着许多相同质量的弹性小球(或并排悬挂着许多相同弹性小球),当另一个同样的小球与它们相碰时,中间的许多小球也只是起了"传递"作用,如图 5.13 所示.

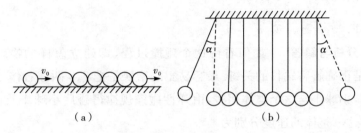

图 5.13

5.3 应用模型的几点认识

我国著名科学家钱学森这样说过:"模型就是通过对问题的分析,利用我们考察得来的机理,吸收一切主要因素,略去一切次要因素所创造出来的一幅图画."那么,在研究和解决实际问题时,怎样才能创造出这幅"图画"(建立模型)？又怎样去利用这幅"图画"解决具体问题(应用模型)？在应用这幅"图画"时应该注意哪些方面(理性认识)？——有关这些问题,下面分几个方面加以阐述:

(1) 建立合适模型的关键是对物理状态和过程的分析

有些物理问题中的研究对象及其经历的过程比较明朗,很容易辨认出它们所对应的物理模型,这种问题比较容易下手. 但往往有不少物理问题(尤其是一些较复杂的问题),其研究对象及经历的过程比较隐蔽,不能一下子察觉或判定. 为了建立一个合适的模型,就必须认真分析题中的物理状态和过程,把握其本质特征. 所谓审题,许

5 物理模型在中学物理学习中的指导作用

多情况下实际上就是选择合适模型的过程. 通过对研究对象的受力情况、状态特征以及运动变化过程的分析,区分各种因素的主次关系,结合物理规律,才能选择出一个合适的模型.

例题 1 水平传送带长 $l=20$ m,以 $v=2$ m/s 的速度做匀速运动. 已知某物体与传送带间的动摩擦因数 $\mu=0.1$,该物体从轻轻放到传送带的一端开始计时,到达另一端所需时间($g=10$ m/s^2)为( ).

A. 10 s   B. $2\sqrt{10}$ s   C. 11 s   D. 9 s

分析与解答 木块刚放到传送带上时,它的水平速度为零,传送带相对于木块向前运动(即木块有落后于传送带运动的趋势),因此传送带对木块的摩擦力向前(指向传送带运动方向),使木块做匀加速运动. 当木块加速到等于传送带的速度时,两者无相对滑动趋势,摩擦力消失,木块依惯性与传送带一起做匀速运动直至到达另一端. 所以,木块从放上传送带至抵达另一端,先后对应着匀加速运动、匀速直线运动两个过程模型.

传送带对木块的摩擦力 $f=\mu mg$,使木块产生的加速度为

$$a=\frac{f}{m}=\mu g=0.1\times 10 \text{ m/s}^2=1 \text{ m/s}^2$$

木块达到传送带的速度 $v=2$ m/s,需时间

$$t_1=\frac{v}{a}=\frac{2}{1} \text{ s}=2 \text{ s}$$

在这个匀加速运动过程中木块滑行距离

$$s_1=\frac{1}{2}at_1^2=\frac{1}{2}\times 1\times 4 \text{ m}=2 \text{ m}$$

木块做惯性运动至另一端滑行距离

$$s_2=l-s_1=20 \text{ m}-2 \text{ m}=18 \text{ m}$$

木块做惯性运动的时间

$$t_2 = \frac{s_2}{v} = \frac{18}{2}\text{ s} = 9\text{ s}$$

所以，木块从一端至另一端共需时间

$$t = t_1 + t_2 = 2\text{ s} + 9\text{ s} = 11\text{ s}$$

正确答案为 C.

说　明

一些学生常疏忽了前一段匀加速运动，以为木块一放上传送带就随带做匀速运动，于是由 $t = \dfrac{l}{v} = 10$ s，错选成 A. 也有些学生错以为木块始终做匀加速运动，由 $t = \sqrt{\dfrac{2l}{a}} = 2\sqrt{10}$ s，误选为 B. 这都是由于没有对木块的受力情况、运动特征仔细分析所造成的.

图 5.14

例题 2　体育课上，一个同学沿着绳子匀速上爬（图 5.14），几个同学对他的机械能增加的原因进行了热烈的争论.

甲说：由于人对绳子施加向下的拉力，对绳做了功，使人体的机械能增加.

乙说：由于绳子对人施加向上的拉力，对人做了功，使人体的机械能增加.

丙说：甲、乙两人的说法都不对，人和绳子的拉力作用点并没有发生位移，因此都没有做功.

丁说：从能的转换和守恒来说，只能是人消耗了自身的化学能，才能使人体的机械能增加.

请对这场争论做出你的评价.

分析与解答　人沿着绳子上爬的过程中，无论是人对绳子向下的拉力或绳子对人向上的拉力，由于力的作用位置（手与绳子接触的地方）都没有在力的方向上发生位移，因此这里的力都没有做功. 甲和乙的说法都错,而且甲的说法还把做功和机械能增加的对象都混淆起来,有些荒唐.

丙与丁的说法是正确的,不过没有把这里的细节说清楚. 由于能的转化往往要通过做功过程才得以实现,那么,这里是如何实现的呢?

实际上,人沿绳上爬的过程不能把人体抽象为一个质点,可以把人体看成既有联系又可分开的两部分:一部分是人的手臂,这是一个质点间位置可变的质点组,相当于一个"可伸缩的弹簧";另一部分就是人体其他的部位,可以看作刚体. 人在上爬过程中,正是由于人的手臂(内力)对人体做功,才实现了人体的化学能向机械能的转化*.

说　明

设人沿着绳子上爬过程中内力对人体做功为 $W_{内}$,受到的外力是人的重力和绳子的拉力. 绳子的拉力不做功,因此上升高度 h 时外力对人体系统做功

$$W_{外} = -mgh$$

当人沿着绳子匀速上爬时,人体的总动能不变,作用于人体系统所有外力和内力做功的总和应该等于零,即

$$W_{外} + W_{内} = 0$$

或

$$-mgh + W_{内} = 0$$

所以

$$W_{内} = mgh$$

也就是说,依靠着人体内力做功,才使人体的重力势能增加,因而人体的机械能增加.

这个问题中包含着不同的物理模型,而且显得很掩蔽,只有明确

---

* 目前中学物理教材中虽然没有介绍内力做功和质点组的动能定理,但近些年高考试题中屡屡出现有关运动员的能量变化问题(如 2002 年全国理综,2006 年全国试题等),都涉及内力做功和质点组的动能,因此需要有所认识.

了整个过程的物理实质,才能通过抽象建立起合理的物理模型.

例题 3 在标准状况下,水蒸气分子的间距与水分子直径之比约为( ).

A. 1　　　B. 10　　　C. 100　　　D. 1 000

分析与解答 在标准状况下,水蒸气的摩尔体积和含有的水分子数分别为

$$V_{水蒸气} = 22.4 \times 10^{-3} \text{ m}^3/\text{mol}, \quad N_A = 6.02 \times 10^{23}$$

由于通常情况下(包括标准状况),气体分子的间距相比分子本身的尺度大得多,因此估算水蒸气分子间距时,需要从其活动空间考虑 —— 把每个水汽分子的活动空间(所占体积)看成一个小立方体,水蒸气分子的平均间距可以看成两个小立方体的中心间距,即每个小立方体的边长.因此其间距为

$$d = \sqrt[3]{\frac{V_{水蒸气}}{N_A}} = \sqrt[3]{\frac{22.4 \times 10^{-3}}{6.02 \times 10^{23}}} \text{ m} \approx 3.34 \times 10^{-9} \text{ m}$$

通常情况下液体分子可以看成紧靠在一起的,因此估算水分子直径时,需要把它们看成一个个小球,其间距就是这个小球的直径.由水的摩尔体积

$$V_水 = 18 \text{ cm}^3/\text{mol} = 18 \times 10^{-6} \text{ m}^3/\text{mol}$$

得水分子的直径为

$$D = \sqrt[3]{\frac{6V_水}{\pi N_A}} = \sqrt[3]{\frac{6 \times 18 \times 10^{-6}}{3.14 \times 6.02 \times 10^{23}}} \text{ m} \approx 3.85 \times 10^{-10} \text{ m}$$

所以水蒸气分子的间距与水分子直径之比约为

$$\frac{d}{D} = \frac{3.34 \times 10^{-9}}{3.85 \times 10^{-10}} \approx 10$$

B 正确.

说　明

上面所采用的立方体模型和球模型,是研究有关分子问题中常

用的两个模型.根据这样的模型,结合阿伏伽德罗常数就可以沟通宏观量和微观量之间的联系.同样的水分子,在不同状态下需要抽象成不同的物理模型.可见,物理模型都是为实际需要服务的.

例题 4 在一艘竖直上升的宇宙飞船坐舱内有一个水银气压计,当舱内温度为 $t_2 = 27.3\ ℃$ 时,此气压计的水银柱高 $h_2 = 41.8\ \text{cm}$(此时飞船离地面不太高). 已知飞船起飞前舱内温度 $t_1 = 0\ ℃$,气压计的水银柱高 $h_1 = 76.0\ \text{cm}$. 试求此时飞船的加速度.

分析与解答 问题的目的是求飞船的加速度,但研究对象不是飞船. 注意到飞船中有一个水银气压计,飞船向上加速时,水银柱高度的变化关联到飞船舱内的气体和管内一段水银柱. 因此这里的研究对象是舱内气体和管内水银柱. 由于飞船座舱都是密封的,飞船上升过程中,舱内气体做等容变化,而管内水银柱做匀加速运动. 所以,题中涉及空气和水银柱两个对象,对应着两个不同的过程模型.

对舱内气体,起飞前后的状态参量如表 5.1 所示.

表 5.1 飞船起飞前后舱内气体

	起飞前	起飞后
温度、压强	$T_1 = t_1 + 273 = 273\ \text{K}$	$T_2 = t_2 + 273 = 300.3\ \text{K}$
	$p_1 = \rho g h_1$	$p_2 = ?$

根据查理定律得

$$p_2 = \frac{T_2}{T_1} p_1$$

$$= \frac{300.3}{273} \times 13.6 \times 10^3 \times 9.8 \times 0.76\ \text{Pa}$$

$$= 1.114 \times 10^5\ \text{Pa}$$

对气压计管中水银柱,在舱内气体向上压力和管中水银柱重力的合力作用下,向上做匀加速运动(图 5.15).设管子的截面积为 S,

由牛顿第二定律

$$p_2 S - h_2 S \rho g = h_2 S \rho a$$

得

$$a = \frac{p_2 S}{h_2 S \rho} - g$$

$$= \left(\frac{1.114 \times 10^5}{41.8 \times 10^{-2} \times 13.6 \times 10^3} - 9.8 \right) \text{ m/s}^2$$

$$= 9.8 \text{ m/s}^2$$

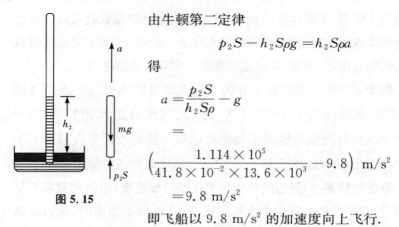

图 5.15

即飞船以 9.8 m/s² 的加速度向上飞行.

说 明

本题中的研究对象及其过程都比较隐蔽,必须通过仔细分析后才能确定所对应的模型.

(2) 注意相似模型的区别

在中学物理中,有许多物理模型的"外形"相似,实质不同,必须注意区分.

例如,绳和杆是常见的两种相似模型,它们的差别主要是:绳子只能施出拉力,拉力的方向必定沿着绳的方向;杆不仅能施出拉力,也能施出推力,拉力和推力的方向不一定沿着杆子.由于它们的约束特性不同,因此在具体问题中的力学条件也不同.

如图 5.16(a) 所示,小球被杆约束,运动至最高点时可依靠杆的推力平衡球的重力,因此最高点的速度条件

$$v \geqslant 0$$

图 5.16(b) 中小球被绳约束,运动至圆周最高点时的速度起码应满足条件

$$mg = m \frac{v^2}{R}$$

5　物理模型在中学物理学习中的指导作用

得最高处的速度条件为

$$v \geqslant \sqrt{Rg}$$

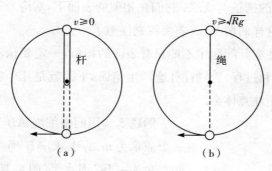

图 5.16

绳与弹簧也有相似之处，有时，由于绳子的形变情况不明确，常会使绳模型的处理造成困难．

有些时候，即使看起来相同的两个对象，由于在不同的状态下，就得抽象为不同的物理模型．

如图 5.17 所示，用长度分别为 l_1 和 l_2 的两根细线，系住两个质量分别为 m_1、m_2 的小球 a 和 b，悬挂在同一根水平细线上．现在用手把小球 a 拉离平衡位置，然后轻轻放手让小球 a 先振动，过段时间后，可以看到小球 b 也会振动起来．当它们的振动稳定后，研究它们的振动周期时，需要抽象成两种不同的模型：

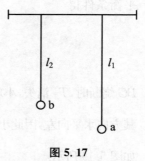

图 5.17

小球 a 做的是自由振动，其周期

$$T_1 = 2\pi\sqrt{\frac{l_1}{g}}$$

小球 b 做的是受迫振动，稳定时其振动周期应该等于驱动力的周期，即

$$T_2 = T_{驱动} = T_1 = 2\pi\sqrt{\frac{l_1}{g}}$$

而与其本身的摆长 l_2 无关. 它们在相似的表面下,对应着不同的振动模型. 类似这样的情况,就需要特别注意了.

所以,在实际问题中不能只看表面的相似,一定要认清研究对象所处的状态和过程,否则往往会产生错误. 下面就是几个很有典型意义的问题,请注意体会.

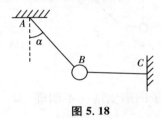

图 5.18

例题 5 用两根细绳 AB 和 BC 系住一个质量为 m 的小球,AB 绳与竖直方向间夹角为 α,BC 绳水平(图 5.18). 当把 BC 绳烧断的瞬间,关于 AB 绳中张力的大小和小球的运动情况,甲、乙两个学生展开了热烈的争论.

甲:小球原来受重力 mg、AB 绳中张力 T_1、BC 绳中张力 T_2,由平衡条件得

$$T_1 = \frac{mg}{\cos\alpha}$$

$$T_2 = mg\tan\alpha$$

BC 烧断时,T_2 消失,小球受到 T_1、mg 这两个力的合力为 $F = mg\tan\alpha$,其方向水平向左,因此小球具有水平向左的瞬时加速度 $a = \dfrac{F}{m} = g\tan\alpha$,如图 5.19 所示.

乙:BC 烧断时,小球在重力的垂直于 AB 方向的分力 $F = mg\sin\alpha$ 作用下摆动,相当于一个从极端位置释放开始摆动的单摆,由于小球的初速度等于零,沿 AB 绳方向处于力平衡状态,绳中张力

$$T_1 = mg\cos\alpha$$

小球运动的瞬时加速度 $a = \dfrac{F}{m} = g\sin\alpha$,如图 5.20 所示.

请你对这两个学生的观点做一评价.

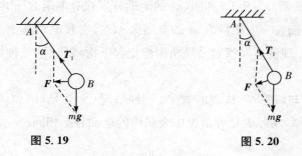

图 5.19　　　　　　　图 5.20

评价　甲、乙两个学生的观点,可以认为是对 AB 绳选用了不同的模型造成的.

甲认为 AB 是一根"弹性绳",相当于一根轻弹簧(图 5.21),剪断的瞬间它保持原来的形变状态不变,弹力 T_1 不变,小球在 T_1、mg 的合力 $F = mg\tan\alpha$ 作用下具有水平向左的瞬时加速度,故 $a = g\tan\alpha$.

乙认为 AB 是一根"刚性绳",相当于一根轻质杆,剪断的瞬间绳中张力发生了突变,小球从静止状态突变为以悬点为中心的圆弧运动,因此绳中张力 $T_1 = mg\cos\alpha$,球获得沿圆弧切向的加速度为 $a = g\sin\alpha$.

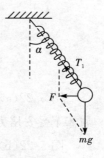

图 5.21

由于在中学物理范围内的绳子(或绳模型)指的都是"刚性绳",因此这里乙的观点是正确的.

说　明

由本题可见,即使是同一个绳子,也可形成不同的模型. 为了避免混淆,今后在需要考虑保留形变特性的情况,改用轻弹簧较为妥当.

前面所说的属于对绳和杆两个对象模型间的混淆. 有时,稍不留神也会在过程模型之间发生类似的纠缠.

例题 6 图 5.22 中垂直于磁场有两根很长的光滑竖直导轨,图(a)的上端断开,图(b)和图(c)的上端分别接有电阻 R 和电容器 C. 垂直导轨搁置一根质量为 m 的金属棒 MN,它和电路其他部分的电阻都不计. 现使金属棒紧贴导轨由静止起下滑,试讨论三种情况中棒的运动.

分析与解答 从表面看来,三种情况(尤其是(b)、(c)两种情况)很相似,实际上三种情况中金属棒的运动各不相同.

图 5.22

图 5.22(a) 中的金属棒两端有一定电势差,但没有感应电流,金属棒不受安培力的作用,在重力作用下做自由落体运动.

图 5.22(b) 中的金属棒和电阻组成闭合回路,有感应电流产生,使金属棒同时受到向上的安培力 F_A. 根据牛顿第二定律有

$$mg - F_A = ma \quad \Rightarrow \quad mg - \frac{B^2 l^2 v}{R} = ma$$

随着下落速度的增大,感应电流增大,安培力也增大,金属棒做加速度变小的变加速运动. 当导轨足够长,金属棒的加速度最终为 0 时,它就以所达到的最大速度做匀速运动. 这个速度的大小为

$$v_{\max} = \frac{mgR}{B^2 l^2}$$

图 5.22(c) 中的金属棒下落速度变化时,棒中产生大小变化的感应电流,因此可以对电容器不断地充电,仿佛有电流通过电容器一样. 设下落过程中 t 和 $t+\Delta t$ 两时刻金属棒的速度分别为 v 和 $v+\Delta v$,

它产生的感应电动势分别为

$$E = Blv$$
$$E' = Bl(v + \Delta v)$$

在时间 Δt 内电容器的电量变化和通过电路的电流分别为

$$\Delta q = C \Delta U_C = C(E' - E) = CBl \Delta v$$
$$I = \frac{\Delta q}{\Delta t} = CBl \frac{\Delta v}{\Delta t} = CBla$$

因此,金属棒下落时在重力和安培力的共同作用下,它的运动方程为

$$mg - F_A = ma \Rightarrow mg - B \cdot CBla \cdot l = ma$$

得加速度

$$a = \frac{mg}{m + CB^2 l^2}$$

这是一个跟运动时间和速度都无关的常量,表明在含有电容器的电路中,金属棒下落的运动是一种匀加速直线运动.

可见,这里三根金属棒的运动截然不同.

在中学物理学习中,经常会遇到"相似模型"的许多问题. 如图 5.23(a)、(b) 所示,一个边长为 l 的正方形线框,置于磁感应强度为 B 的匀强磁场中,以角速度 ω 绕中心轴匀速转动. 图 5.23(a) 中线框的左右两边做切割磁感线的运动,其速度大小相同但方向随时间作周期性变化,线框中产生的是按照正弦规律变化的感应电动势. 图

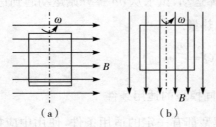

图 5.23

5.23(b)中线框转动时,其左右两边并不切割磁感线,上下两边作为切割磁感线的有效边,产生的是恒定的感应电动势.

因此,在研究这些类似的问题时,必须认真分析具体条件,根据它们不同的特征,才能确定应该选用的物理模型.下面的两个问题,表面上也很相似,请你解答后与同学们交流一下自己的体会.

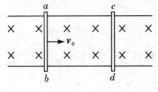

图 5.24

题(1) 如图 5.24 所示,在水平面上放置两根间距为 l 的光滑平行长导轨,垂直导轨相隔一定距离放置两根质量均为 m 的导体棒 ab 和 cd. 在导轨平面内存在有竖直向下的匀强磁场,其磁感应强度为 B. 现使 ab 以垂直于棒的速度 v_0 向右对着静止的 cd 运动(假设不会相撞),试求从 ab 棒开始运动起到达稳定状态时,整个系统中产生的热量.

(参考答案:$Q = \dfrac{1}{4}mv_0^2$)

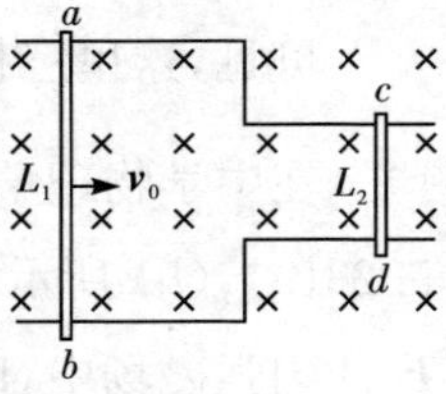

题(2) 如图 5.25 所示,在水平面上放置两根间距分别为 $L_1 = 2l$、$L_2 = l$ 的光滑平行长导轨(其一端相连),导轨上不同间距处相隔一定距离放置两根导体棒 ab 和 cd,其质量均为 m. 在导轨平面内存在有竖直向下的匀强磁场,其磁感应强度为 B. 现使 ab 以垂直于棒的速度 v_0 向右对着静止的 cd 棒运动,试求从 ab 棒开始运动起到达稳定状态时,整个系统中产生的热量.

图 5.25

(参考答案:$Q = \dfrac{2}{5}mv_0^2$)

(3) 认识不同模型的适用条件

每个物理模型都有一定的适用条件,使用中应检查所抽象的物理模型与题设条件是否相符,否则往往会发生错误.

例题 7　在一个半径为 R、质量为 M 的均质球体中紧靠边缘挖出一个半径 $r = \dfrac{R}{2}$ 的球穴,求剩余部分对球穴一侧、离球心为 d 处的质点 m 的引力(图 5.26).

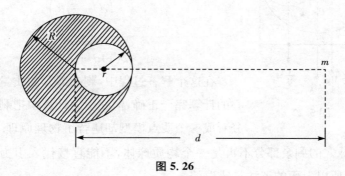

图 5.26

分析与解答　设球体的密度为 ρ,挖出球穴后剩余部分的质量

$$\begin{aligned}
M' &= \frac{4}{3}\pi(R^3 - r^3)\rho \\
&= \frac{4}{3}\pi\left(R^3 - \frac{R^3}{8}\right) \cdot \frac{M}{\frac{4}{3}\pi R^3} \\
&= \frac{7}{8}M
\end{aligned}$$

接着,一些同学假设剩余部分的重心位置在 O',离原球心 O 为 x(图 5.27). 由杠杆平衡条件

$$\frac{7}{8}Mg \cdot x = \frac{1}{8}Mg \cdot r = \frac{1}{8}Mg \cdot \frac{R}{2}$$

得

$$x = \frac{1}{14}R$$

然后,假设把剩余部分的质量全部集中在 O',并把它看作质点,根据万有引力定律得对质点 m 的引力为

模型 MO XING

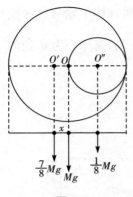

图 5.27

$$F = G\frac{M'm}{(d+x)^2}$$

$$= G\frac{\frac{7}{8}Mm}{\left(d+\frac{1}{14}R\right)^2}$$

$$= \frac{343GMm}{2(14d+R)^2}$$

在这个解答过程中,剩余部分的质量及重心的计算完全正确,但在引力计算中把剩余部分看成一个质点模型却违背了物理原理. 因为挖出球穴的剩余部分不再是一个均质球体,不能直接代入引力公式计算,所以上面的解法是错误的.

正确的解法是把剩余部分对质点 m 的引力看成是完整的大球对 m 的引力与挖出的小球对 m 的引力之差,即

$$F_{O'} = F_O - F_{O'}$$

$$= G\frac{Mm}{d^2} - G\frac{\frac{1}{8}Mm}{(d-r)^2}$$

$$= GMm\frac{7d^2 - 8dR + 2R^2}{8d^2\left(d-\frac{R}{2}\right)^2}$$

说 明

万有引力定律是一条普遍规律,但中学物理中的计算公式 $F = G\frac{m_1 m_2}{r^2}$ 只能适用于质点或均匀球体. 混淆了适用条件,尽管计算得很辛苦、很复杂,依然徒劳无功.

例题 8 一个平行板电容器的电容量为 C,两板间距为 d,极板间为真空. 当两极板的带电量均为 Q 时,则两板之间的吸引力

为(   ).

A. $F = k\dfrac{Q^2}{d^2}$ B. $F = k\dfrac{Q^2}{2d^2}$

C. $F = \dfrac{Q^2}{Cd}$ D. $F = \dfrac{Q^2}{2Cd}$

分析与解答　根据电容量和极板带电量可知电容器两板间的场强为

$$E = \frac{U}{d} = \frac{Q}{Cd}$$

这个电场是两极板上的电荷共同产生的,因此每板产生的场强为

$$E' = \frac{1}{2}E = \frac{Q}{2Cd}$$

电容器两板之间的吸引力,也就是一板上的电荷受到的电场力的大小,即

$$F = QE' = \frac{Q^2}{2Cd}$$

所以正确答案是 D.

说　明

一些同学如果没有认识到电容器带电的特性,错误地套用点电荷模型,就会错选成 A、B. 也有一些同学没有认识到板间电场是两板电荷的共同贡献,错选成 C. 由此可见,如果对物理模型的适用条件认识不足,生搬硬套一些模型,往往会发生错误.

(4) 重视模型的转化

求解物理问题时,建立的模型并不是一成不变的. 对于同一个研究对象,也往往需要建立不同的模型. 例如,体育课时做下蹲后上跳的动作,整个过程可以抽象为两种物理模型:人的重心上移,向上跃起(脚离地)前,可以抽象为匀加速运动;人离地向上可以抽象为竖直

上抛,即匀减速运动.同样,如果人从高处落下到停止,也可以分为两个过程,对应着两种模型:人下落双脚接触地面前,可以简化为自由落体;双脚接触地面后人下蹲使重心下移,可看成匀减速运动直到停止.

所以,面对各种具体问题,必须根据题中的不同要求,灵活地变换相应的模型,有时还需要通过仔细分析,挖掘出隐含着的不同模型.

例题 9 一个自来水龙头的开口直径为 1 cm,安装在离地面高 75 cm 处,打开龙头后设水稳定的流出.若测得开口处水的流速为 1 m/s,那么,这股水柱落到地面时的直径为(　　).

A. 1 cm　　　B. 2 cm　　　C. 0.5 cm　　　D. 0.75 cm

分析与解答 水从水龙头流出后,仅受重力作用,因此水柱从开口处落到地面的运动,可以抽象成初速 $v_1=1$ m/s、加速度为 g 的匀加速运动.落到地面时的速度为

$$v_2=\sqrt{v_1^2+2gh}=\sqrt{1^2+2\times10\times0.75}\ \text{m/s}=4\ \text{m/s}$$

水柱下落过程中,在相同时间内,通过任何一个截面水流的体积应该相等.设开口处和落到地面处的水柱直径分别为 d_1、d_2,这两处水的流速分别为 v_1、v_2,取一段极短的时间 Δt,在这极短时间内可以认为水流做匀速运动.由

$$v_1\Delta t S_1 = v_2 \Delta t S_2$$

或

$$v_1\Delta t \cdot \frac{\pi}{4}d_1^2 = v_2\Delta t \cdot \frac{\pi}{4}d_2^2$$

得

$$d_2=\sqrt{\frac{v_1}{v_2}}d_1=\sqrt{\frac{1}{4}}\times 1\ \text{cm}=0.5\ \text{cm}$$

所以正确的是 C.

5 物理模型在中学物理学习中的指导作用

说 明

这是一个很有意义的问题,其难点是对模型的建立:整个运动过程中,可以认为包含着三个模型:从整体上说,水流做的是匀加速运动;而在极短时间内,需要把它看成匀速运动;研究水流速度变化时,又要运用水柱模型.整个解题过程中,模型的转换体现得非常充分.

例题 10 （2002,全国理综）蹦床是运动员在一张绷紧的弹性网上蹦跳、翻滚并做各种动作的运动项目.一个质量为 60 kg 的运动员,从离水平网面 3.2 m 高处自由下落,着网后沿竖直方向蹦回到离水平网面 5.0 m 高处.已知运动员与网接触的时间为 1.2 s.若把在这段时间内网对运动员的作用力当作恒力处理,求此力的大小（$g = 10 \text{ m/s}^2$）.

分析与解答 将运动员看成质量为 m 的质点,从 $h_1 = 3.2$ m 高处下落对应着自由落体运动模型.刚接触网时的速度大小为

$$v_1 = \sqrt{2gh_1} \quad （方向向下） \qquad ①$$

弹跳后到达的高度为 $h_2 = 5.0$ m,则离开弹性网时的速度大小为

$$v_2 = \sqrt{2gh_2} \quad （方向向上） \qquad ②$$

速度的改变量

$$\Delta v = v_1 + v_2 \quad （方向向上） \qquad ③$$

设接触时间为 Δt,这个过程中的加速度为 a,则

$$\Delta v = a \Delta t \qquad ④$$

由于题设接触网过程中运动员受到的向上弹力（设为 F）为恒力,因此从触网到反弹的这个过程可以抽象为一个匀变速运动模型.由牛顿第二定律得

$$F - mg = ma \qquad ⑤$$

联立式①～⑤得

$$F = mg + m \frac{\sqrt{2gh_2} + \sqrt{2gh_1}}{\Delta t}$$

$$= 60 \times 10 \text{ N} + 60 \times \frac{\sqrt{2 \times 10 \times 5.0} + \sqrt{2 \times 10 \times 3.2}}{1.2} \text{ N}$$

$$= 1.5 \times 10^3 \text{ N}$$

说 明

运动员离网反弹过程中,网对运动员并不做功,正如人从地面跳起过程中地面对人不做功一样,那么为什么反弹的高度比原来下落的高度更高呢?这样是否违背了机械能守恒定律?实际上,这里同样是消耗了人体内化学能的缘故.在这个触网反弹过程中对运动员所建立的物理模型,已经不再是开始时的质点模型了,而应该转换为由许多质点组成的一个系统("质点组")了.由于在上面的解答中,根据题设"恒力"的条件,做了平均化的等效处理,隐含的这个"质点组"模型就可以不表现了.

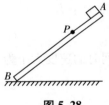

图 5.28

例题 11 (2010,江苏)如图 5.28 所示,平直木板 AB 倾斜放置,板上的 P 点距 A 端较近些.物块与木板间的动摩擦因数由 A 到 B 逐渐减小.先让物块从 A 由静止开始滑到 B.然后,将 A 着地,抬高 B,使木板的倾角与前一过程相同,再让物块从 B 由静止开始滑到 A,上述两过程相比较,下列说法中一定正确的有( ).

A. 物块经过 P 点的动能,前一过程较小

B. 物块从顶端滑到 P 的过程中因摩擦产生的热量,前一过程较少

C. 物块滑到底端的速度,前一过程较大

D. 物块从顶端滑到底端的时间,前一过程较长

分析与解答 物块下滑后,沿斜面方向受到重力的分力和摩擦力作用,其加速度

5 物理模型在中学物理学习中的指导作用

$$a = \frac{mg\sin\alpha - \mu mg\cos\alpha}{m}$$

$$= g(\sin\alpha - \mu\cos\alpha)$$

由于动摩擦因数从 A 到 B 逐渐减小,物块沿斜面下滑做变加速运动. 滑到 P 点时前后两过程相比较,前一过程中的动摩擦因数平均值较大,其加速度小,通过的位移又小,对照匀加速运动公式 $v^2 = 2as$ 可知,前一过程中物块到达 P 点的速度小,动能也小,选项 A 正确.

物块下滑过程中因克服摩擦力做功产生的热量可表示为

$$Q = W = fs = \mu mg\cos\alpha \cdot s$$

由于这里牵涉动摩擦因数 μ 和位移 s 两个因素,其中一个因素大,另一个因素小,所以无法比较前后两过程中到达 P 点产生热量的多少. 或者,也可以进一步这样考虑:假设 P 点位于板的中点,显然前一过程(AP)中产生的热量多;假设 P 点位于很靠近 A 端时(极限情况下 $AP \to 0$),后一过程(BP)中产生的热量多. 由此可见,AP 和 BP 中产生热量相等的位置,一定位于靠近 A 的某处,题中条件不足以判断,所以选项 B 错.

在前后两过程中,通过全程时(设板长为 l)动摩擦因数的平均值相同,因此克服摩擦力的总功相同,即

$$W_{AB} = W_{BA} = \bar{f} l$$

由于两过程中开始时的势能都相同(设高度为 h),由动能定理知,到达底端的动能和速度也都相同,即

$$\frac{1}{2}mv^2 = mgh - \bar{f}l \Rightarrow v = \sqrt{\frac{2(mgh - \bar{f}l)}{m}}$$

所以选项 C 错.

前一过程中,随着 μ 的减小物块的加速度逐渐增大,后一过程中,随着 μ 的增大物块的加速度逐渐减小. 由于两过程中到达底端的速度相同,由定性画出的 v-t 图(图 5.29)可知,前一过程的运动时间

比较长,所以选项 D 正确.

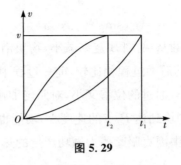

图 5.29

说 明

本题解答中,隐含了模型转化方法——利用平均方法,并将一个变加速运动转化为匀加速运动,从而可做量化的比较. 此外,还应用了图像思维、极端思维等方法. 在研究物理问题时,往往会将多种思维方法交织在一起运用.

(5) 分清物理模型与现实原型的差别

物理模型只反映了原型的本质特征或主要矛盾方面,只能在一定程度上代替原型,不能等同于原型. 如一列火车以 $v=20$ m/s 的速度匀速通过一座长 $L=200$ m 的桥梁,按质点运动模型算出火车过桥时间 $t=\dfrac{L}{v}=10$ s. 实际上,这仅是车的重心(或车上某一点)过桥的时间. 真正火车的过桥时间还必须考虑车身长度 l,即 $t=\dfrac{L+l}{v}$.

又如,在中学物理实验室常用的磁电式电流表和电压表,需要依靠通电线圈在磁场里受到安培力的作用使线圈转动,从而带动指针偏转. 因此,实际的电流表和电压表都有一定的电阻. 只是电流表的电阻很小,电压表的电阻很大,并且都跟电表的量程有关. 理想的电流表内电阻等于 0,理想的电压表内电阻无限大,显然它们都只是实际电表的模型. 如果在研究实际问题时,疏忽了物理模型与现实原型之间的区别,往往会导致错误.

例题 12 两只相同的电阻串联后接到电压为 9 V 的恒压电路上,用一个 0～5～15 V 的双量程电压表的 5 V 挡测量其中一只电阻两端电压时,示数为 4.2 V,则换用 15 V 挡测量这个电阻两端电压时的示数为(   ).

A. 小于 4.2 V   B. 大于 4.2 V,但不能确定数值
C. 等于 4.2 V   D. 大于 4.2 V,能确定数值

分析与解答 除了有少许同学"粗枝大叶"错选 C 外,有部分同学虽然发现了测量某个电阻的示数为 4.2 V < 4.5 V,知道使用的不是理想电压表,必须考虑到内电阻的影响,但由于不知道电压表的量程与内电阻的关系,错选 B.

为了确定测量值,可以设每个电阻的阻值为 R,电压表 5 V 挡时的内阻为 R_{V_1},15 V 挡时的内阻为 R_{V_2}. 用 5 V 挡测量时,由串联分压得

$$R : (R /\!/ R_{V_1}) = (9-4.2) : 4.2 = 8 : 7$$

得

$$R_{V_1} = 7R$$

因为同一个电压表不同量程时的满偏电压与其内电阻成正比,即

$$5 : 15 = R_{V_1} : R_{V_2} = 7R : R_{V_2}$$

得

$$R_{V_2} = 21R$$

因此改用 15 V 挡测量同一个电阻的电压时,由串联分压得电压表的示数为

$$U_x = \frac{R /\!/ R_{V_2}}{R + (R /\!/ R_{V_2})} U = \frac{\frac{21}{22}R}{R + \frac{21}{22}R} \times 9 \text{ V} = 4.4 \text{ V}$$

所以 D 正确.

说　明

电压表相当于一个能显示电压数值的大电阻,量程越大,分压电阻的值越大,整个电压表的内电阻也越大.同理,电流表相当于一个能显示电流数值的小电阻,量程越大,分流电阻的值越小,整个电流表的内电阻也越小.在许多涉及电表内电阻的测量问题时,从这两个角度去认识电流表和电压表,往往就会迎刃而解了.

例题 13　我国著名跳高运动员朱建华于 1986 年创造的跳高世界纪录是 2.39 m. 如果以同样的起跳速度上跳,试估算朱建华在月球上能跳多高? 已知月球半径约等于地球半径的 $\dfrac{1}{3.8}$,月球质量约等于地球质量的 $\dfrac{1}{81}$.

分析与解答　有不少同学这样求解:根据万有引力,质量为 m 的物体在地球和月球上的重力分别为

$$G_\text{地} = mg_\text{地} = G\dfrac{M_\text{地} m}{R_\text{地}^2}$$

$$G_\text{月} = mg_\text{月} = G\dfrac{M_\text{月} m}{R_\text{月}^2}$$

两式相比,得月球表面的"重力加速度"为

$$g_\text{月} = \dfrac{M_\text{月}}{M_\text{地}} \cdot \dfrac{R_\text{地}^2}{R_\text{月}^2} g_\text{地}$$

$$= \dfrac{1}{81} \times \left(\dfrac{3.8}{1}\right)^2 g_\text{地}$$

跳高运动可以看作是初速度为 v_0 的**竖直上抛运动**,若两情况下均以相同的初速度 v_0 上跳,则在地球和月球上的跳过高度分别为

5 物理模型在中学物理学习中的指导作用

$$H_{地} = \frac{v_0^2}{2g_{地}}$$

$$H_{月} = \frac{v_0^2}{2g_{月}}$$

相比得

$$H_{月} = \frac{g_{地}}{g_{月}} H_{地} = \frac{81}{3.8^2} H_{地}$$

$$= \frac{81}{3.8^2} \times 2.39 \text{ m} = 13 \text{ m}$$

即朱建华在月球上能跃过约 13 m 的高度，相当于普通的 4 层楼的高度.

实际上，这种解法是不合理的. 其中的错误，就是没有考虑物理模型与现实原型的差别，把质点的运动与现实物体的运动等同起来，正像前面所说的计算火车过桥时间没有考虑车身长度一样.

一个运动员能跳过的高度 H，应该是

$H =$ 起跳时人体重心高度 h_0 ＋重心升高到最高点的距离 h_1

－最高点时人体重心超过横杆的高度 h_2

如图 5.30 所示.

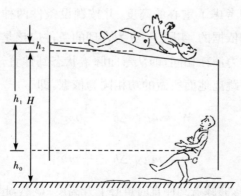

图 5.30　跳高中重心升高和横杆高度的关系

设朱建华身高取 1.90 m,站立时人体重心约在身高的 0.618 倍处,即重心高度

$$h_0 = 0.618 \times 1.90 \text{ m} = 1.17 \text{ m}$$

在地球上越过 2.39 m 横杆时,当忽略背越式跳高中重心离开横杆的高度 h_2 后,重心提高的高度实际上仅为

$$h_{地1} = 2.39 \text{ m} - 1.17 \text{ m}$$
$$= 1.22 \text{ m}$$

当朱建华在月球上以同样大小的初速度上跳时,重心提高的高度为

$$h_{月1} = \frac{g_{地}}{g_{月}} h_{地1} = \frac{81}{3.8^2} \times 1.22 \text{ m}$$
$$= 6.84 \text{ m}$$

所以,朱建华在月球上能跃过的高度约为

$$H_{月} = h_{月1} + h_0$$
$$= 6.84 \text{ m} + 1.17 \text{ m}$$
$$\approx 8 \text{ m}$$

说 明

上面我们考虑了重心的高度,并按题设条件两种情况中初速度相同作为计算依据的.实际上,更为合理的条件应该是以在地球和月球上起跳时体力消耗相同,即从弯曲膝盖状态到伸直,使重心上升并以一定初速度跳离地面所做的功相同为依据,即

$$W = mg_{地} \Delta h + \frac{1}{2} m v_{0地}^2$$
$$= mg_{月} \Delta h + \frac{1}{2} m v_{0月}^2$$

式中 Δh 即从弯曲膝盖到伸直时重心上升高度.显然,起跳中消耗体力相同时,在月球和地球上的起跳初速是不同的,由于 $g_{地} > g_{月}$,因此

$v_{0月} > v_{0地}$,朱建华在月球上的跳过高度比上面算出的 8 m 要大些.

(6) 物理模型的局限性

物理模型是在一定条件下通过对客观实际的抽象、简化,突出了事物的本质因素而构建起来的.它既有客观依据,又有主观成分.虽然表面看来,物理模型是理想化的、虚拟的,但也并非是随心所欲、胡编乱造的,它的构建同样不能违背客观规律.但任何物理模型都是有一定局限性的,使用中必须认识到:

① 模型使用的针对性——由于客观事物的多样性、客观条件的复杂性,各种不同事物不可能有一个普遍适用的模型.每个模型只能在一定条件下,针对某个(或某些)确定的事物.即使对同一个事物所构建的模型,也往往只能适用于某一定时期或某个范围内.

② 模型构建的动态性——由于事物会发生变化,人们的认识在不断进步,物理模型也不可能是一成不变的,不能指望永远只使用一个模型.它往往会随着人们的认识水平,从初级的旧模型不断演变为更高级的新模型,从不完善逐渐地完善起来.

③ 模型功能的有限性——通常,构建一个物理模型往往只能解释事物的某一个方面(或某几方面)的特征.例如,经常用弹簧连接的小球模型说明分子间既有引力又有斥力的特点(图 5.31),不过稍稍多思考一下就可以想到,这里的弹簧只能处于拉力(相当于引力)或推力(相当于斥力)两种状态,非此即彼,而分子间的引力和斥力是同时存在的,更不用说分子力与距离间的关系远比弹力与形变的关系复杂得多.所以,用这个简化的弹簧模型只能是形象化地说明,其功能是非常有限的.

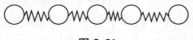

图 5.31

6 物理模型在中学物理解题中的应用

前面已经说过,学习物理离不开模型.它不仅是进行科学探究的台阶,也是解题的一把金钥匙.

在解题实践中,虽然会接触到各种不同的物理模型,实际上,许多模型的区分有时并不是很严格的,并且常常还会交叉应用多种模型.因此,对待物理模型重要的不是做机械的划分,而是领会模型的物理实质.面对实际问题会做合理的抽象,会根据抽象的模型正确选用相应的物理规律.

下面,仅是为了便于体会各种不同的模型,因此分成若干个小专题.这些都是中学物理解题中比较典型的模型,希望结合具体问题中的应用,能够进一步体会模型对物理解题的指导意义.

6.1 质点、刚体和质点组模型

质点是具有质量、没有大小的理想化模型.抽象为质点可以有多种情况:在研究物体运动时,如果物体本身的尺寸跟所研究的问题中的距离相比很小,就可以不考虑物体本身的形状和大小,把它抽象为质点;物体做平动时,由于物体上各点的运动情况完全相同,可以用任何一点的运动代表整个物体,这时也可把物体抽象为质点;在动力学中,如果作用在物体上的各个力交汇于一点,就可以把整个物体抽

6 物理模型在中学物理解题中的应用

象为一个质点.

刚体是具有一定尺寸的、受力后不会发生形变的理想化模型. 如果作用在物体上的各个力不汇交于一点,物体会绕轴转动或具有绕轴转动的趋势,就应该把物体抽象为刚体.

质点组就是质点的集合. 它与质点的不同在于相互间有作用力(内力)而且能够做功;它与刚体的不同在于可以发生形变. 质点组的概念虽然在中学物理教材中并没有直接出现,却常常会隐含在某些问题中(例如涉及人体运动的某些问题).

力学中的匀变速直线运动的公式、牛顿运动定律、共点力平衡条件、万有引力公式以及动能定理等,都是仅适用于质点的规律. 对于刚体,中学物理中仅研究绕固定轴转动的平衡条件*.

在中学物理的许多问题中,把物体抽象为质点或刚体是一目了然的. 但是,也有一些问题(特别是直接来源于生活现象、科学技术和生产实践中的问题)对如何抽象的要求并不很明显,往往需要通过对题意的分析、判断才能确定. 而且,有时在同一个问题中,还可以进行模型的转换,即在不同的目标下需要建立不同的模型.

例题 1 在倾角为 θ 的斜面上,用细线拴着一个质量为 m 的均质小球,图 6.1(a) 中细线与斜面平行并通过球心;图 6.1(b) 中细线系于球的顶部与斜面成 θ 角,试计算两种情况下球对斜面的压力.

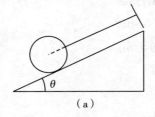
(a)

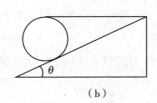
(b)

图 6.1

---

* 目前,上海的教材中有这部分相关内容.

分析与解答 图 6.1(a) 中的小球,受到三个力作用:重力 mg、斜面弹力 N_a、细线拉力 T_a,这三个力都作用于一点(球心),如图 6.2(a) 所示. 小球处于静止状态,应该把它抽象为一个质点.

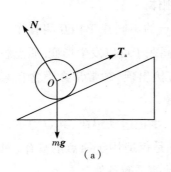

(a)

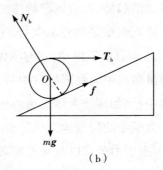

(b)

图 6.2

由共点力平衡条件得斜面支持力
$$N_a = mg\cos\theta$$
小球对斜面的压力大小 $N_a' = mg\cos\theta$.

图 6.1(b) 中的小球,由于细线的拉力 T_b 与球的重力 mg、斜面支持力 N_b 并不共点,它必然还受到一个沿斜面向上的摩擦力 f,共受到四个力作用,如图 6.2(a) 所示. 这是一个转动平衡问题,因此,必须把它抽象为一个刚体.

由水平方向和竖直方向的力平衡条件得
$$T_b + f\cos\theta = N_b\sin\theta \qquad ①$$
$$N_b\cos\theta + f\sin\theta = mg \qquad ②$$
又由各力对球心 O 的力矩之和为零,得
$$T_b R = fR \qquad ③$$
联立 ①～③ 三式得斜面对球的支持力
$$N_b = mg$$
小球对斜面的压力大小 $N_b' = mg$.

说　明

对图 6.2(b) 中小球,也可较方便地选取细绳的结点 P 为转动中心,由图 6.3 知

$$\sum M_P = mg \cdot \overline{PC} - N_b \cdot \overline{PD} = 0$$

而

$$\overline{PC} = \overline{PD}$$

得

$$N_b = mg$$

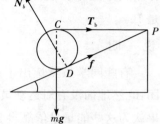

图 6.3

例题 2　(2006,全国)一位质量为 m 的运动员从下蹲状态向上起跳,经过时间 Δt,身体伸直并刚好离开地面,速度为 v,在这过程中(　　).

A. 地面对他的冲量为 $mv + mg\Delta t$,地面对他做的功为 $\dfrac{1}{2}mv^2$

B. 地面对他的冲量为 $mv + mg\Delta t$,地面对他做的功为零

C. 地面对他的冲量为 mv,地面对他做的功为 $\dfrac{1}{2}mv^2$

D. 地面对他的冲量为 $mv - mg$,地面对他做的功为 0

分析与解答　运动员在起跳过程中,受到的外力有重力和地面支持力,可以把运动员抽象为质点. 以竖直向上的方向为正方向,由动量定理

$$(F - mg)\Delta t = mv$$

得地面的冲量为

$$F\Delta t = mv + mg\Delta t$$

在计算地面对运动员做功时,许多同学由于习惯思维的影响,依然把运动员抽象为质点模型,然后根据质点的动能定理,认为地面对他做功

$$W = \dfrac{1}{2}mv^2$$

这样就错了.实际上,由于运动员在起跳的过程中,虽然地面对他始终有力的作用,但地面对他的作用力仅起到支撑脚的作用,力的作用点并没有发生位移,所以地面对运动员做的功为 0. 正确答案是 B.

说　明

有些同学虽然选出了正确答案,可是心里却有着一个很大的疑团:既然地面没有对运动员做功,那么运动员的动能从何而来呢? 如果认为这些能量是依靠自身的化学能转化来的,那么又是如何实现这个转化的呢?

实际上,在本题中研究地面对人(运动员)做功时,不应该再把运动员当成质点模型来处理,而应该看成几部分的组合,即隐含着一个"质点组"模型.

为了理解这一点,对运动员的起跳过程可做简化处理——分成腿部和其他部位两部分.把运动员的腿部可以看成一个"压缩弹簧",在起跳过程中由它对人体施加力的作用,使运动员向上做加速运动. 由于运动员的腿部对其他部位做功,即其动能的获得是依靠人体内力做功的结果,从而实现了人体的化学能向自身的机械能转化的过程.

设运动员在起跳过程中,从开始位置到躯体伸直刚好离开地面时重心升高 h,速度为 v,则作用于人体系统的外力所做的总功和系统动能增量分别为

$$W_G = -mgh$$

$$\Delta E_k = \frac{1}{2}mv^2 - 0 = \frac{1}{2}mv^2$$

设这个过程中运动员的内力做功为 $W_内$,整个人体(质点组)的动能增量,应该等于所有外力和内力做功之总和,这就是质点组的动能定律,即

$$W_外 + W_内 = \Delta E_k$$

或

$$-mgh + W_{内} = \frac{1}{2}mv^2$$

得

$$W_{内} = mgh + \frac{1}{2}mv^2$$

由此可见,在起跳过程中,由于依靠着人体内力做功,消耗体内储备的化学能,才能转化为人体(运动员)所增加的机械能.

例题 3 一根长 l 的均质木杆,用长 l_0 的细线系于一个很大的容器底部,当在容器中缓缓注水,使直杆竖直浮起时,容器中的水深 h 至少为多少?已知水的密度 $\rho_1 >$ 直杆密度 ρ_2(图 6.4).

分析与解答 木杆处于竖直浮起时,它所受到的重力、线的拉力和水的浮力在同一竖直线上,木杆已相当于一个质点,仅从这个最终状态是无法确定水深的.因此,必须考虑浮起过程.

水深 $h < l_0$ 时,细线松弛,木杆水平浮于水面(仅受重力和浮力两个力),也相当于一个质点.

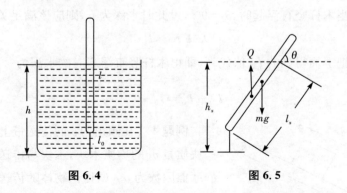

图 6.4   图 6.5

显然,为了使木杆竖直浮起,水深 h 必须大于 l_0,木杆必经历一个倾斜漂浮的过程(图 6.5).在这个倾斜位置上,木杆应抽象为一个刚体.

分析与解答 设水深 h_x 时木杆浸没部分长 l_x,木杆对水面的倾角为 θ,令木杆截面积为 S,则木杆的重力和所受浮力分别为

$$mg = lS\rho_2 g$$

$$Q = l_x S\rho_1 g$$

由木杆的重力和所受浮力对以下端为转轴的力矩平衡条件(相当于支点在一端的杠杆)

$$Q \cdot \frac{l_x}{2}\cos\theta = mg \cdot \frac{l}{2}\cos\theta$$

即

$$l_x S\rho_1 g \cdot l_x = lS\rho_2 g \cdot l$$

得

$$l_x = \sqrt{\frac{\rho_2}{\rho_1}} l$$

木杆与水面间倾角 θ 满足关系式

$$\sin\theta = \frac{h_x - l_0}{l_x}$$

当木杆竖直浮起时,$\theta = 90°$,设此时水深为 h,则应该满足关系

$$h - l_0 = l_x$$

把上面得到的 l_x 值代入,即得木杆竖直浮起时的水深为

$$h = l_0 + l_x = l_0 + \sqrt{\frac{\rho_2}{\rho_1}} l$$

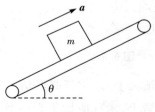

图 6.6

例题 4 在倾角为 θ 的传送带上放置一块质量 m 的均质木块,木块与传送带间静摩擦因数为 μ_0,试讨论物体随传送带一起上行的条件(图 6.6).

分析与解答 木块随带匀加速上行时受到三个力:重力 mg,带对木块的弹力

N 和摩擦力 f. 其中重力总是作用在物体的重心上(均质木块的中心),而弹力与摩擦力的作用位置则与对木块所抽象的物理模型有关.

把木块抽象为质点模型时,弹力和摩擦力跟重力作用于同一点,其受力图如图 6.7 所示.

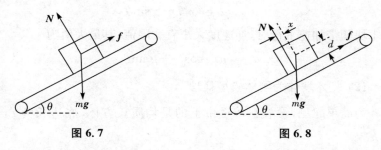

图 6.7 　　　　　　　　　图 6.8

把木块抽象为刚体模型时,由于木块在重力作用下有沿带下滑的趋势,木块的下半部分较上半部分压紧传送带,造成带的支持力 N 不再通过木块的重心——设其作用位置从重心下移 x. 传送带对木块的摩擦力 f 作用在与带相切的平面内,因此木块的受力图如图 6.8 所示. 所以需分别用两种模型进行讨论.

(1) 把木块作为质点模型处理

木块随带匀速上行时,根据图 6.7,由力平衡条件知

$$f - mg\sin\theta = 0$$

又

$$f \leqslant \mu_0 N = \mu_0 mg\cos\theta$$

即

$$mg\sin\theta \leqslant \mu_0 mg\cos\theta$$

得

$$\mu_0 \geqslant \tan\theta \quad 或 \quad \theta \leqslant \tan^{-1}\mu_0$$

即要求木块与传送带间静摩擦因数至少等于传送带倾角的正切值.

木块随带匀加速上行时,根据图 6.7,由牛顿第二定律知

$$f - mg\sin\theta = ma$$

又

$$f \leqslant \mu_0 mg\cos\theta$$

得

$$a \leqslant \mu_0 g\cos\theta - g\sin\theta$$

即木块随带加速上行时,加速度大小有一限值,其最大值为

$$a_m = \mu_0 g\cos\theta - g\sin\theta$$

(2) 把木块作为刚体模型处理

为简单起见,设放在传送带上的是均质长方体,底边长为 l,高为 h.

木块随带匀速上行时,根据图 6.8,由力平衡条件和对重心的力矩平衡条件知

$$f - mg\sin\theta = 0$$
$$N - mg\cos\theta = 0$$
$$Nx - fd = 0$$

式中 $d = \dfrac{h}{2}$ 为重心离带高度. 联立三式得

$$x = \dfrac{f}{N}d = d\tan\theta$$

可见传送带支持力偏离重心的距离 x 与重心高度 d、带的倾角 θ 有关.

由于传送带对木块的摩擦力最大值为

$$f_m = \mu_0 N = \mu_0 mg\cos\theta$$

位移 x 也被木块的长度所限制,其最大值 $x_m = \dfrac{l}{2}$. 要求木块能随带一起匀速上行,必须同时满足条件

$$x = d\tan\theta \leqslant \frac{l}{2}$$

$$f = mg\sin\theta \leqslant \mu_0 mg\cos\theta$$

即

$$\tan\theta \leqslant \frac{l}{2d} = \frac{l}{h} \quad 和 \quad \tan\theta \leqslant \mu_0$$

所以,木块能随带匀速上行时,带的倾角有一限值,它的大小完全受木块的几何尺寸和木块与带之间的摩擦因数所制约,否则木块将下滑或向下翻倒.

木块随带匀加速上行时,由牛顿第二定律和对重心的力矩平衡条件知

$$f - mg\sin\theta = ma$$

$$N - mg\cos\theta = 0$$

$$Nx - fd = 0$$

联立得

$$x = \frac{f}{N}d = \frac{g\sin\theta + a}{g\cos\theta}d = \frac{g\sin\theta + a}{g\cos\theta} \cdot \frac{h}{2}$$

要求木块随带加速运动必须同时满足条件

$$f = m(g\sin\theta + a) \leqslant \mu_0 mg\cos\theta$$

$$x = \frac{g\sin\theta + a}{g\cos\theta} \cdot \frac{h}{2} \leqslant \frac{l}{2}$$

即

$$a \leqslant \mu_0 g\cos\theta - g\sin\theta$$

$$a \leqslant \frac{l}{h}g\cos\theta - g\sin\theta$$

所以,木块随带加速上行时,其加速度有一限值,它的大小受木块与带之间的摩擦因数、木块的几何尺寸及带的倾角所制约.

6.2 绳、杆和弹簧模型

在中学物理中的绳、杆和弹簧都是不计质量的轻绳、轻杆和轻弹簧，都是理想化的对象模型. 它们的主要特性及其基本区别如表 6.1 所示.

环与管子的情况，与绳及杆有着类似的特性，可做对照研究.

表 6.1 绳、杆和弹簧的主要特性和区别

比较项目	轻绳	轻杆	轻弹簧
质　　量	不计	不计	不计
形变情况	不能伸长	认为长度不变	既可伸长，也可压缩
受力与施力情况	只能受到拉力和施出拉力，不能受到压力	既能受到或施出拉力，也能受到或施出压力	既能受到或施出拉力，也能受到或施出压力
力的大小	内部张力各处相等	内部弹力各处相等	内部弹力各处相等
力的方向	始终沿着绳子伸长的方向	不一定沿着杆子的方向	沿着弹簧的纵向
力的变化	可以发生突变	可以发生突变	只能发生渐变
说　　明	会自动调节拉力大小. 速度和加速度在绳子方向的投影相同. 从松弛到绷紧时有能量损失	会自动调节弹力大小. 速度和加速度在杆长方向的投影相等	会自动调节弹力大小. 形成弹力时两端的力必定大小相等、方向相反. 可作为承担能量转换的元件，无能量损失

例题 1 （2010，全国卷Ⅰ）如图 6.9 所示，轻弹簧上端与一质量为 m 的木块 1 相连，下端与另一质量为 M 的木块 2 相连，这个系统置于水平放置的光滑木板上，并处于静止状态. 现将木板沿水平方向突

然抽出,设抽出的瞬间,木块 1、2 的加速度大小分别为 a_1、a_2,重力加速度为 g,则有(   ).

A. $a_1=g, a_2=g$ B. $a_1=0, a_2=g$

C. $a_1=0, a_2=\dfrac{m+M}{M}g$ D. $a_1=g, a_2=\dfrac{m+M}{M}g$

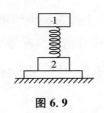
图 6.9

图 6.10

分析与解答 原来两木块的受力情况如图 6.10 所示,由力平衡条件得弹簧的弹力和木板支持力分别为

$$T=mg$$
$$N=T+Mg=(m+M)g$$

抽出木板的瞬间,支持力 N 立即消失,木块由于惯性瞬间位置可以认为不变,弹簧也就保持原来的形变状态,弹力 T 不变.因此,木块 1 仍然处于力平衡状态,加速度 $a_1=0$,木块 2 由牛顿第二定律得

$$T+Mg=(m+M)g=Ma_2 \Rightarrow a_2=\dfrac{m+M}{M}g$$

所以正确的是 C.

说　明

这是弹簧的弹力不能突变的很典型的问题,其条件就是弹簧两端有约束.如果弹簧的一端失去约束,弹力就会消失——仿佛弹簧的一端失去了"依靠",另一端就会"使不出劲"了.

例题 2 (1999,上海)如图 6.11 所示,竖直光滑杆上套有一个小球和两根弹簧,两弹簧的一端各与小球相连,另一端分别用销钉 M、

N 固定于杆上,小球处于静止状态.设拔去销钉 M 的瞬间,小球加速度的大小为 12 m/s^2.若不拔去销钉 M 而拔去销钉 N 的瞬间,小球的加速度可能是(取 $g = 10 \text{ m/s}^2$)( ).

A. 22 m/s^2,竖直向上
B. 22 m/s^2,竖直向下
C. 2 m/s^2,竖直向上
D. 2 m/s^2,竖直向下

图 6.11

分析与解答 拔去销钉 M 的瞬间,上弹簧失去约束,弹力突然消失.由于原来下弹簧的形变不明确,应该分两种情况考虑:

若原来下弹簧处于压缩状态,其弹力 F_2 方向向上,由牛顿第二定律

$$F_2 - mg = ma \Rightarrow F_2 = m(a+g)$$

若原来下弹簧处于拉伸状态,其弹力 F_2' 方向向下,同理有

$$F_2' + mg = ma \Rightarrow F_2' = m(a-g)$$

当拔去销钉 N 的瞬间,下弹簧的弹力突然消失,而上弹簧由于球的惯性,瞬间保持弹力不变.因此,此时小球所受合外力的大小就等于下弹簧消失的弹力,其方向与消失的弹力相反.于是,由牛顿第二定律可以列出两个方程

$$F = F_2 = m(a+g) = ma_1$$

和

$$F = F_2' = m(a-g) = ma_1'$$

得加速度分别为

$$a_1 = a + g = 22 \text{m/s}^2 \quad (\text{方向竖直向下})$$
$$a_1' = a - g = 2 \text{m/s}^2 \quad (\text{方向竖直向上})$$

所以正确的是 B、C.

说　明

本题与上题的差异在于拔去销钉后,弹簧的一端失去了约束.应该注意,轻质弹簧形成弹力时,其两端必须受到沿着弹簧方向的大小

相等、方向相反的挤压或拉引作用. 由于许多同学对弹簧产生弹力的这个条件缺乏足够的认识,因此当这个试题中第一次出现弹簧的一端失去支持的新情景时就无法适应,往往套用原来的模式,结果造成这个高考题的失分率很高. 同时,本题也考查了学生思维的严密性,对下弹簧原来的状态应该分两种情况考虑,否则就会造成漏选.

例题3 (2013,山东理综)如图 6.12 所示,用完全相同的轻弹簧 A、B、C 将两个相同的小球连接并悬挂,小球处于静止状态,弹簧 A 与竖直方向的夹角为30°,弹簧 C 水平,则弹簧 A、C 的伸长量之比为( ).

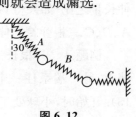

图 6.12

A. $\sqrt{3}:4$ B. $4:\sqrt{3}$
C. $1:2$ D. $2:1$

分析与解答 设 A、B、C 三根弹簧中的弹力分别为 T_A、T_B、T_C,弹簧 B 与竖直方向间夹角为 θ. 由于弹簧的弹力一定沿着弹簧的纵向,可列出两小球的平衡方程

$$T_A\cos 30° = mg + T_B\cos\theta \qquad ①$$
$$T_A\sin 30° = T_B\sin\theta \qquad ②$$
$$T_B\cos\theta = mg \qquad ③$$
$$T_B\sin\theta = T_C \qquad ④$$

由①、③两式,得

$$T_A = \frac{2mg}{\cos 30°} = \frac{4\sqrt{3}}{3}mg \qquad ⑤$$

由②、④、⑤三式,得

$$T_C = T_A\sin 30° = \frac{2\sqrt{3}}{3}mg \qquad ⑥$$

因为弹簧 A、C 的弹力之比为

$$\frac{T_A}{T_C} = \frac{2}{1} \qquad ⑦$$

所以弹簧 A、C 的伸长量之比为 $2:1$,正确的是 D.

说　明

题中弹簧 B 的倾斜方向不明确,根据弹簧的弹力一定沿着弹簧纵向的特点,才能对两小球建立平衡方程. 本题只要求弹簧 A、C 的伸长量之比,如果将 ③、④ 两式平方后相加,即可求出 T_B,从而确定 A、B、C 三根弹簧的伸长量之比.

例题 4　一根长为 l_0、劲度系数为 k 的弹性细线,一端系在弹性墙上,另一端系住一个质量为 m、放在光滑水平面上的小球(图 6.13). 开始时,小球处于细线为原长的位置 O. 现用力把小球右拉,使细线伸长 x_0,然后轻轻释放使小球往返运动. 假设运动过程中没有机械能损失,试求小球在水平面上往返运动的周期.

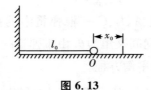

图 6.13

分析与解答　小球在平衡位置两边做着不同的运动:

在平衡位置右方,在弹力作用下做简谐运动,往返一次的时间为

$$t_1 = \frac{T}{2} = \pi\sqrt{\frac{m}{k}}$$

在平衡位置左方,绳子不会产生作用力,小球以通过平衡位置的速度(v_0)做匀速运动,撞墙后以原速大小反弹. 因此,往返一次的时间为

$$t_2 = \frac{2l_0}{v_0}$$

根据机械能守恒,小球在最大位移时的弹性势能应该等于返回平衡位置时的动能,即

$$\frac{1}{2}kx_0^2 = \frac{1}{2}mv_0^2$$

联立三式,得小球往返运动的周期为

$$T = t_1 + t_2$$
$$= \pi\sqrt{\frac{m}{k}} + \frac{2l_0}{x_0}\sqrt{\frac{m}{k}} = \left(\pi + \frac{2l_0}{x_0}\right)\sqrt{\frac{m}{k}}$$

说 明

这个问题中,充分显示了绳模型的一个特点:它只能受到拉力,不能受到压力. 因此,小球在平衡位置两边做着不同的运动.

例题 5 如图 6.14 所示,细绳的 P、Q 两端分别固定在左右两竖直墙上,绳上挂一个光滑的钩子,钩子下悬挂一个重物,处于平衡状态. 如果将 Q 端缓缓移到上方的 Q' 点,使 Q' 跟 Q 对称于过 PP' 的水平线,则移动后 P 端对墙上钉子的拉力大小(　　).

A. 保持不变　　　　　B. 增大

C. 减小　　　　　　　D. 条件不足,无法判断

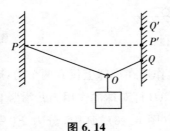

图 6.14

分析与解答 钩子两侧仍然属于同一根绳子,张力相等. 根据水平方向的力平衡条件可知,PO 与 QO 对水平面的夹角相等,设为 α. 令 $PP' = d$,绳长 $POQ = l$,由

$$AO\cos\alpha + QO\cos\alpha = d \quad \Rightarrow \quad \cos\alpha = \frac{d}{l} = 定值$$

可见,移动 Q 点不会改变绳子对水平面的夹角,因此绳中的张力

也不变.正确的是 A.

说　明

光滑挂钩可以沿着绳子滑动,因此钩子两侧仍然属于同一根绳子,张力相同.如果在挂钩处打个结,结的两边就作为两段绳子,其张力可以不同.所以在绳模型中必须区分滑环与打结的不同.

例题 6　小车上有一竖杆,杆端 A 固定另一木杆 AB,两者间夹角为 θ,在 B 端固定一个质量为 m 的均质小球(图 6.15).当小车沿水平面向左以加速度 a 做匀加速运动时,AB 杆对小球的作用力为(　　).

A. ma　　B. $mg/\cos\theta$　　C. $m\sqrt{g^2+a^2}$　　D. mg

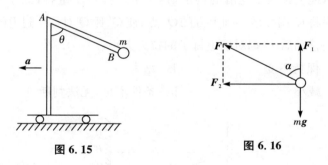

分析与解答　作用在小球上仅有两个力:球的重力 mg、AB 杆对球的作用力 F.把 AB 杆对球的作用力 F 沿竖直方向与水平方向分解成 F_1、F_2 两分力(图 6.16).其中,分力 F_1 平衡球的重力,$F_1=mg$;分力 F_2 使球产生水平向左的加速度,$F_2=ma$.因此

$$F=\sqrt{F_1^2+F_2^2}=m\sqrt{g^2+a^2}$$

正确答案为 C.

说　明

必须注意:此时力 F 与竖直方向的夹角 α 由小车(球)的加速度大小决定,即

$$\tan\alpha = \frac{F_2}{F_1} = \frac{a}{g}$$

或

$$\alpha = \tan^{-1}\frac{a}{g}$$

它的大小与两杆间夹角 θ 无关,即力 F 并不一定沿着 BA 方向. 如果不注意杆件的受力特点,把杆件 AB 与绳模型混淆起来,认为 B 端对球的受力方向必沿着 BA 方向,画出图 6.17 的力矢量,得 $F = \frac{mg}{\cos\theta}$,这样就会误选 B.

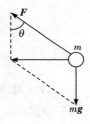

图 6.17

例题 7 如图 6.18 所示,长为 l 的轻杆一端固定一个质量为 m 的小球,它可绕另一端 O 为轴在竖直平面内转动. 现将小球拉至使杆与水平面间夹角 $\theta = 30°$ 的位置 A 后轻轻释放,试求:

(1) 当小球落到 O 轴正下方的位置 B 时,杆对球的拉力多大?

(2) 如果把轻杆换成轻绳,同样情况下轻轻释放小球落到 O 轴正下方的位置 B 时,绳对球的拉力多大?

分析与解答 (1) 小球下落过程中只有重力做功,根据机械能守恒和位置 B 的向心力条件,有

$$\frac{1}{2}mv_B^2 = mgl(1 + \sin\theta)$$

$$T - mg = m\frac{v_B^2}{l}$$

联立两式,得杆对球的拉力

$$T = 4mg$$

(2) 换成轻绳后,由于绳子的可缩性,刚开始下落时绳子松弛,小球仅受重力作用做自由落体运动,直到落至与 A 对称的位置 C(OC 与水平面间的夹角也等于 θ),绳子绷紧,此后才绕 O 轴做变速

圆周运动(图 6.19).

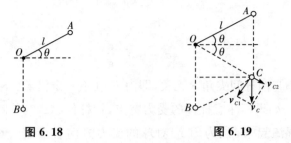

图 6.18　　　　　　　　图 6.19

设小球落至 C 的速度为 v_C，将它分解为垂直绳子和沿着绳子的两个分量 v_{C1} 和 v_{C2}，则

$$v_{C1} = v_C \cos\theta$$
$$v_{C2} = v_C \sin\theta$$

小球从 $A \to C$ 的过程，机械能守恒，有

$$\frac{1}{2}mv_C^2 = 2mgl\sin\theta$$

在位置 C，由于绳子绷紧瞬间的冲力作用，使速度分量 v_{C2} 迅速减小为零. 小球以 v_{C1} 沿圆弧运动.

小球从 $C \to B$ 的过程，机械能守恒，有

$$\frac{1}{2}mv_B^2 = \frac{1}{2}mv_{C1}^2 + mgl(1-\sin\theta)$$

在位置 B，由向心力条件

$$T - mg = m\frac{v_B^2}{l}$$

联立上述各式，得绳对球的拉力

$$T = 3.5mg$$

说　明

本题充分显示了绳与杆不同：由于绳子在绷紧过程中有机械能的损失，因此全过程中机械能不守恒，必须对绷紧前后分段求解.

例题8　如图 6.20 所示,光滑细管 AB 的一部分是平直的,另一部分是处于竖直平面内的半径为 R 的半圆,圆管内半径 $r \ll R$. 一个质量为 m、半径比 r 略小的光滑小球以水平速度 v_0 从 A 端射入细管.

(1) 要使小球能从 B 端射出,初速 v_0 多大?

(2) 小球从 B 端射出的瞬间,对管壁的压力有哪几种情况? 相应的初速条件是什么?

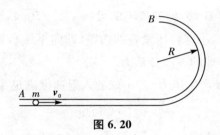

图 6.20

分析与解答　(1) 因为管的内壁两侧都能产生弹力,所以小球位于最高处 B 的速度条件是 $v_B \geqslant 0$. 当 $v_B = 0$ 时,由入射至最高处机械能守恒

$$\frac{1}{2}mv_0^2 = 2mgR$$

得

$$v_0 = \sqrt{4Rg}$$

要使小球能从 B 处射出,$v_B > 0$,入射处的初速 v_0 应满足条件

$$v_0 > \sqrt{4Rg}$$

(2) 小球从管口 B 射出的瞬间,对管壁的压力有三种典型情况:

① $N_B = 0$,即刚好对两侧管壁都没有压力. 此时恰由球的重力作为小球运动至 B 处的向心力

$$mg = m\frac{v_B^2}{R}$$

又由机械能守恒

$$\frac{1}{2}mv_0^2 = mg \cdot 2R + \frac{1}{2}mv_B^2$$

联立两式得对应的入射速度

$$v_0 = \sqrt{5Rg}$$

② 对内管壁产生压力. 若小球的入射速度满足条件

$$\sqrt{4Rg} < v_0 < \sqrt{5Rg}$$

此时小球能到达 B 端, 但速度不够大 ($v_B < \sqrt{Rg}$), 小球的重力没有完全作为向心力, 小球将压紧管的内壁(即向下压), 管的内壁产生向上的弹力平衡小球的一部分重力.

③ 对外管壁产生压力. 若小球的入射速度满足条件

$$v_0 > \sqrt{5Rg}$$

小球到达 B 端时速度过大 ($v_B > \sqrt{Rg}$), 小球的重力还不足以作为球的向心力, 小球会甩向外侧, 压紧管的外壁(即向上压). 于是, 管的外壁产生向下的压力补充球所需的向心力.

说　明

由于圆管的两壁都是既能承受压力, 又能产生压力(弹力), 因此在最高位置时力的方向必须根据运动物体的速度条件决定.

匀速直线运动和匀变速直线运动模型

匀速直线运动和匀变速直线运动是物理学中的两个最普遍的运动模型. 它们所对应的力学条件分别是不受外力作用(或合外力等于零)和受到恒定的合外力作用.

这两种运动模型, 比较简单和容易识别. 它们除了出现在运动学部分外, 其他如研究波的传播(包括声音的传播、光的传播)、研究匀强电场中带电粒子的运动等, 也常常会遇到. 例如, 在宇宙大爆炸的假设中, 对各个星体从爆炸中心向外的运动可以建立一个匀速运动模型，从而可根据哈勃定律估算出宇宙的年龄；利用超声测速，就是通过对超声波的往返运动所建立的匀速运动模型基础上完成的。下面，以两个比较典型的带电粒子的运动为例，体会一下匀加速运动模型在电场中的应用。

例题 1 （2011,安徽）如图 6.21 所示，两平行正对的金属板 A、B 间加有如图 6.22 所示的交变电压，一重力可忽略不计的带正电粒子被固定在两板的正中间 P 处。若在 t_0 时刻释放该粒子，粒子会时而向 A 板运动，时而向 B 板运动，并最终打在 A 板上。则 t_0 可能属于的时间段是（ ）。

A. $0 < t_0 < \dfrac{T}{4}$ B. $\dfrac{T}{2} < t_0 < \dfrac{3T}{4}$

C. $\dfrac{3T}{4} < t_0 < T$ D. $T < t_0 < \dfrac{9T}{8}$

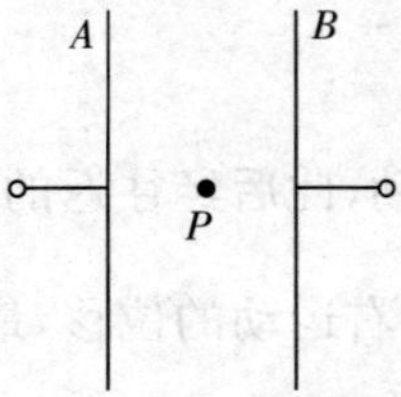

图 6.21

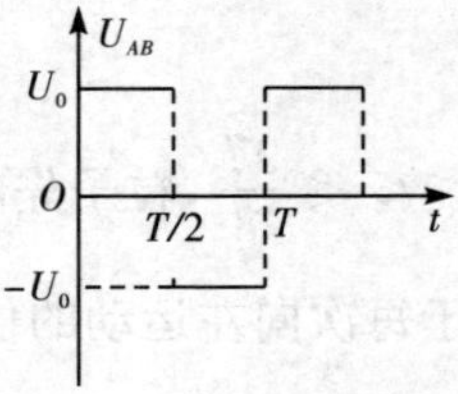

图 6.22

分析与解答 不计粒子的重力时，粒子在电场中仅受恒定的电场力作用。因此，判断时首先应该明确：

① 无论粒子向 A 板或 B 板运动，都做着匀变速直线运动；

② 由于两板的电压正负值大小相等，往返运动的加速度大小相同，具有一定的对称特性；

③ 加速度方向和运动方向（速度方向）是两码事，只有当速度变化到零时，才可以改变运动方向；

④ 题中要求最后打在 A 板上，每次往返运动中粒子向左的位移

一定得大于向右的位移.

有了这样几点认识后,下面的判断就顺理成章了:

若 $0<t_0<\dfrac{T}{4}$,粒子释放时 A 板电势高,先向 B 做加速运动,再做减速运动至速度为零;然后反方向做加速运动、减速运动至速度为零.如此反复运动,每次向右运动的位移大于向左运动的位移,最终打在 B 板上,A 错.

若 $\dfrac{T}{2}<t_0<\dfrac{3T}{4}$,粒子先向 A 做加速运动,再减速运动至速度为零;然后反方向做加速运动、减速运动至速度为零.如此反复运动,每次向左运动的位移大于向右运动的位移,最终打在 A 板上,B 正确.

若 $\dfrac{3T}{4}<t_0<T$,粒子先向 A 板运动,此后同样做往返的加速、减速运动,由于每次向左运动的位移小于向右运动的位移,最终打在 B 板上,C 错.

若 $T<t_0<\dfrac{9T}{8}$,粒子先向 B 板运动,此后经往返的加速、减速运动后,由于每次向左运动的位移小于向右运动的位移,最终打在 B 板上,D 错.

说 明

如以中间位置作为坐标原点,画出 v-t 图,可以比用语言表述更清楚、简便.图 6.23 表示的是 $t_0=0$、$t_0=\dfrac{T}{4}$、$t_0=\dfrac{T}{2}$ 时刻释放粒子的 v-t 图,它们与 t 轴间所围成面积的代数和,表示相应时间内的位移.由此很容易判断出 $0<t_0<\dfrac{T}{4}$ 的情况,其他情况可依此类推.

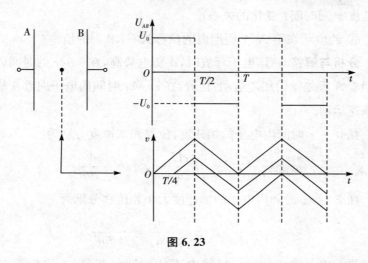

图 6.23

例题 2 （2010，江苏）制备纳米薄膜装置的工作电极可简化为真空中间距为 d 的两平行极板，如图 6.24 所示。加在极板 A、B 间的电压 U_{AB} 做周期性变化，其正向电压为 U_0，反向电压为 $-kU_0$（$k>1$），电压变化的周期为 2τ，如图 6.25 所示。在 $t=0$ 时，极板 B 附近的一个电子，质量为 m，电荷量为 e，受电场作用由静止开始运动。若整个运动过程中，电子未碰到极板 A，且不考虑重力作用。

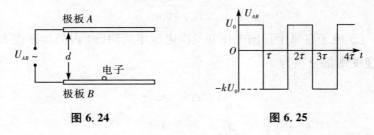

图 6.24   图 6.25

① 若 $k=\dfrac{5}{4}$，电子在 $0\sim 2\tau$ 时间内不能到达极板 A，求 d 应满足的条件；

② 若电子在 $0\sim 200\tau$ 时间内未碰到极板 B，求此运动过程中电

子速度 v 随时间 t 变化的关系；

③ 若电子在第 N 个周期内的位移为零，求 k 的值．

分析与解答 ① 电子释放时，A 板电势高，在 $0\sim\tau$ 的时间内电子向着 A 板先做匀加速运动；接着，在 $\tau\sim 2\tau$ 时间内电子向着 A 板做匀减速运动．

在 $0\sim\tau$ 时间内电子的加速度、位移和末速度分别为

$$a_1=\frac{eU_0}{dm},\quad x_1=\frac{eU_0}{2dm}\tau^2,\quad v_1=\frac{eU_0}{dm}\tau \qquad ①$$

在 $\tau\sim 2\tau$ 时间内电子的加速度大小和位移分别为

$$a_2=\frac{keU_0}{dm},\quad x_2=\frac{v_1^2}{2a_2}=\frac{eU_0}{2kdm}\tau^2 \qquad ②$$

要求电子在 $0\sim 2\tau$ 时间内不能到达极板 A，d 应满足的条件（代入 $k=\dfrac{5}{4}$）

$$d\geqslant x_1+x_2=\frac{eU_0}{2dm}\tau^2+\frac{eU_0}{2kdm}\tau^2=\frac{eU_0\tau^2}{2dm}\left(\frac{1+k}{k}\right)=\frac{9eU_0}{10dm}\tau^2$$

则

$$d\geqslant\sqrt{\frac{9eU_0\tau^2}{10m}} \qquad ③$$

② 电子在每个正向电压和负向电压半周期（τ）内的加速度大小和速度增量分别为

$$a_1=\frac{eU_0}{dm},\quad \Delta v_1=a_1\tau \qquad ④$$

$$a_2=\frac{keU_0}{dm}=ka_1,\quad \Delta v_2=-a_2\tau \qquad ⑤$$

a. 当经过时间 $2n\tau$ 后又处于正向电压时段内，即时间 t 满足条件

$$0\leqslant t-2n\tau<\tau \quad (n=0,1,2,\cdots,99)$$

电子的速度

$$v = n\Delta v_1 + n\Delta v_2 + a_1(t - 2n\tau)$$
$$= na_1\tau - nka_1\tau + a_1 t - 2na_1\tau$$
$$= (t - (k+1)n\tau)\frac{eU_0}{dm} \quad (n = 0, 1, 2, \cdots, 99) \quad ⑥$$

b. 当经过时间 $(2n+1)\tau$ 又处于负向电压时段内，即时间 t 满足条件
$$0 \leqslant t - (2n+1)\tau < \tau \quad (n = 0, 1, 2, \cdots, 99)$$

电子的速度
$$v = (n+1)\Delta v_1 + n\Delta v_2 - a_2(t - (2n+1)\tau)$$
$$= ((n+1)(k+1)\tau - kt)\frac{eU_0}{dm} \quad (n = 0, 1, 2, \cdots, 99) \quad ⑦$$

③ 第 N 个周期内的位移由两部分组成：

正向电压时段内，即在 $2(N-1)\tau \sim (2N-1)\tau$ 时间内的位移为
$$x_{2N-1} = v_{2N-2}\tau + \frac{1}{2}a_1\tau^2 \quad ⑧$$

负向电压时段内，即在 $(2N-1)\tau \sim 2N\tau$ 时间内的位移
$$x_{2N} = v_{2N-1}\tau - \frac{1}{2}a_2\tau^2 \quad ⑨$$

由 ⑥、⑦ 两式知，这两个时段的初速度分别为
$$v_{2N-2} = (N-1)(1-k)\tau \cdot \frac{eU_0}{dm}$$

$$v_{2N-1} = (N - Nk + k)\tau \cdot \frac{eU_0}{dm}$$

根据题意要求
$$x_{2N-1} + x_{2N} = 0$$

代入上述初速度值，即得
$$k = \frac{4N-1}{4N-3}$$

说 明

从物理上说,本题仅是一个匀加速运动模型,电子做着往返的加速、减速运动,并且只需要计算其经过某段时间的速度和某段时间内的位移. 但由于要求给出联系运动时间的"通式",就显得比较抽象,即数学要求比较高,因此成为当年的一个难题. 对于数学抽象比较困难的同学,突破这个难点的有效方法是"变抽象为具体",也就是说,先弄清楚电子在一个周期内的运动特征,然后通过对 N 取某个具体值(如取 $n=4$)的速度和位移表达式,进而找出速度和位移的通式.

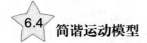 **简谐运动模型**

物体在一个大小与位移成正比、方向与位移相反的回复力作用下的振动,称为简谐运动. 物体做简谐运动时的回复力和振动周期分别为

$$f = -kx$$

$$T = 2\pi\sqrt{\frac{m}{k}}$$

式中 m 为振动物体的质量,k 为比例系数.

最典型的两种简谐运动是弹簧振子和单摆,它们的振动周期分别为

$$T_{弹} = 2\pi\sqrt{\frac{m}{k}} \quad (k \text{ 为弹簧的劲度系数})$$

$$T_{摆} = 2\pi\sqrt{\frac{l}{g}} \quad (l \text{ 为摆长})$$

简谐运动是一个常见的过程模型. 只要物体偏离平衡位置后的回复力可表示为 $f = -kx$ 形式,这个物体一定做简谐运动,可直接用周期公式计算运动时间.

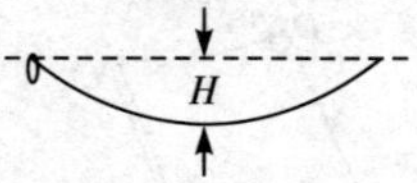

6 物理模型在中学物理解题中的应用

例题 1 （2013，上海）如图 6.26 所示，在半径为 2.5 m 的光滑圆环上切下一小段圆弧，放置于竖直平面内，两端点距最低点高度差 H 为 1 cm. 将小环置于圆弧端点并从静止释放，小环运动到最低点所需的最短时间为 _____ s，在最低点处的加速度为 _____ m/s² (取 $g = 10$ m/s²).

分析与解答 由于这小段圆弧相对于整个圆周很小，它所对的圆心角也很小，因此小环从边缘向最低点的运动可以看成简谐运动（相当于单摆）. 它运动到最低点的时间为

$$t = \frac{1}{4}T = \frac{1}{4} \times 2\pi\sqrt{\frac{R}{g}} = \frac{\pi}{2}\sqrt{\frac{2.5}{10}} \text{ s} = \frac{\pi}{4} \text{ s}$$

设圆环运动到最低点的速度为 v，由机械能守恒得

$$v^2 = 2gH$$

所以在最低点的加速度（向心加速度）为

$$a = \frac{v^2}{R} = \frac{2gH}{R} = \frac{2 \times 10 \times 1 \times 10^{-2}}{2.5} \text{ m/s}^2 = 0.08 \text{ m/s}^2$$

说　明

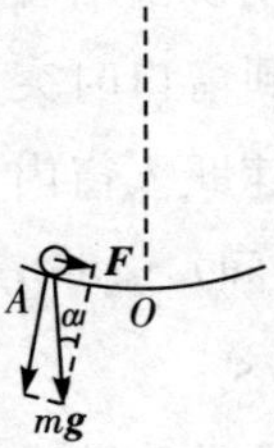

小环做简谐运动的证明如下：小环释放后，在重力沿圆弧切向分力 F 作用下向最低点运动（图 6.27）. 这个切向分力的大小可表示为

$$F = mg\sin\alpha \approx mg\alpha = mg\frac{\widehat{AO}}{R} \approx mg\frac{AO}{R}$$

图 6.27

令 $AO = x, \frac{mg}{R} = k$，并考虑到力 F 始终与小环偏离中心位置 O 的位移方向相反，于是上式可写成

$$F = -kx$$

可见小环将沿圆环以 O 为平衡位置做简谐振动.

例题 2 如图 6.28 所示，一个光滑的圆弧形槽半径为 R，圆弧所

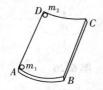

对的圆心角小于 $5°$，AD 长为 s。有一小球 m_1 沿 AD 方向以初速 v_0 从 A 点开始运动，要求它跟固定在 D 点的小球 m_2 相碰，小球 m_1 的速度 v_0 应该满足什么条件？

图 6.28

分析与解答 小球从 A 点释放后，一边沿 AD 方向做匀速运动，一边沿圆弧槽摆动。由于圆弧所对的圆心角很小，因此沿圆弧槽的摆动可以看成简谐运动。要求与固定在 D 点的小球相碰，它做匀速运动的时间 t 和振动的周期 T 之间应该满足条件

$$t = nT$$

即

$$\frac{s}{v_0} = n \cdot 2\pi\sqrt{\frac{R}{g}}$$

得

$$v_0 = \frac{s}{2\pi n}\sqrt{\frac{g}{R}} \quad (n=1,2,3,\cdots)$$

例题 3 距离楼顶 $h=90\ \text{m}$ 高处一房间起火，一个消防队员沿着一条竖直悬垂的绳子从楼顶由静止开始匀加速下滑，滑到窗口时突然停止下滑，同时猛然将窗玻璃踢碎，自己反弹一下后迅速跃入窗内救人。已知该消防队员从开始下滑到刚进入窗内共用去时间 $t=15\ \text{s}$，试估计他下滑的加速度大小。不计绳的质量，取 $g=10\ \text{m/s}^2$。

分析与解答 整个过程可以分为两个阶段：第一阶段消防队员沿绳匀加速下滑；第二阶段从消防队员突然停止下落开始，接着反弹摆动。由于下落高度很大，反弹时绳子形成的摆角很小，可以看成是一个简谐运动。所以整个过程对应着两个运动模型。设消防队员在这两个过程中的运动时间分别为 t_1 和 t_2。由

$$h = \frac{1}{2}at_1^2 \qquad ①$$

$$t_2 = \frac{1}{2}T = \pi\sqrt{\frac{h}{g}} \qquad ②$$

$$t_1 + t_2 = t = 15 \text{ s} \qquad ③$$

将①、②两式代入式③，整理得加速度

$$a = \frac{2h}{t^2 - 2\pi t\sqrt{\dfrac{h}{g}} + \pi^2 \cdot \dfrac{h}{g}} \qquad ④$$

代入数据后得

$$a \approx 5.8 \text{ m/s}^2$$

例题 4 （2013，安徽）如图 6.29 所示，质量为 M、倾角为 α 的斜面体（斜面光滑且足够长）放在粗糙的水平地面上，底部与地面的动摩擦因数为 μ，斜面顶端与劲度系数为 k、自然长度为 L 的轻质弹簧相连，弹簧的另一端连接着质量

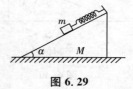

图 6.29

为 m 的物块。压缩弹簧使其长度为 $\dfrac{3}{4}L$ 时将物块由静止开始释放，且物块在以后的运动中，斜面体始终处于静止状态。重力加速度为 g。

① 求物块处于平衡位置时弹簧的长度；

② 选物块的平衡位置为坐标原点，沿斜面向下为正方向建立坐标轴，用 x 表示物块相对于平衡位置的位移，证明物块做简谐运动；

③ 求弹簧的最大伸长量。

分析与解答 ① 设物块在斜面上平衡时，弹簧伸长 ΔL，则由

$$k\Delta L - mg\sin\alpha = 0 \quad \Rightarrow \quad \Delta L = \frac{mg\sin\alpha}{k}$$

所以物块平衡时弹簧的长度

$$L' = L + \Delta L = L + \frac{mg\sin\alpha}{k}$$

② 当物块的位移为 x，弹簧的伸长量为 $\Delta L + x$，物块所受到的

合力为
$$F = k(\Delta L + x) - mg\sin\alpha = kx$$
由于合力 F 的方向沿斜面向上,跟位移 x 的方向相反.因此考虑方向性后,上式可表示为
$$F = -kx$$
可见物块将做简谐运动.

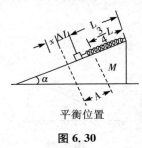

平衡位置

图 6.30

③ 物块做简谐运动时的振幅由平衡位置和初始条件决定,由图 6.30 可知,振幅为
$$A = \Delta L + \frac{1}{4}L = \frac{mg\sin\alpha}{k} + \frac{L}{4}$$
所以弹簧的最大伸长量为
$$x_{\max} = A = \frac{mg\sin\alpha}{k} + \frac{L}{4}$$

说　明

根据本节要求仅取前三小题.原题的第④小题是:为使斜面始终处于静止状态,动摩擦因数 μ 应满足什么条件(假设滑动摩擦力等于最大静摩擦力)? 这也是本题的难点所在,读者可取斜面体为研究对象,参考图 6.31 的受力分析,根据它在水平方向和竖直方向的力平衡条件,自行求解.

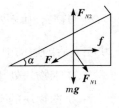

图 6.31

例题 5　如果把地球看成一个半径为 R、密度均匀的圆球体,其质量为 M,并设想正对南、北极打一通道(图 6.32).一个质量为 m 的小球在北极洞口无初速地落入洞内,试分析小球落入洞内后的运动,算出小球运动至南极洞口的时间.

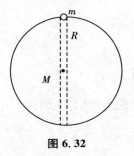
图 6.32

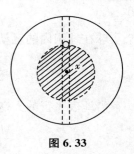
图 6.33

分析与解答 设小球落入洞内经某段时间后位于距球心 x 处,此时小球只受到半径为 x 的这部分球体的吸引(图 6.33),其引力为

$$F_x = G\frac{M_x m}{x^2}$$

$$= G\frac{\dfrac{M}{\dfrac{4}{3}\pi R^3} \cdot \dfrac{4}{3}\pi x^3 \cdot m}{x^2}$$

$$= GMm\frac{x}{R^3}$$

它的方向始终指向球心,与小球离开球心的位移 x 方向相反. 考虑到 F_x 与 x 的方向关系后,上式可写成

$$F_x = -GMm\frac{x}{R^3} = -kx$$

式中 $k = \dfrac{GMm}{R^3}$ 为一确定值.

这就是说,小球落进地球球体后,在变化着的地球引力作用下将沿地洞做简谐运动. 所以小球从北极洞口落至南极洞口的时间恰为半周期,即

$$t = \frac{1}{2}T = \frac{1}{2}\times 2\pi\sqrt{\frac{m}{k}} = \pi\sqrt{\frac{R^3}{GM}}$$

说 明

这个小球在地洞内的运动周期

$$T = 2\pi\sqrt{\frac{m}{k}} = 2\pi\sqrt{\frac{R^3}{GM}}$$

恰等于一颗沿地表飞行的人造地球卫星的运动周期,因为

$$G\frac{Mm}{R^2} = m\frac{4\pi^2}{T^2}R$$

故

$$T = 2\pi\sqrt{\frac{R^3}{GM}}$$

这是一个必然的结果,因为一个匀速圆周运动在直径方向的投影就是一个简谐运动*.

例题 6 (2007,江苏)如图 6.34 所示,带电量分别为 $4q$ 和 $-q$ 的小球 A、B 固定在水平放置的光滑绝缘细杆上,相距为 d. 若杆上套一带电小环 C,带电体 A、B 和 C 均可视为点电荷.

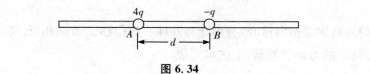

图 6.34

① 求小环 C 的平衡位置;

② 若小环 C 带电量为 q,将小环拉离平衡位置一个小位移 x($|x| \ll d$)后静止释放,试判断小环 C 能否回到平衡位置(回答"能"或"不能"即可);

③ 若小环 C 带电量为 $-q$,将小环拉离平衡位置一小位移 x($|x| \ll d$)后静止释放,试证明小环 C 将做简谐运动.

---

* 参考本丛书《等效》一册.

(提示:当 $a \ll 1$ 时,则 $\dfrac{1}{(1+\alpha)^n} \approx 1 - n\alpha$)

分析与解答 ① 设 C 的电量为 Q,当位于 AB 连线的延长线上距离 B 为 l 处时达到平衡,由

$$F_c = \frac{4kqQ}{(d+l)^2} + \frac{-kqQ}{l^2} = 0$$

得

$$l_1 = d$$
$$l_2 = -\frac{1}{3}d \, (舍去)$$

即小环 C 的平衡位置在 $l = d$ 的地方.

② 不能. 因为此时 C 所受合力虽然与位移 x 成正比,但方向与其相同,表示将使其继续偏离,所以不能使它回到平衡位置.

③ 当小环带电量为 $-q$ 时,拉离平衡位置一个小位移 x 后它所受到的合力为

$$F_c = \frac{-4kq^2}{(2d+x)^2} + \frac{kq^2}{(d+x)^2}$$

$$= \frac{-4kq^2}{4d^2\left(1+\dfrac{x}{2d}\right)^2} + \frac{kq^2}{d^2\left(1+\dfrac{x}{d}\right)^2}$$

利用近似关系 $\dfrac{1}{(1+\alpha)^n} \approx 1 - n\alpha$,上式可化简为

$$F_c = \frac{-kq^2}{d^2}\left(1 - \frac{x}{d}\right) + \frac{kq^2}{d^2}\left(1 - \frac{2x}{d}\right)$$

$$= -\frac{kq^2}{d^3}x$$

可见小环受到的合力大小与位移 x 成正比,方向与其相反,所以小环 C 将做简谐运动.

例题 7 一个气缸平卧在水平地面上,其活塞质量为 m、截面积

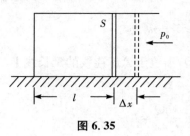

图 6.35

为 S. 已知外界大气压为 p_0. 开始时活塞平衡在离缸底 l 的位置上(图 6.35). 现使活塞稍微向外移 Δx($\Delta x \ll l$),假定缸内气体温度不变,试分析活塞的运动并算出活塞第一次回到开始位置的时间.

分析与解答　由活塞原来的平衡条件知,缸内气体压强为 p_0. 活塞外移,气缸容积增大,缸内气体压强减小(设为 p),释放后活塞上受到的合外力

$$F = p_0 S - pS = (p_0 - p)S$$

由题意知,活塞外移过程中,缸内气体发生的是一个等温变化,根据玻意耳定律,有

$$p_0 l S = p(l + \Delta x)S$$

即

$$\frac{p_0}{p} = \frac{l + \Delta x}{l}$$

或

$$\frac{p_0}{p_0 - p} = \frac{l + \Delta x}{\Delta x}$$

则

$$p_0 - p = \frac{\Delta x}{l + \Delta x} p_0 \approx \frac{\Delta x}{l} p_0$$

代入活塞受力表达式,得

$$F = (p_0 - p)S = \frac{p_0 S}{l} \Delta x = k \Delta x$$

式中 $k = \dfrac{p_0 S}{l}$ 为一确定值. 上式表示,活塞从平衡位置稍稍外移,释放后作用在活塞上的力与它偏离平衡位置的位移成正比,且其方向指

向平衡位置与位移方向相反. 于是，这个作用力便可表示为

$$F = -k\Delta x$$

这就是说，活塞偏离平衡位置释放后将做简谐运动. 活塞第一次回到平衡位置的时间等于 $\frac{1}{4}T$（T 为周期），由简谐运动的周期公式得

$$t = \frac{1}{4}T = \frac{1}{4} \times 2\pi \sqrt{\frac{m}{k}} = \frac{\pi}{2} \sqrt{\frac{ml}{p_0 S}}$$

6.5 碰撞模型

碰撞原指一个短暂的相互作用过程，它作为一个过程模型，也适用于较长时间的相互作用.

两物体相碰时，无论两者的质量有多大差异，它们之间相互作用力的大小一定等值、反向. 并且，由于相互作用的时间相等，因此两物体受到的冲量一定也是等值、反向.

两物体相碰时如不受其他外力或相互间作用力远大于其他外力，整个碰撞过程中任何一个瞬间，系统的总动量守恒.

如果碰撞前后系统的动能没有损失，称为弹性碰撞. 碰撞前、后两物体的速度 v_1、v_2、v_1'、v_2' 满足关系式

$$m_1 v_1 + m_2 v_2 = m_1 v_1' + m_2 v_2'$$

$$\frac{1}{2} m_1 v_1^2 + \frac{1}{2} m_2 v_2^2 = \frac{1}{2} m_1 v_1'^2 + \frac{1}{2} m_2 v_2'^2$$

如果碰后两物体黏合在一起运动，系统的动能损失最大，此时碰撞前、后两物体的速度 v_1、v_2 和 u（共同速度）满足关系式

$$m_1 v_1 + m_2 v_2 = (m_1 + m_2) u$$

$$\frac{1}{2} m_2 v_1^2 + \frac{1}{2} m_2 v_2^2 > \frac{1}{2}(m_1 + m_2) u^2$$

例题 1 （2013，天津）我国女子短道速滑队在今年世锦赛上实

图 6.36

现女子 3 000 m 接力三连冠. 观察发现,"接棒"的运动员甲提前站在"交棒"的运动员乙前面,并且开始向前滑行,待乙追上甲时,乙猛推甲一把,使甲获得更大的速度向前冲出. 在乙推甲的过程中,忽略运动员与冰面间在水平方向上的相互作用,则( ).

A. 甲对乙的冲量一定等于乙对甲的冲量
B. 甲、乙的动量变化一定大小相等方向相反
C. 甲的动能增加量一定等于乙的动能减少量
D. 甲对乙做多少负功,乙对甲就一定做多少正功

分析与解答 根据两物体间的相互作用规律,两物体受到的冲量一定等值反向. 选项 A 忽略了方向,错. 由冲量的等值反向,根据动量定理,选项 B 正确.

由于两物体相互作用时的位移不同,D 错. 根据动能定理,选项 C 也错.

说　明

必须注意,动量和动能是两个不同的物理概念,它们所联系的物理规律也不同. 当两物体发生相互作用时,相互作用力的大小和相互作用的时间一定相同,但由于相互作用的两物体的位移不一定相同,因此相互之间的作用力和反作用力所做的功不一定相等.

例题 2 (2009,宁夏理综)两质量分别为 M_1 和 M_2 的劈 A 和 B,高度相同,放在光滑水平面上,A 和 B 的倾斜面都是光滑曲面,曲面下端与水平面相切,如图 6.37 所示,一质量为 m 的物块位于劈 A 的倾斜面上,距水平面的高度为 h.

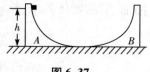

图 6.37

物块从静止滑下,然后又滑上劈 B. 求物块在 B 上能够达到的最大高度.

分析与解答 设小物块滑到劈 A 底端时,它与劈 A 的速度分别为 v 和 v_A. 把小物块与劈的相互作用看成一次"反冲". 于是由机械能守恒和动量守恒

$$mgh = \frac{1}{2}M_1 v_A^2 + \frac{1}{2}mv^2$$

$$mv = M_1 v_A$$

联立两式,得

$$v = \sqrt{\frac{2M_1 gh}{m + M_1}}$$

接着,小物块与劈 B 相互作用. 当它在劈 B 上达到最高点时,两者瞬时相对静止,有共同的速度 u. 把小物块与劈 B 的相互作用可以看成一次完全非弹性碰撞,设达到的最大高度为 h',同理有

$$\frac{1}{2}mv^2 = mgh' + \frac{1}{2}(m + M_2)u^2$$

$$mv = (m + M_2)u$$

联立两式,并代入 v 的值,即得

$$h' = \frac{M_1 M_2}{(m + M_1)(m + M_2)}h$$

例题 3 (2011,海南)一质量为 $2m$ 的物体 P 静止于光滑水平地面上,其截面如图 6.38 所示. 图中 ab 为粗糙的水平面,长度为 L;bc 为一光滑斜面,斜面和

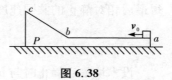

图 6.38

水平面通过与 ab 和 bc 均相切的长度可忽略的光滑圆弧连接. 现有一质量为 m 的木块以大小为 v_0 的水平初速度从 a 点向左运动,在斜面上上升的最大高度为 h,返回后在到达 a 点前与物体 P 相对静止. 重力加速度为 g. 求:

① 木块在 ab 段受到的摩擦力 f;

② 木块最后距 a 点的距离 s.

分析与解答 ① 木块滑到斜面上最大高度时,与斜面相对静止,可以抽象为非弹性碰撞,设两者的共同速度为 v. 对 P 与木块系统,相互间的摩擦力为内力,由水平方向动量守恒

$$mv_0 = (m+2m)v$$

得

$$v = \frac{1}{3}v_0$$

根据整个系统中能的转换可知

$$\frac{1}{2}mv_0^2 = \frac{1}{2}(3m)v^2 + mgh + fL$$

代入 v 的值后,即得

$$f = \frac{mv_0^2 - 3mgh}{3L}$$

② 木块从斜面上最高点向下返回,相当于两者分离;进入水平部分后,两者又发生相互作用;所以,从木块开始运动到最后与 P 相对静止的全过程,同样可以抽象为一次非弹性碰撞. 对 P 与木块的系统,往返过程中所受的摩擦力均为内力,由动量守恒

$$mv_0 = (m+2m)v'$$

得最后相对静止的共同速度

$$v' = \frac{1}{3}v_0$$

设木块最后静止时与 b 点相距为 x,由全过程中能的转换

$$\frac{1}{2}mv_0^2 = \frac{1}{2}(3m)\left(\frac{1}{3}v_0\right)^2 + f(L+x)$$

得

$$x = \frac{3gh}{v_0^2 - 3gh}L$$

所以与 a 点相距

$$s = L - x = L - \frac{3gh}{v_0^2 - 3gh}L = \frac{v_0^2 - 6gh}{v_0^2 - 3gh}L$$

说　明

求解本题的关键，需要把相对静止转化为一个非弹性碰撞模型. 此外，需要抓住全过程中能的转换关系.

例题 4　真空有一个很大的平行板电容器，接在电压 $U = 10^4$ V 的电源上，在高电势板附近置一 α 粒子源，它每秒内向另一极板的每平方厘米面积上垂直发射 $N = 10^{17}$ 个粒子，粒子离开发射源时的速度为零，试求 α 粒子在极板上产生的压强. 已知 α 粒子的电量 $q = 3.2 \times 10^{-19}$ C，质量 $m = 6.68 \times 10^{-27}$ kg.

分析与解答　α 粒子被加速后射向负极板，并被吸附在负极板上并不反弹，这个过程可看作完全非弹性碰撞，碰后 α 粒子的速度立即降为零，从而对板产生一个冲量. 单位时间内、单位面积上所受的总冲量就等于压强.

由电场对 α 粒子的加速作用

$$qU = \frac{1}{2}mv^2$$

得 α 粒子射至另一板的速度

$$v = \sqrt{\frac{2qU}{m}}$$

第一个 α 粒子与极板做一次完全非弹性碰撞，速度降为零时对板的冲量大小

$$I = mv$$

根据压强的物理意义，得极板上因吸附 α 粒子而形成的压强为

$$p = \frac{NI}{St} = \frac{Nmv}{St} = \frac{N}{St}\sqrt{2qUm}$$

$$= \frac{10^{17}}{1 \times 10^{-4} \times 1} \sqrt{2 \times 3.2 \times 10^{-19} \times 10^4 \times 6.68 \times 10^{-27}} \text{ Pa}$$
$$= 6.52 \text{ Pa}$$

例题 5 （2012,北京）匀强电场方向沿 x 轴正向,电场强度 E 随 x 轴的分布如图 6.39 所示. 图中 E_0 和 d 均为已知量. 将带正电的质点 A 在 O 点由静止释放. A 离开电场足够远后,再将另一带正电的质点 B 放在 O 点也由静止释放. 当 B 在电场中运动时,A、B 间的相互作用能均为 0;B 离开电场后,A、B 间的相互作用视为静电作用. 已知 A 的电荷量为 Q,A 和 B 的质量分别为 m 和 $\frac{m}{4}$,不计重力.

图 6.39

① 求 A 在电场中的运动时间 t;

② 若 B 的电荷量 $q = \frac{4}{9}Q$,求两质点相互作用能的最大值 E_{pm};

③ 为使 B 离开电场后不改变运动方向,求 B 所带电荷量的最大值 q_m.

分析与解答 ① 质点 A 由静止释放后在匀强电场中做匀加速运动,其加速度 $a_A = \frac{QE}{m}$,在电场中的运动时间为

$$t_A = \sqrt{\frac{2d}{a_A}} = \sqrt{\frac{2dm}{QE_0}} \qquad ①$$

② 质点 A 和 B 都从 O 点静止释放,设它们离开电场时的速度分别为 v_{A0} 和 v_{B0},根据动能定理

$$QE_0 d = \frac{1}{2} m v_{A0}^2 \quad \Rightarrow \quad v_{A0} = \sqrt{\frac{2dQE_0}{m}} \qquad ②$$

$$\frac{4}{9} QE_0 d = \frac{1}{2} \left(\frac{m}{4}\right) v_{B0}^2 \quad \Rightarrow \quad v_{B0} = \frac{4}{3} \sqrt{\frac{2dQE_0}{m}} = \frac{4}{3} v_{A0} \qquad ③$$

质点 B 离开电场后与质点 A 发生相互作用，产生的斥力对质点 A 做正功，对质点 B 做负功。由于 $v_{B0} > v_{A0}$，同样时间内 B 的位移大于 A 的位移，即两者在逐渐靠近，因此其斥力对 B 所做负功的绝对值大于对 A 所做的正功，也就是说，系统内力所做的总功为负值，意味着其相互作用能在增加。当 B 与 A 最接近时，它们的速度大小相等，相互作用能达到最大值。质点 B 与 A 相互作用的整个过程，相当于两者之间通过轻弹簧发生完全非弹性碰撞，当弹簧的形变达到最大时两质点的速度相等，弹簧的弹性势能达到最大。

设两者共同速度为 u，对两质点的系统，不计重力时动量守恒

$$m_A v_{A0} + m_B v_{B0} = (m_A + m_B) u \qquad ④$$

得两质点的速度和相互作用能的最大值分别为

$$u = \frac{m_A v_{A0} + m_B v_{B0}}{m_A + m_B} = \frac{m v_{A0} + \frac{m}{4} \cdot \frac{4}{3} v_{A0}}{m + \frac{m}{4}} = \frac{16}{15} v_{A0} \qquad ⑤$$

$$E_{pm} = \frac{1}{2} m_A v_{A0}^2 + \frac{1}{2} m_B v_{B0}^2 - \frac{1}{2}(m_A + m_B) u^2 = \frac{1}{45} dQE_0 \qquad ⑥$$

③ 当质点 B 带最大电量时，设 A 和 B 离开电场时的速度分别为 v_A 和 v_B，同样有

$$QE_0 d = \frac{1}{2} m v_A^2 \qquad ⑦$$

$$q_m E_0 d = \frac{1}{2} \left(\frac{m}{4}\right) v_B^2 \qquad ⑧$$

两式相比，得

$$\frac{q_m}{Q} = \frac{v_B^2}{4 v_A^2} \qquad ⑨$$

考虑质点 B 离开电场后的某个时刻，设 A 与 B 的速度分别为 v_1 和 v_2。此时质点 B 与 A 的相互作用相当于弹性碰撞，由整个系统的动量守恒和动能守恒知

$$mv_A + \frac{m}{4}v_B = mv_1 + \frac{m}{4}v_2 \qquad ⑩$$

$$\frac{1}{2}mv_A^2 + \frac{1}{2}\left(\frac{m}{4}\right)v_B^2 = \frac{1}{2}mv_1^2 + \frac{1}{2}\left(\frac{m}{4}\right)v_2^2 \qquad ⑪$$

要求质点 B 不改变运动方向,意味着两者相距足够远时,依然有 $v_2 \geqslant 0$,其临界值为 $v_2 = 0$. 以 $v_2 = 0$ 代入 ⑩、⑪ 两式,化简为

$$v_A + \frac{1}{4}v_B = v_1$$

$$v_A^2 + \frac{1}{4}v_B^2 = v_1^2$$

联立两式,即得

$$v_A = \frac{3}{8}v_B$$

代入式 ⑨,得

$$\frac{q_m}{Q} = \frac{16}{9} \qquad 或 \qquad q_m = \frac{16}{9}Q$$

说 明

本题在审题中显得困难的原因是许多同学不理解"相互作用能"的意义. 其实,根据第 ② 小题中相互作用力的分析,可以把它跟物体与地球(或分子间的相互作用、原子核与核外电子)的相互作用进行类比——当系统的内力做负功时(如把物体举高),系统内物体间的相互作用能必然增大. 此外,许多同学也不理解第 ③ 小题中"不改变运动方向"的意义,也就是说,一些同学只是呆板地知道速度是矢量,面临具体问题时却不会从数学意义上去表示矢量的方向.

本题的第 ②、第 ③ 两小题巧妙地对应着两类碰撞. 只是由于题中的这个对应关系比较隐蔽,一些同学看不出所对应的模型,因此也就显得有些不知所措. 必须注意,许多实际问题中,都要通过对物理原理的仔细分析后,才能确定所对应的物理模型.

6 物理模型在中学物理解题中的应用

例题 6 图 6.40 中所示为两根光滑的平行导轨,其水平部分处于一个磁感应强度为 B、竖直向上的匀强磁场中.在其水平部分垂直导轨放置一根质量为 m_2 的导体棒 bb'.另外一根质量为 m_1 的导体棒 aa' 从导轨上高 h 处由静止下滑.如果两导体棒始终不接触,导轨的水平部分足够长且始终处于磁场内,则两导体棒最后的速度是多少?

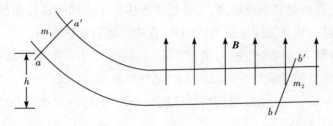

图 6.40

分析与解答 导体棒 aa' 在斜轨上的下滑过程中只有重力做功,机械能守恒.滑至水平部分进入磁场,切割磁感线产生沿 $a'abb'$ 的感应电流.于是,磁场对通电的两导体棒产生安培力 F:对 aa' 的安培力水平向左,阻碍它的运动;对 bb' 的安培力水平向右,驱使它运动(图 6.41).这样,两者的相对速度逐渐减小,回路的面积也逐渐减小.最后,两棒达到相同的速度,回路面积不再变化,棒中不再有感应电动势,两棒依惯性运动.

根据以上分析可知,从 aa' 棒进入磁场起,两棒通过磁场发生相互作用,最后达到共同速度.这个过程可抽象成完全非弹性碰撞模型.

图 6.41

aa' 棒滑进水平部分的磁场区域时,由机械能守恒定律得速度

$$v_a = \sqrt{2gh}$$

根据上面分析建立的碰撞模型,由

$$m_1 v_a = (m_1 + m_2) u$$

得最终共同速度

$$u = \frac{m_1}{m_1 + m_2} v_a = \frac{m_1}{m_1 + m_2} \sqrt{2gh}$$

说　明

上面的解答十分简捷,完全是缘于建立了正确的碰撞模型的.否则,这是一个非匀变速运动的问题,在中学阶段无法解答.

例题 7　两个氘核对撞发生聚合反应,产生一个中子和一个氦核,已知氘核质量 $m_D = 2.0136\ u$,氦核质量 $m_{He} = 3.0150\ u$,中子质量 $m_n = 1.0087\ u$,反应前两氘核的动能均为 $E_{kD} = 0.35\ \text{MeV}$,$1\ u \times c^2 = 931\ \text{MeV}$.

① 若反应中释放的结合能全部变为动能,反应后的氦核和中子的动能各多大?

② 用反应中产生的氦核向静止的碳 12 核对心射去,当两核距离最近时,氦核和碳核的动能各多大?

分析与解答　两个氘核的聚合反应为

$$2\,{}_1^2\text{H} \longrightarrow {}_2^4\text{He}(氦核) + {}_0^1\text{n}(中子)$$

核反应中可不计其他外力,动量守恒,按题意结合能全部转变为动能,因此,这次聚合反应相当于一次弹性碰撞.

反应中产生的氦核向静止的碳 12 核射去时,两者间的相互斥力使氦核减速,碳核加速,有一部分动能消耗于克服斥力做功,转化为电势能.当两核最接近时,两者速度相等,相当于发生一次完全非弹性碰撞.

建立了这样两个物理模型后,这个核反应问题就很容易求解了.

① 核反应中的质量亏损

$$\Delta m = 2m_D - (m_{He} + m_n)$$
$$= 2 \times 2.0136\ u - (3.0150\ u + 1.0087\ u)$$

$$= 0.0035 \text{ u}$$

核反应中释放的结合能

$$\Delta E = \Delta m c^2 = 0.0035 \text{ u} \times c^2 = 3.26 \text{ MeV}$$

由核反应前后动量守恒和能量守恒得

$$0 = m_{\text{He}} v_{\text{He}} + m_n v_n$$

$$2E_{kD} + \Delta E = \frac{1}{2} m_{\text{He}} v_{\text{He}}^2 + \frac{1}{2} m_n v_n^2$$

因为 $\dfrac{m_n}{m_{\text{He}}} = \dfrac{1}{3}$，所以反应后中子和氦核速度大小之比

$$\left| \frac{v_n}{v_{\text{He}}} \right| = \frac{m_{\text{He}}}{m_n} = 3$$

代入能量关系式中

$$2E_{kD} + \Delta E = \frac{1}{2} m_{\text{He}} v_{\text{He}}^2 + \frac{1}{2} \cdot \frac{1}{3} m_{\text{He}} (3 v_{\text{He}})^2$$

$$= 4 E_{k\text{He}}$$

即

$$(2 \times 0.35 + 3.26) \text{MeV} = 4 E_{k\text{He}}$$

所以，氦核和中子的动能分别为

$$E_{k\text{He}} = 0.99 \text{ MeV}$$

$$E_{kn} = 3 E_{k\text{He}} = 2.97 \text{ MeV}$$

② 设最接近时氦核和碳核的共同速度为 u，由完全非弹性碰撞中动量守恒

$$m_{\text{He}} v_{\text{He}} = (m_{\text{He}} + m_C) u$$

得

$$u = \frac{m_{\text{He}}}{m_{\text{He}} + m_C} v_{\text{He}} = \frac{3}{3+12} v_{\text{He}} = \frac{1}{5} v_{\text{He}}$$

此时两者的动能分别为

$$E'_{k\text{He}} = \frac{1}{2} m_{\text{He}} u^2 = \frac{1}{2} m_{\text{He}} \cdot \frac{1}{25} v_{\text{He}}^2$$

$$= \frac{1}{25} E_{kHe} \approx 0.04 \text{ MeV}$$

$$E_{kC} = \frac{1}{2} m_C u^2 = \frac{1}{2} m_C \cdot \frac{m_{He} \cdot m_{He}}{(m_{He} + m_C)^2} v_{He}^2$$

$$= \frac{m_C m_{He}}{(m_{He} + m_C)^2} E_{kHe}$$

$$= \frac{12 \times 3}{(3 + 12)^2} \times 0.99 \text{ MeV}$$

$$= 0.16 \text{ MeV}$$

6.6 分子模型

分子的体积很小,又有着很复杂的结构,对物质的某些物理量做估算时,往往需要对分子建立一个合适的模型.由于固体、液体和气体的分子聚集状态不同,因此,需要建立两种不同的模型.

(1) 球体模型

对固体和液体,由于分子间相互作用力比较大,分子间距很小.它们只能在自己的平衡位置附近的小范围内振动.因此,可以设想它们的分子像一个小球,在固体和液体内是一个个紧挨着排列的,所以分子体积 V_0 和分子直径 D 的估算式分别为

$$V_0 = \frac{V_{mol}}{N_A} = \frac{M}{\rho N_A}$$

$$D = \sqrt[3]{\frac{6V_0}{\pi}}$$

式中 V_{mol} 为摩尔体积,N_A 为阿伏伽德罗常数,M 为摩尔质量.

(2) 立方体模型

对于气体,通常情况下分子间相互作用力可不计,分子间距较大,因此常常可以忽略分子本身体积,把每个分子的活动空间 V_0 看

成一个小立方体，立方体的边长看成相邻两分子的间距 d. 因此每个分子的活动空间和分子间距的估算式分别为

$$V_0 = \frac{V_{\text{mol}}}{N_A}$$

$$d = \sqrt[3]{V_0}$$

例题 1 （1996，全国）只要知道下列哪一组物理量，就可以估算出气体中分子间的平均距离？（ ）.

A. 阿伏伽德罗常数，该气体的摩尔质量和质量

B. 阿伏伽德罗常数，该气体的摩尔质量和密度

C. 阿伏伽德罗常数，该气体的质量和体积

D. 该气体的密度、体积和摩尔质量

分析与解答 由摩尔质量（M）和气体密度（ρ）可算出摩尔体积 $\left(V = \dfrac{M}{\rho}\right)$. 由摩尔体积和阿伏伽德罗常数可算出每个分子所占的体积，即每个分子的平均活动空间 $\left(V_0 = \dfrac{V}{N_A}\right)$. 把这些活动空间看成一个个小立方体（或球体），其中心间距即每边长（或直径）可以认为是分子间平均距离. 所以正确的是 B.

例题 2 在标准状况下，水蒸气分子的间距约是水分子直径的（ ）.

A. 1 倍   B. 10 倍   C. 100 倍   D. 1000 倍

分析与解答 在标准状况下，水蒸气的摩尔体积和含有的分子数分别为

$$V_{\text{汽}} = 22.4 \times 10^{-3} \text{ m}^3/\text{mol}$$

$$N_A = 6.02 \times 10^{23} \text{ mol}^{-1}$$

每个水蒸气分子所占体积

$$V_1 = \frac{V_{\text{汽}}}{N} = \frac{22.4 \times 10^{-3}}{6.02 \times 10^{23}} \text{ m}^3 = 3.72 \times 10^{-26} \text{ m}^3$$

把每个水蒸气分子所占体积看成一个小立方体,分子的平均间距可以看成是相邻两个立方体的中心间距,它等于每个小立方体的边长,即

$$d = \sqrt[3]{V_1} = \sqrt[3]{3.72 \times 10^{-26}} \text{ m} \approx 3.34 \times 10^{-9} \text{ m}$$

水的摩尔体积为

$$V_水 = 18 \text{ cm}^3/\text{mol} = 18 \times 10^{-6} \text{ m}^3/\text{mol}$$

把水分子看成紧挨着的一个个小球,因此其直径为

$$D = \sqrt[3]{\frac{6V_水}{\pi N_A}} = \sqrt[3]{\frac{6 \times 18 \times 10^{-6}}{3.14 \times 6.02 \times 10^{23}}} \text{ m} \approx 3.85 \times 10^{-10} \text{ m}$$

由此可见,水蒸气分子的间距与水分子直径相比,两者差一个数量级,所以正确的是 B.

例题 3 (2011,江苏)某同学在进行"用油膜法估测分子的大小"的实验前,查阅数据手册得知:油酸的摩尔质量 $M = 0.283$ kg/mol,密度 $\rho = 0.895 \times 10^3$ kg/m³. 若100滴油酸的体积为 1 mL,则1滴油酸所能形成的单分子油膜的面积约是多少?(取 $N_A = 6.02 \times 10^{23}$ mol^{-1},球的体积 V 与直径 D 的关系为 $V = \frac{1}{6}\pi D^3$,结果保留一位有效数字.)

分析与解答 一个油酸分子的体积为

$$V = \frac{M}{\rho N_A}$$

把油酸分子看成一个小球,根据球体积与其直径的关系知,一个油酸分子的直径为

$$D = \sqrt[3]{\frac{6M}{\pi \rho N_A}} = \sqrt[3]{\frac{6 \times 0.283}{3.14 \times 0.895 \times 10^3 \times 6.02 \times 10^{23}}} \text{ m} \approx 1 \times 10^{-9} \text{ m}$$

1滴油酸的体积为 $V_1 = \frac{1}{100} \times 1 \text{ mL} = 1 \times 10^{-8} \text{ m}^3$,所以能形成的单分子膜的面积为

$$S = \frac{V_1}{D} = \frac{1 \times 10^{-8}}{1 \times 10^{-9}} \text{ m}^2 = 10 \text{ m}^2$$

说　明

用油膜法估测分子的直径,就是建立在分子的球模型基础上的,并认为分子球一个个紧密排列.本题从实验原理逆向考虑,要求根据分子直径的微观量推算油膜面积的宏观量,很有新意.

例题 4　如图 6.42 所示,食盐(NaCl)的晶体是由钠离子(图中〇)和氯离子(图中●)组成的.这两种离子在空间中三个互相垂直的方向上,都是等距离地交叉排列的. 已知食盐的摩尔质量是 58.5×10^{-3} kg/mol,食盐的密度是 2.2×10^3 kg/m³. 取阿伏伽德罗常数为 6.0×10^{23} mol^{-1}. 在食盐晶体中两个距离最近的钠离子中心间的距离的数值最接近于(　).

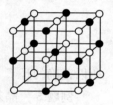

图 6.42

A. 3.0×10^{-10} m　　　　B. 3.5×10^{-10} m

C. 4.0×10^{-10} m　　　　D. 5.0×10^{-10} m

分析与解答　食盐的摩尔体积和分子体积分别为

$$V = \frac{M}{\rho}$$

$$V_1 = \frac{V}{N_A} = \frac{M}{\rho N_A}$$

式中 $M = 58.5 \times 10^{-3}$ kg/mol,$\rho = 2.2 \times 10^3$ kg/m³,$N_A = 6.0 \times 10^{23}$ mol^{-1}. 由于每个食盐分子由一个钠离子和一个氯离子组成,因此可以认为每个离子占有的体积均为

$$V_1' = \frac{1}{2} V_1 = \frac{M}{2\rho N_A}$$

把每个离子的体积看成一个小立方体,相邻离子间的距离等于每个小立方体的边长,即

$$a = \sqrt[3]{V_1'} = \sqrt[3]{\frac{M}{2\rho N_A}}$$

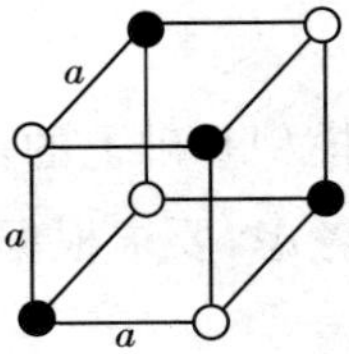

已知钠离子与氯离子是交叉排列的，两个距离最近的钠离子中心间的距离等于图 6.43 中的小立方体每个侧面的对角线，即为

图 6.43

$$d = \sqrt{2}\,a = \sqrt{2}\sqrt[3]{\frac{M}{2\rho N_A}}$$

$$= \sqrt{2} \times \sqrt[3]{\frac{58.5 \times 10^{-3}}{2 \times 2.2 \times 10^3 \times 6.0 \times 10^{23}}}\ \text{m}$$

$$= 4.0 \times 10^{-10}\ \text{m}$$

所以正确的是 C.

例题 5 晶须是一种发展中的高强度材料，它是一些非常细的、非常完整的丝状晶体．现有一种截面为圆形的铁晶，直径 $d = 1.60$ μm，沿纵向加力 $F = 2.64 \times 10^{-2}$ N 时可把它拉断．试估算铁原子间最大的相互作用力（原子力）为多少？已知铁晶的密度 $\rho = 7.92 \times 10^3$ kg/m^3，摩尔质量 $M = 55.85 \times 10^{-3}$ kg/mol．

分析与解答 阻止拉断的原子力，可以认为主要来自断面上所有原子之间的相互作用力，因此只需算出在铁晶的横截面（圆面）上排列的铁原子数．为此，可以对铁原子建立一个球体模型，并认为它们在截面上是紧挨着密集排列的．这样，就可以估算出铁原子之间的相互作用力了．

由摩尔质量和阿伏伽德罗常数，可得一个铁原子的体积

$$V_1 = \frac{M}{\rho N_A} = \frac{55.85 \times 10^{-3}}{7.92 \times 10^3 \times 6.023 \times 10^{23}}\ \text{m}^3 = 1.171 \times 10^{-29}\ \text{m}^3$$

铁原子的直径和横截面分别为

$$d_1 = \left(\frac{6V_1}{\pi}\right)^{1/3} = \left(\frac{6 \times 1.171 \times 10^{-29}}{3.14}\right)^{1/3}\ \text{m} = 2.82 \times 10^{-10}\ \text{m}$$

$$S_1 = \frac{\pi}{4}d_1^2 = \frac{3.14}{4} \times (2.82 \times 10^{-10})^2\ \text{m}^2 = 6.24 \times 10^{-20}\ \text{m}^2$$

铁晶的横截面积为

$$S = \frac{\pi}{4}d^2 = \frac{3.14}{4} \times (1.60 \times 10^{-6})^2 \text{ m}^2 = 2.01 \times 10^{-12} \text{ m}^2$$

铁晶的横截面上排列的铁原子数为

$$n = \frac{S}{S_1} = \frac{2.01 \times 10^{-12}}{6.24 \times 10^{-20}} = 3.2 \times 10^7$$

所以每对铁原子间最大的相互作用力为

$$F_1 = \frac{F}{n} = \frac{2.64 \times 10^{-2}}{3.2 \times 10^7} \text{ N} = 8.25 \times 10^{-10} \text{ N}$$

6.7 理想气体模型

理想气体是实际气体的简化模型. 通常状况下, 并不要求十分精确时, 各种实际气体都可抽象成理想气体, 它是一种很实用的对象模型.

例题 1 (2010, 广东理综) 如图 6.44 所示, 某种自动洗衣机进水时, 与洗衣缸相连的细管中会封闭一定质量的空气, 通过压力传感器感知管中的空气压力, 从而控制进水量. 设温度不变, 洗衣缸内水位升高, 则细管中被封闭的空气( ).

图 6.44

A. 体积不变, 压强变小　　B. 体积变小, 压强变大

C. 体积不变, 压强变大　　D. 体积变小, 压强变小

分析与解答　把被封闭的气体看成理想气体, 由图可知, 它的压强由外界大气压和洗衣缸与细管内的水位高度差决定. 当温度不变时, 洗衣缸内的水位升高, 被封闭气体的压强变大, 体积变小. 正确的是 B.

例题 2　教室长 8 m、宽 6 m、高 4 m, 测得室温 $t = 27$ ℃, 压强 p

=750 mmHg. 已知空气的摩尔质量 $M=29×10^{-3}$ kg/mol，阿伏伽德罗常数 $N_A=6.02×10^{23}$ mol^{-1}，试估算教室内共有多少个空气分子．

分析与解答 把教室里的空气简化为理想气体，并使它保持质量一定变化到压强 $p_0=760$ mmHg、温度 $t_0=0$ ℃ 的标准状况．根据理想气体状态方程

$$\frac{pV}{T}=\frac{p_0V_0}{T_0}$$

得室内这些空气在标准状况下所占的体积

$$V_0=\frac{pT_0}{p_0T}V=\frac{750}{760}×\frac{273}{300}×(8×6×4) \text{ m}^3$$

$$=172.42 \text{ m}^3$$

这些空气的摩尔数为

$$n=\frac{V_0}{22.4×10^{-3}} \text{ mol}=\frac{172.42}{22.4×10^{-3}} \text{ mol}=7\ 697.32 \text{ mol}$$

所以，教室内共有分子数为

$$N=nN_A=7\ 697.32×6.02×10^{23}$$
$$=4.634×10^{27}$$

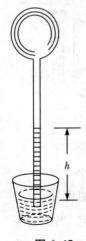

图 6.45

例题 3 图 6.45 是伽利略设计的世界上第一个温度计示意图．上部是一个球形容器，里面有一定量的空气，下部是一根细管，细管插入带色液体中．制作时，先给球形容器微微加热，跑出一些空气，插入液体中时，带色液体能上升到管内某一高度．试说明伽利略温度计的测温原理，并研究管内外液面高度差 h 与温度 t 的关系（设球形容器的容积甚大于细管容积）．

分析与解答 伽利略温度计是利用气体的热胀冷缩性质制成的．假定外界气压不变，环境温度升高时，容器内气体的体积膨胀，细管内液柱高度减小；环境温度降低时，容器内气体的体积收缩，细管内液柱高度增加．因此，根据管内液柱

的升降可判知气温的高低变化.

为了研究细管内液柱高度 h 与温度 t 的关系,可把容器内的空气抽象成理想气体,根据理想气体状态方程进行推导.

设球形容器的容积为 V_0,玻璃管内径为 d,长为 h_0,液体密度 ρ,外界大气压为 p_0.制作时为了使球形容器中跑出一些空气,加热的温度为 t_0,则此时管内气体的状态如表 6.2 所示.

表 6.2

压 强	温 度	体 积
p_0	$t_0 + 273$	$V_0 + \frac{1}{4}\pi d^2 h_0$

把细管插入液体(设插入液体内部分与管长相比极小),令气温下降为 t 时,液体顺着细管上升,管内外液面高度差为 h,管内气体的状态变化如表 6.3 所示.

表 6.3

压 强	温 度	体 积
$p_0 - \rho g h$	$t + 273$	$V_0 + \frac{1}{4}\pi d^2 (h_0 - h)$

由理想气体的状态方程得

$$\frac{p_0 \left(V_0 + \frac{1}{4}\pi d^2 h_0\right)}{t_0 + 273} = \frac{(p_0 - \rho g h)\left(V_0 + \frac{1}{4}\pi d^2 (h_0 - h)\right)}{t + 273}$$

考虑到伽利略温度计的球形容器的容积甚大于细管容积,即

$$V_0 \gg \frac{1}{4}\pi d^2 h_0$$

因此上式可简化为

$$\frac{p_0 V_0}{t_0 + 273} = \frac{(p_0 - \rho g h) V_0}{t + 273}$$

得

$$h = \frac{p_0(t_0 - t)}{(t_0 + 273)\rho g}$$

当外界大气压 p_0 不变时,细管内外液面高度差 h 与环境温度 t 之间的关系可表示为

$$h = a - bt$$

式中

$$a = \frac{p_0 t_0}{(t_0 + 273)\rho g}, \quad b = \frac{p_0}{(t_0 + 273)\rho g}$$

由此可见,h 与 t 存在线性关系,所以在外界气压一定时,伽利略温度计的刻度应该是均匀的.

说　明

由于伽利略温度计内液柱高低会因大气压变化产生误判,所以这种温度计设计上很不完善,未能推广.

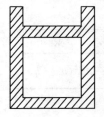

图 6.46

例题 4　(2013,山东理综)我国"蛟龙"号深海探测船载人下潜超 7 000 m,再创载人深潜新纪录.在某次深潜实验中,"蛟龙"号探测到 990 m 深处的海水温度为 280 K. 某同学利用该数据来研究气体状态随海水温度的变化. 如图 6.46 所示,导热性良好的气缸内封闭一定质量的气体,不计活塞的质量和摩擦,气缸所处海平面的温度 $T_0 = 300$ K,压强 $p_0 = 1$ atm,封闭气体的体积 $V_0 = 3$ m³. 如果将该气缸下潜至 990 m 深处,此过程中封闭气体可视为理想气体.

① 求 990 m 深处封闭气体的体积(1 atm 相当于 10 m 深的海水产生的压强);

② 下潜过程中封闭气体_____(填"吸热"或"放热"),传递的热量_____(填"大于"或"小于")外界对气体所做的功.

分析与解答 （1）将该气缸下潜至990 m深处时，设封闭气体的压强、温度和体积分别为p、T和V。由题意知$p=100$ atm，$T=280$ K。根据理想气体状态方程

$$\frac{p_0 V_0}{T_0} = \frac{pV}{T}$$

得

$$V = \frac{p_0 T}{p T_0} V_0 = \frac{1 \times 280}{100 \times 300} \times 3 \text{ m}^3 = 2.8 \times 10^{-2} \text{ m}^3$$

② 因为对封闭气体压缩，外界对气体做功。当把封闭气体看成理想气体时，其内能仅与温度有关。在这个过程中，封闭气体的温度降低，内能减少。所以，封闭气体一定放热。根据能的转化和守恒可知，放出的热量

$$Q = W + \Delta U > W$$

例题 5 （2010，山东）如图6.47所示为一太阳能空气集热器，底面及侧面为隔热材料，顶面为透明玻璃板，集热器容积为V_0，开始时内部封闭气体的压强为p_0。经过太阳曝晒，气体温度由$T_0=300$ K升至$T_1=350$ K。

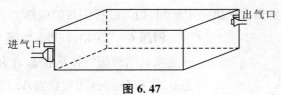

图 6.47

① 求此时气体的压强；

② 保持$T_1=350$ K不变，缓慢抽出部分气体，使气体压强再变回到p_0。求集热器内剩余气体的质量与原来总质量的比值。判断在抽气过程中剩余气体是吸热还是放热，并简述原因。

分析与解答 ① 把集热器内的空气看成理想气体，曝晒过程中忽略了容器的膨胀，可以简化为一个等容变化。由查理定律

$$\frac{p_0}{T_0} = \frac{p_1}{T_1}$$

得

$$p_1 = \frac{T_1}{T_0} p_0 = \frac{350}{300} p_0 = \frac{7}{6} p_0$$

② 设集热器内原来气体的总质量为 m_0,抽气后剩余气体的质量为 m_1,根据理想气体的克拉珀龙方程

$$\frac{pV}{T} = \frac{m}{M} R$$

当气体的温度不变、体积一定时,气体的质量与其压强成正比,因此

$$\frac{m_1}{m_0} = \frac{p_0}{p_1} = \frac{p_0}{\frac{7}{6} p_0} = \frac{6}{7}$$

即剩余气体为原来的 $\frac{6}{7}$.

由于抽气过程气体的体积变大,相当于发生了膨胀,要对外界做功. 而理想气体的内能仅由温度决定,当气体的温度不变时,其内能也不变. 根据热力学第一定律知,抽气过程中必须吸热.

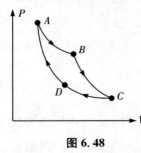

图 6.48

例题 6 (2013,江苏) 如图 6.48 所示,一定质量的理想气体从状态 A 依次经过状态 B、C 和 D 后再回到状态 A. 其中,$A \to B$ 和 $C \to D$ 为等温过程,$B \to C$ 和 $D \to A$ 为绝热过程(气体与外界无热量交换). 这就是著名的"卡诺循环".

① 该循环过程中,下列说法正确的是( ).

A. $A \to B$ 过程中,外界对气体做功

B. $B \to C$ 过程中,气体分子的平均动能增大

C. $C \to D$ 过程中,单位时间内碰撞单位面积器壁的分子数增多

D. $D \to A$ 过程中,气体分子的速率分布曲线不发生变化

② 该循环过程中,内能减小的过程是 _____(选填 $A \to B$、$B \to C$、$C \to D$ 或 $D \to A$). 若气体在 $A \to B$ 过程中吸收 63 kJ 的热量,在 $C \to D$ 过程中放出 38 kJ 的热量,则气体完成一次循环对外做的功为 _____ kJ.

③ 若该循环过程中的气体为 1 mol,气体在 A 状态时的体积为 10 L,在 B 状态时压强为 A 状态时的 $\dfrac{2}{3}$. 求气体在 B 状态时单位体积内的分子数.

(已知阿伏伽德罗常数 $N_A = 6.0 \times 10^{23} \text{mol}^{-1}$,计算结果保留一位有效数字.)

分析与解答 ① $A \to B$ 过程中,气体的体积膨胀,气体对外界做功,A 错. $B \to C$ 过程中,气体与外界没有热交换,体积膨胀对外界做功,其内能一定减小,因此气体的温度降低,分子的平均动能减小,B 错. $C \to D$ 过程中,气体的温度不变,即分子的平均动能不变;体积减小,分子的密度增大,单位时间内碰撞单位面积器壁的分子数增多,C 正确. $D \to A$ 过程中,虽然与外界没有热交换,压缩气体,外界对气体做功,气体的内能增大,即气体分子运动的平均速率增大,因此气体分子的速率分布曲线会发生变化(使其峰值向速率大的方向移动),D 错.

② 内能减小一定发生在温度减小的过程中,即是 $B \to C$ 的过程. 从整个循环考虑,对外界做功为

$$W = Q_{AB} - Q_{CD} = 63 \text{ kJ} - 38 \text{ kJ} = 25 \text{ kJ}$$

③ 气体在 $A \to B$ 过程中,遵循玻意耳定律,在 B 状态时的体积为

$$V_B = \frac{p_A}{p_B}V_A = \frac{3}{2} \times 10 \text{ L} = 15 \text{ L}$$

已知气体的摩尔数 $r=1$,所以单位体积内的分子数为

$$n = \frac{rN_A}{V_B} = \frac{1 \times 6.0 \times 10^{23}}{15 \times 10^{-3}} \text{ m}^{-3} = 4 \times 10^{25} \text{ m}^{-3}$$

说　明

卡诺循环是热机的理想化模型.本题以卡诺循环的四个过程为依托,把分子动理论、热力学第一定律和理想气体的玻意耳定律等都综合在一起.研究一个问题,相当于回顾复习了全部热学知识,因此本题很有典型意义,值得仔细体会.

6.8 发动机与电动机模型

1831 年法拉第发现了电磁感应现象后,制作了一台圆盘发电机. 当年 11 月底的某一天,法拉第在英国皇家学会宣读有关电磁感应现象的重要论文,并用圆盘发电机在会上做了表演. 据说,当时英国的财政大臣格拉斯通曾经很不客气地问过:"法拉第先生,它到底有什么用呢?" 法拉第满怀信心高瞻远瞩地回答说:"啊! 阁下,也许要不了多久,你就可以收它的税了."

法拉第的圆盘发电机犹如一个"物质模型",它跟其他许多杰出的发明一样,都是未来实际发明的雏形,它们都起着开辟实际应用通道的领航作用. 这个圆盘发电机实现了从机械能转化为电能的伟大构想.

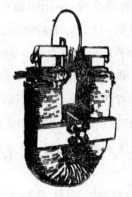

图 6.49　法拉第的圆盘发电机

法拉第在表演他的发电机时,一位贵妇人冷冷地说:"先生,你发明这玩意儿,又有什么用呢?"法拉第机智地回答:"夫人,新生的婴儿又有什么用呢?"

从能的转换意义上说,各种不同类型的发电机都是把其他形式的能转换成电能的装置,电动机则是把电能转换为机械能的装置. 前者获得电能,后者消耗电能. 在研究物理问题时,我们可以把具有类似这种能的转换特性的装置(研究对象),归并为发电机模型和电动机模型. 在电源与负载之间的某种关系上,它们与发电机及电动机遵循着同样的物理规律.

例题1 (2013,安徽)如图 6.50 所示,足够长平行金属导轨倾斜放置,倾角为37°,宽度为 0.5 m,电阻忽略不计,其上端接一小灯泡,电阻为 1 Ω. 一导体棒 MN 垂直于导轨放置,质量为 0.2 kg,接入电路的电阻为 1 Ω,两端与导轨接触良好,与

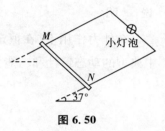

图 6.50

导轨间的动摩擦因数为 0.5. 在导轨间存在着垂直于导轨平面的匀强磁场,磁感应强度为 0.8 T. 将导体棒 MN 由静止释放,运动一段时间后,小灯泡稳定发光,此后导体棒 MN 的运动速度及小灯泡消耗的电功率分别为(重力加速度 g 取 $g=10\text{m/s}^2$,$\sin37°=0.6$)( ).

A. 2.5 m/s 1 W B. 5 m/s 1 W
C. 7.5 m/s 9 W D. 15 m/s 9 W

分析与解答 导体棒向下运动切割磁感线产生感应电动势,起着电源的作用对小灯供电. 当它匀速运动时,棒的重力沿导轨方向的分力应满足条件

$$mg\sin\alpha = BIl + \mu mg\cos\alpha$$

由此得小灯稳定发光的电流为

$$I = \frac{mg(\sin\alpha - \mu\cos\alpha)}{Bl} = \frac{0.2\times10(0.6-0.5\times0.8)}{0.8\times0.5} \text{A} = 1 \text{A}$$

所以小灯的功率

$$P = I^2R = 1 \text{W}$$

导体棒做匀速运动时的能量转换关系

$$mg\sin\alpha \cdot v = I^2(R+R') + \mu mg\cos\alpha \cdot v$$

得导体棒的速度

$$v = \frac{I^2(R+R')}{mg(\sin\alpha - \mu\cos\alpha)} = \frac{1^2(1+1)}{0.2\times 10(0.6 - 0.5\times 0.8)} \text{ m/s} = 5 \text{ m/s}$$

所以正确的是 B.

说 明

在外力作用下,在恒定的磁场中切割磁感线产生电磁感应现象中典型的动态特性和功能关系为

$$F - f_A = ma$$
$$W_F - W_f = \Delta E_k$$
$$\quad\quad\quad\quad\longrightarrow E_{电}(E_J)$$

式中 f_A 为安培力,W_f 为安培力的功.纯电阻情况下转化为电路中的电能($E_{电}$),最后转化为焦耳热(E_J).

当导体做匀速运动时,上述两式转化为

$$F = f$$
$$W_F = W_f$$
$$\quad\quad\longrightarrow E_{电}(E_J)$$

所以,电磁感应现象的问题,通常可以从力的角度或能的角度这两条途径进行研究.本题综合了这两个方面,很有典型性,值得多加体会.

例题 2 如图 6.51 所示,圆环 a 和圆环 b 的半径之比为 2∶1,两环用同样粗细的同种金属线做成,连接两圆环的导线电阻不计.匀强磁场的磁感应强度变化率恒定,那么当圆环 a 与圆环 b 分别单独置于磁场中时,M、N 两点间电势差大小之比为( ).

6 物理模型在中学物理解题中的应用

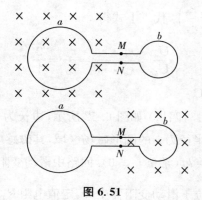

图 6.51

A. 1∶1　　B. 1∶2　　C. 2∶1　　D. 4∶1　　E. 1∶4

分析与解答　圆环 a 单独置于磁场中时,由于磁感应强度变化产生感生电动势,它作为电源向圆环 b 供电,MN 两点间电势差就是路端电压.同理,圆环 b 单独置于磁场中时也起电源作用向圆环 a 供电.

设圆环 a、b 的半径分别为 r_a、r_b,圆环面积分别为 S_a、S_b,电阻分别为 R_a、R_b. 当它们单独置于磁场中时,由于磁感应强度变化产生的感应电动势分别为

$$E_a = S_a \frac{\Delta B}{\Delta t}$$

$$E_b = S_b \frac{\Delta B}{\Delta t}$$

由 a、b 两环作为电源分别供电时,M、N 间的电势差为

$$U_a = \frac{R_b}{R_a + R_b} E_a, \quad U_b = \frac{R_a}{R_a + R_b} E_b$$

其比值

$$\frac{U_a}{U_b} = \frac{R_b E_a}{R_a E_b} = \frac{R_b S_a}{R_a S_b} = \frac{R_b r_a^2}{R_a r_b^2}$$

因为同样粗细的同种金属丝,电阻之比与其长度(即与圆环半

径）成正比 $\left(\dfrac{R_b}{R_a}=\dfrac{r_b}{r_a}\right)$，代入上式得

$$\dfrac{U_a}{U_b}=\dfrac{r_b \cdot r_a^2}{r_a \cdot r_b^2}=\dfrac{r_a}{r_b}=\dfrac{2}{1}$$

所以正确答案为 C.

例题 3 （2013，四川）如图 6.52 所示，边长为 L、不可形变的正方形导线框内有半径为 r 的圆形磁场区域，其磁感应强度 B 随时间 t 的变化关系为 $B=kt$（常量 $k>0$）. 回路中滑动变阻器 R 的最大阻值为 R_0，滑动片 P 位于滑动变阻器中央，定值电阻 $R_1=R_0$，$R_2=\dfrac{1}{2}R_0$. 闭合开关 S，电压表的示数为 U，不考虑虚线 MN 右侧导体的感应电动势，则（　　）.

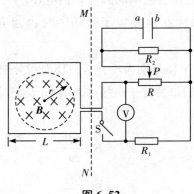

图 6.52

A. R_2 两端的电压为 $\dfrac{U}{7}$

B. 电容器的 a 极板带正电

C. 滑动变阻器 R 的热功率为电阻 R_2 的 5 倍

D. 正方形导线框中的感应电动势为 kL^2

分析与解答 正方形导线框作为电源对 MN 右边的电路供电，电源电动势为

$$E=\frac{\Delta\varphi}{\Delta t}=\frac{S\Delta B}{\Delta t}=k\pi r^2 \quad (\text{D 错})$$

由于圆形区域内的磁感应强度随时间增大,因此在正方形导线框内产生逆时针向的感应电流,外电路中的开关 S 接在高电势端,电容器的 b 板带正电,B 错.

滑动变阻器右边与电阻 R_2 并联后的电阻为 $\frac{1}{4}R_0$,根据串联分压可知其电压为

$$U_{并}=\frac{R_{并}}{R_1+R_{并}+\frac{1}{2}R_0}U=\frac{\frac{1}{4}R_0}{R_0+\frac{1}{4}R_0+\frac{1}{2}R_0}=\frac{1}{7}U \quad (\text{A 正确})$$

同理知滑动变阻器左边部分的电压为 $\frac{2}{7}U$,因此滑动变阻器和电阻 R_2 的热功率分别为

$$P_{滑动}=\frac{\left(\frac{1}{7}U\right)^2}{\frac{R_0}{2}}+\frac{\left(\frac{2}{7}U\right)^2}{\frac{R_0}{2}}, \quad P_{R_2}=\frac{\left(\frac{1}{7}U\right)^2}{\frac{R_0}{2}}$$

两式相比知滑动变阻器 R 的热功率为电阻 R_2 的 5 倍,C 正确.

例题 4 (2010,重庆)法拉第曾提出一种利用河流发电的设想,并进行了实验研究. 实验装置的示意图可用图 6.53 表示,两块面积均为 S 的矩形金属板,平行、正对、竖直地全部浸在河水中,间距为 d. 水流速度处处相同,大小为 v,方向水平. 金属板与水流方向平行. 地磁场磁感应强度的竖直分量为 B,水的电阻率为 ρ,水面上方有一阻值为 R 的电阻

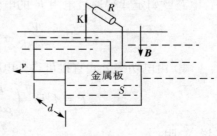

图 6.53

通过绝缘导线和电键 K 连接到两金属板上. 忽略边缘效应,求:

① 该发电装置的电动势;

② 通过电阻 R 的电流强度;

③ 电阻 R 消耗的电功率.

分析与解答 水流相当于带电的粒子流,在地磁场中受到洛伦兹力的作用. 当它流过两个金属极板时,水中的正负离子向两极板偏离,从而在两板间建立起电场,同时,这个电场也将阻碍带电粒子的偏移.

开始时,洛伦兹力的偏移作用大于电场的阻碍作用,正负离子继续偏移. 随着极板上电荷的不断积累,板间电场越来越强;最后,当洛伦兹力的偏移作用与电场的阻碍作用相等时,板间电场强度达到最大值,两板间的电压也达到最大值 U_m. 这个最大电压相当于电源(等离子发动机)电动势 E.

① 由平衡条件

$$qvB = q\frac{U_m}{d}$$

得电源电动势

$$E = U_m = Bdv$$

② 两板间河水的电阻相当于电源的内阻,其值为 $r = \rho\dfrac{d}{S}$,由闭合电路欧姆定律得通过电阻 R 的电流强度

$$I = \frac{E}{r+R} = \frac{BdvS}{\rho d + RS}$$

③ 由电功率公式直接可得外电路中电阻 R 上消耗的功率

$$P = I^2 R = \left(\frac{BdvS}{\rho d + RS}\right)^2 R$$

说　明

这个河水发电的设想,是法拉第在 1832 年首先提出的,后来人

们就研制成功了磁流体发电机.磁流体发电是一项具有高效率、低污染的高新技术,目前已受到许多国家的重视.我国于20世纪60年代初期开始研究磁流体发电技术,并根据煤炭资源丰富的特点,将重点研究燃煤磁流体发电,争取在短时间内赶上世界先进水平.

例题5 (2012,浙江)为了提高自行车夜间行驶的安全性,小明同学设计了一种"闪烁"装置.如图6.54所示,自行车后轮由半径$r_1=5.0\times10^{-2}$ m的金属内圈、半径$r_2=0.40$ m的金属外圈和绝缘辐条构成.后轮的内、外圈之间等间隔地接有4根金属条,每根金属条的中间均串联有一电阻值为R的小灯泡.在支架上装有磁铁,形成了磁感应强度$B=0.10$ T,方向垂直纸面向外的"扇形"匀强磁场,其内半径为r_1外半径为r_2、张角$\theta=30°$,后轮以角速度$\omega=2\pi$ rad/s相对于转轴转动.若不计其他电阻,忽略磁场的边缘效应.

① 当金属条ab进入"扇形"磁场时,求感应电动势E,并指出它的电流方向;

② 当金属条ab进入"扇形"磁场时,画出"闪烁"装置的电路图;

③ 从金属条ab进入"扇形"磁场时开始,经计算画出轮子转一圈过程中,内圈与外圈之间电势差U_{ab}随时间t变化的$U_{ab}-t$图像;

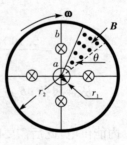

图6.54

④ 若选择的是"1.5 V、0.3 A"的小灯泡,该"闪烁"装置能否正常工作?有同学提出,通过改变磁感应强度B、后轮外圈半径r_2、角速度ω和张角θ等物理量的大小,优化前同学的设计方案,请给出你的评价.

分析与解答 ① 金属条ab进入"扇形"磁场时,切割磁感线产生感应电动势.由于金属条ab各部分的切割速度大小不同,且都与离开中心的距离成正比,因此可取切割速度的平均值,得感应电动势

$$E=Bl\bar{v}=B(r_2-r_1)\frac{r_2+r_1}{2}\omega=\frac{B\omega}{2}(r_2^2-r_1^2)$$

$$= \frac{0.10 \times 2\pi}{2}(0.40^2 - (5.0 \times 10^{-2})^2) \text{ V}$$

$$= 4.9 \times 10^{-2} \text{ V}$$

电流方向从 $b \to$ 小灯 $\to a$.

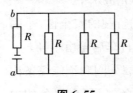

图 6.55

② 当金属条 ab 进入"扇形"磁场时,由它作为电源对外供电.接在 ab 中的小灯电阻相当于内电阻,其余三个小灯相互并联,电路如图 6.55 所示.

③ 根据图 6.55,由全电路的分压关系可知,外电路两端电压

$$U = \frac{R_{外}}{r_{内}+R_{外}}E = \frac{\dfrac{R}{3}}{R+\dfrac{R}{3}}E = \frac{1}{4}E = \frac{B\omega}{8}(r_2^2 - r_1^2)$$

$$= \frac{0.10 \times 2\pi}{8}(0.40^2 - (5.0 \times 10^{-2})^2) \text{ V} = 1.2 \times 10^{-2} \text{ V}$$

从金属条 ab 进入"扇形"磁场开始计时,在 $\dfrac{1}{12}T$(T 为转动周期)内能供电,此后需要间隔 $\dfrac{2}{12}T$ 时间,待下一个金属条进入磁场后再能供电.由于转动周期为

$$T = \frac{2\pi}{\omega} = 1 \text{ s}$$

所以画出的 $U_{ab} - t$ 图像如图 6.56 所示.

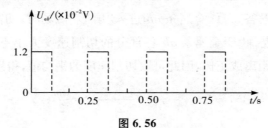

图 6.56

④ 当选用标记为"1.5 V、0.3 A"的小灯泡时,由于其额定电压甚大于电源电动势,所以该"闪烁"装置不能正常工作.

根据电动势的表达式可知,可以通过增大磁感应强度 B、轮子转动的角速度 ω 和后轮外半径 r_2 提高电源电动势,跟磁场的张角 θ 无关.考虑到自行车安全使用的实际情况,后轮外半径和转速的增大极为有限;增大磁感应强度,需要采用高性能的磁铁,成本过高,也极为有限.所以,作为一项发明虽有创意,但实际意义不显著.

说　明

本题以电磁感应知识为主要载体,研究了一个小发明,很有新意.既鼓励了同学运用学习的物理知识进行创造发明,也要求对发明创造从实际应用上进行科学的评价.类似对这样的问题进行研讨,很值得提倡.

例题 6　(2013,上海) 如图 6.57 所示,两根相距 $l=0.4$ m、电阻不计的平行光滑金属导轨水平放置,一端与阻值 $R=0.15\ \Omega$ 的电阻相连.导轨 $x>0$ 一侧存在沿 x 方向均匀增大的稳恒磁场,其方向与导轨平面垂直,变化率 $k=0.5$ T/m,$x=0$ 处磁场的磁感应强度 $B_0=0.5$ T.一根质量 $m=0.1$ kg、电阻 $r=0.05\ \Omega$ 的金属棒置于导轨上,并与导轨垂直.棒在外力作用下从 $x=0$ 处以初速度 $v_0=2$ m/s 沿导轨向右运动,运动过程中电阻上消耗的功率不变.求:

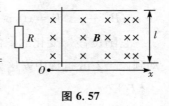

图 6.57

① 回路中的电流;

② 金属棒在 $x=2$ m 处的速度;

③ 金属棒从 $x=0$ 运动到 $x=2$ m 过程中安培力做功的大小;

④ 金属棒从 $x=0$ 运动到 $x=2$ m 过程中外力的平均功率.

分析与解答　① 金属棒右移时切割磁感线,由它作为电源对电阻供电.已知电路中消耗的电功率不变,表示电路中的电流不变.因

此,可以选择刚开始运动的时刻得电流

$$I = \frac{E}{r+R} = \frac{B_0 l v_0}{r+R} = \frac{0.5 \times 0.4 \times 2}{0.05 + 0.15} \text{ A} = 2 \text{ A}$$

② 在 $x = 2$ m 处的磁感应强度为

$$B_2 = B_0 + kx = (0.5 + 0.5 \times 2) \text{ T} = 1.5 \text{ T}$$

由于电路中的电阻不变,当电路中电流不变时,意味着感应电动势不变.设金属棒在 $x = 2$ m 处的速度为 v_2,由

$$B_0 l v_0 = (B_0 + kx) l v_2$$

得

$$v_2 = \frac{B_0}{B_0 + kx} v_0 = \frac{0.5}{0.5 + 0.5 \times 2} \times 2 \text{ m/s} = \frac{2}{3} \text{ m/s} = 0.67 \text{ m/s}$$

③ 金属棒右移过程中,由于磁感应强度随位移变化,安培力也随位移 x 变化,即

$$F = (B_0 + kx) I l = (0.5 + 0.5x) \times 2 \times 0.4 \text{ N} = (0.4 + 0.4x) \text{ N}$$

它随位移 x 变化的图像如图 6.58 所示.因此,金属棒从 $x = 0$ 运动到 $x = 2$ m 过程中安培力做功的大小为

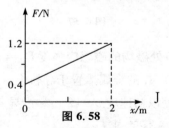

图 6.58

$$W_{安} = \bar{F} x = \frac{F_0 + F_2}{2} x$$

$$= \frac{0.4 + (0.4 + 0.4 \times 2)}{2} \times 2$$

$$= 1.6 \text{ J}$$

④ 金属棒从 $x = 0$ 运动到 $x = 2$ m 过程中,水平方向受到外力和安培力共同作用,由动能定理

$$W_{外} - W_{安} = \Delta E_k = \frac{1}{2} m v_2^2 - \frac{1}{2} m v_0^2$$

得

$$W_{外} = W_{安} + \frac{1}{2} m (v_2^2 - v_0^2)$$

$$= 1.6 \text{ J} + \frac{1}{2} \times 0.1 \times \left(\frac{4}{9} - 4\right) \text{ J} = 1.42 \text{ J}$$

在这个过程中,克服安培力做功的功率转化为电路中的电功率,即

$$P_{\text{安}} = P_{\text{电}} = I^2(R+r) = 2^2 \times (0.15 + 0.05) \text{ W} = 0.8 \text{ W}$$

这个过程所经历的时间为

$$t = \frac{W_{\text{安}}}{P_{\text{安}}} = \frac{1.6}{0.8} \text{ s} = 2 \text{ s}$$

所以外力的平均功率为

$$\overline{P}_{\text{外}} = \frac{W_{\text{外}}}{t} = \frac{1.42}{2} \text{ W} = 0.71 \text{ W}$$

说　明

本题中磁感应强度随位移变化,很有新意. 整个问题中知识和方法的综合度都比较高,解题中思路必须非常清晰,不愧为一道优秀的压轴题,值得好好体会.

例题7 (2003,江苏) 如图 6.59 所示,两根平行金属导轨固定在水平桌面上,每根导轨每米的电阻为 $r_0 = 0.10$ Ω,导轨的端点 P、Q 用电阻可以忽略的导线相连,两导轨间的距离 $l = 0.20$ m,有随时间变化的匀强磁场垂直于桌面,已知磁感应强度 B 与时间 t 的关系为 $B = kt$,比例系数 $k = 0.020$ T/s,一电阻不计的金属杆可在导轨上无摩擦地滑动,在滑动过程中保持与导轨垂直,在 $t = 0$ 时刻,金属杆紧靠在 P、Q 端,在外力作

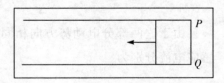

图 6.59

用下,杆以恒定的加速度从静止开始向导轨的另一端滑动,求 $t = 6.0$ s 时金属杆所受的安培力.

分析与解答　金属杆滑动时切割磁感线会产生感应电动势,同

时,磁场的变化也会产生电动势.因此,整个电路中的感应电动势应该由两部分组成:一部分是由于金属杆向左做切割磁感线的运动引起的,称为动生电动势;另一部分是由于磁感应强度变化所引起的,称为感生电动势.相当于有两个同时对外供电的电源.

设金属杆的加速度为 a,在时刻 t 的磁感应强度和切割速度分别为

$$B_t = kt, \quad v = at$$

因此,对应这个时刻的动生电动势为

$$E_1 = B_t l v = kt \cdot l \cdot at = klat^2$$

由于磁感应强度随时间正比地变化,因此任何时刻磁感应强度的变化率恒定,即

$$\frac{\Delta B}{\Delta t} = k \quad （恒量）$$

在时刻 t 金属杆与初始位置的距离和回路面积分别为

$$x = \frac{1}{2}at^2$$

$$S = xl$$

因此,对应的感生电动势为

$$E_2 = \frac{\Delta \varphi}{\Delta t} = kS = \frac{1}{2}klat^2$$

由于这两部分电动势方向相同,所以电路中总的感应电动势和感应电流分别为

$$E = E_1 + E_2 = klat^2 + \frac{1}{2}klat^2 = \frac{3}{2}klat^2$$

$$I = \frac{E}{R} = \frac{\frac{3}{2}klat^2}{2xr_0} = \frac{3kl}{2r_0}$$

所以,金属杆所受的安培力为

$$F = BIl = \frac{3k^2l^2t}{2r_0} = 1.44 \times 10^{-3} \text{ N}$$

说　明

本题的难点是电动势的计算. 它包含着两个因素,这也是以往高考中鲜见的,因此值得好好品味.

例题 8　一降压变压器,原、副线圈匝数比 $n_1 : n_2 = 20 : 1$,原线圈电阻 r_1 不计,副线圈电阻 $r_2 = 1\ \Omega$,副线圈接入负载电阻 $R = 19\ \Omega$(图 6.60). 当原线圈接入交变电压 $u_1 = 220\sqrt{2}\sin 314t$ V 时,求副线圈上电压表的读数.

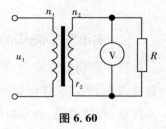

图 6.60

分析与解答　变压器的原线圈接入交变电压后,在铁芯中形成交变磁通. 这个交变磁通通过原、副线圈时,原、副线圈中都会产生感应电动势——原线圈的感应电动势 E_1 与外加电压反向,属于电动机模型;副线圈的感应电动势 E_2 相当于电源电动势,由副线圈向负载供电,属于发电机模型.

根据法拉第电磁感应定律, $E = n\dfrac{\Delta\varphi}{\Delta t}$,原、副线圈中磁通变化 $\dfrac{\Delta\varphi}{\Delta t}$ 相同,因此,产生的感应电动势之比

$$\frac{E_1}{E_2} = \frac{n_1}{n_2}$$

根据原、副线圈所对应的物理模型,上式中

$$E_1 = U_1 - I_1 r_1 = U_1$$
$$E_2 = U_2 + I_2 r_2$$

式中 U_1、I_1、r_1 和 U_2、I_2、r_2 分别为原、副线圈的端电压、通过的电流强度和线圈电阻. 由题设条件得

$$E_2 = \frac{n_2}{n_1} U_1 = \frac{1}{20} \times 220 \text{ V} = 11 \text{ V}$$

根据全电路欧姆定律得通过副线圈的电流强度

$$I_2 = \frac{E_2}{R + r_2} = \frac{11}{19 + 1} \text{ A} = 0.55 \text{ A}$$

所以副线圈的端电压（即电压表读数）为

$$U_2 = E_2 - I_2 r_2 = I_2 R = 0.55 \times 19 \text{ V} = 10.45 \text{ V}$$

6.9 "实用型"问题中的物理模型

在中学物理学习中，除了前面那些常见的物理模型外，还会遇到直接以生活实践、体育运动、物理实验和科学研究等方面的各种活动为背景，通过简化、抽象后所建立的一些物理模型．这类物理模型与常见的小球、滑块、小车等模型相比，更紧贴现实，也更为生动，同时也是近年高考中很活跃的一个题材．

这类"实用型"的问题，往往涉及中学知识的许多方面，饶有趣味．但由于有些问题的情景相对比较新型，通常题文比较长，有时相关的模型也比较隐蔽，需要通过对题文的仔细梳理才能发现．对这类问题的基本研究思路如图 6.61 所示．

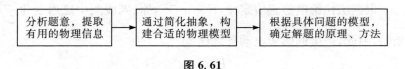

图 6.61

通过对这类问题的探究，不仅可以使我们对"具体 — 抽象 — 模型"的建立过程有着更为深刻的认识，以提高建模的能力以及运用物理模型研究和解决问题的能力；也有助于进一步体会"从生活走向物理，从物理走向社会"的理念，适应了国际上 STSE 的教育思想要求*．

---

* STSE 是 STS（科学、技术、社会）教育思想的延伸，强调科学、技术、社会与环境的相互作用．

6 物理模型在中学物理解题中的应用

爱因斯坦说过这样的话:"全部科学不外是日常想法的提炼."如果通过这类问题的启发,今后更自觉地关注生活、关注环境、关注自然,并能从中发现更有价值的问题进行探究,其意义就非同一般了!

下面,选取若干问题加以讨论.

例题 1 (2011,江苏) 如图 6.62 所示,石拱桥的正中央有一质量为 m 的对称楔形石块,侧面与竖直方向间的夹角

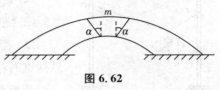

图 6.62

为 α,重力加速度为 g.若接触面间的摩擦力忽略不计,则石块侧面所受弹力的大小为(　　).

A. $\dfrac{mg}{2\sin\alpha}$ B. $\dfrac{mg}{2\cos\alpha}$ C. $\dfrac{1}{2}mg\tan\alpha$ D. $\dfrac{1}{2}mg\cot\alpha$

分析与解答 将中间的楔形石块隔离出来作为研究对象,它受

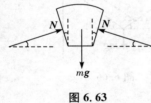

图 6.63

到竖直向下的重力(mg)和两侧垂直于侧面的弹力作用,构成三力平衡模型.由于结构对称,两侧弹力大小相等,设为 N(图 6.63).由

$$2N\sin\alpha = mg$$

得

$$N = \dfrac{mg}{2\sin\alpha} \quad (\text{A 正确})$$

说　明

石拱桥是我国古代人民的杰作,它是解决桥梁跨度的有效方法.如著名的赵州桥跨径达 37.02 m,至今已有 1400 多年保存依然完好.本题是从常见的石拱桥中抽象出来构成一个三力平衡模型的问题.

例题 2 (2017,天津) 如图 6.64 所示,轻质不可伸长的凉衣绳两端分别固定在竖直杆 M、N 上的 a、b 两点,悬挂衣服的衣架钩是光滑

的,挂于绳上处于静止状态. 如果只人为改变一个条件,当衣架静止时,下列说法正确的是(　　).

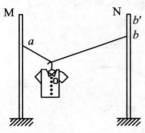

图 6.64

A. 绳的右端上移到 b',绳子拉力不变
B. 将杆 N 向右移一些,绳子拉力变大
C. 绳的两端高度差越小,绳子拉力越小
D. 若换挂质量更大的衣服,则衣服架悬挂点右移

分析与解答　设衣架(包括衣服)的质量为 m,衣架的悬挂点为 O,两侧绳子 Oa、Ob 与水平面的夹角分别为 α、β(图 6.65).

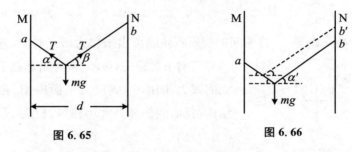

图 6.65　　　　　　　图 6.66

由题设条件,衣架钩是光滑的,而且挂在绳上,因此衣架钩两侧属于同一根绳子,两侧绳子的张力大小一定相同(设为 T). 由平衡条件

$$T\cos\alpha = T\cos\beta \quad \Rightarrow \quad \alpha = \beta \qquad ①$$

$$2T\sin\alpha = mg \quad \Rightarrow \quad T = \frac{mg}{2\sin\alpha} \qquad ②$$

两竖直杆 M、N 的间距

$$d = aO\cos\alpha + bO\cos\beta = (aO + bO)\cos\alpha \qquad ③$$

或

$$\cos\alpha = \frac{d}{aO+bO} = \frac{d}{l} \qquad ④$$

式中 $l = aO + bO$ 为绳长.

6 物理模型在中学物理解题中的应用

（1）当将绳的右端从 b 上移到 b'，设两侧绳子与水平面间的夹角变为 α'（图6.66），由 ④ 式知，$\cos\alpha$ 为一定值，可见两侧绳子对水平面的夹角不变，因此绳中张力大小也不变．A 正确．

（2）当将杆 N 右移一些，即 $d'>d$，由 ④ 式知，绳对水平面的夹角 α 减小，由 ② 式知，绳中张力 T 变大，B 正确．

（3）当绳的两端高度差减小时，相当于将 b 端下移，此时与情况（1）类同，两侧绳子对水平面的夹角不变，绳中张力大小不变，C 错．

（4）当悬挂质量更大的衣服时，由 ④ 式知，两侧绳子对水平面的夹角不变，② 式的平衡条件在原来的位置依然成立，仅是绳中张力 T 变大，所以 D 错．

说　明

本题来自生活实践的一个共点力平衡模型．求解关键：第一，必须认识到光滑挂钩两侧属于同一根绳子，与悬挂处"打结"的情况不同，挂钩两侧绳子的张力大小一定相同；第二，结合几何条件，找出绳长、间距与夹角之间的关系．

例题 3　（2013，四川）近来，我国多个城市开始重点治理"中国式过马路"的行为．每年全国由于行人不遵守交通规则而引发的交通事故上万起，死亡上千人．只有科学设置交通管制，人人遵守交通规则，才能保证行人的生命安全（图 6.67(a)）．

如图 6.67(b) 所示，停车线 AB 与前方斑马线边界 CD 间的距离为 23 m．质量 8 t、车长 7 m 的卡车以 54 km/h 的速度向北匀速行驶，当车的前端刚驶过停车线 AB，该车前方的机动车交通信号灯由绿灯变黄灯．

① 若此时前方 C 处人行横道路边等待的行人就抢先过马路，卡车司机发现行人，立即制动，卡车受到的阻力为 3×10^4 N，求卡车的制动距离；

② 若人人遵守交通规则，该车将不受影响地驶过前方斑马线边界 CD，为确保行人安全，D 处人行横道信号灯应该在南北向机动车

信号灯变黄灯后至少多久变为绿灯?

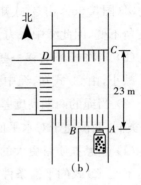

图 6.67

分析与解答 ① 卡车立即刹车时的加速度大小为

$$a = \frac{f}{m} = \frac{3 \times 10^4}{8 \times 10^3} \text{ m/s}^2 = 3.75 \text{ m/s}^2$$

其初速度 $v_0 = 54 \text{ km/h} = 15 \text{ m/s}$,所以滑行距离为

$$x = \frac{v_0^2}{2a} = \frac{15^2}{2 \times 3.75} \text{ m} = 30 \text{ m}$$

② 由上面的计算知道,汽车刹车后不受影响的滑行距离为 $x = 30$ m,因此 D 处黄灯还应持续时间为

$$t = \frac{x}{v_0} = \frac{30}{15} \text{ s} = 2 \text{ s}$$

说 明

被称为"中国式过马路"是一种很不文明的行为,并常常被外国人耻笑.本题通过对现实情况的简化,综合了两个运动模型.希望通过本题,也起到遵守交通规则的宣传作用.

例题 4 (2013,江苏)如图 6.68 所示,将小砝码置于桌面上的薄纸板上,用水平向右的拉力将纸板迅速抽出,砝码的移动很小,几乎观察不到,这就是大家熟悉的惯性演示实验.若砝码和纸板的质量分

别为 m_1 和 m_2,各接触面间的动摩擦因数均为 μ.重力加速度为 g.

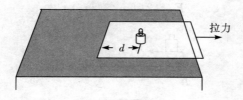

图 6.68

① 当纸板相对砝码运动时,求纸板所受摩擦力的大小;

② 要使纸板相对砝码运动,求所需拉力的大小;

③ 本实验中,$m_1 = 0.5\,\text{kg}$,$m_2 = 0.1\,\text{kg}$,$\mu = 0.2$,砝码与纸板左端的距离 $d = 0.1\,\text{m}$.取 $g = 10\,\text{m/s}^2$.若砝码移动的距离超过 $l = 0.002\,\text{m}$,人眼就能感知,为确保实验成功,纸板所需的拉力至少多大?

分析与解答 ① 纸板抽出过程中,上下两侧受到砝码和桌面的摩擦力分别为

$$f_1 = \mu m_1 g$$
$$f_2 = \mu(m_1 + m_2)g$$

所以纸板所受摩擦力的大小为

$$f = f_1 + f_2 = \mu(2m_1 + m_2)g$$

② 设纸板抽出过程中的拉力为 F,砝码和纸板的加速度分别为 a_1 和 a_2,根据砝码和纸板在水平方向的受力情况(图 6.69),可列出牛顿第二定律方程

$$f_1 = m_1 a_1$$
$$F - f_1 - f_2 = m_2 a_2$$

代入摩擦力的大小后,分别得

$$a_1 = \mu g \qquad\qquad\qquad ①$$
$$a_2 = \frac{F - \mu(2m_1 g + m_2 g)}{m_2} \qquad\qquad ②$$

要求纸板相对于砝码运动,必须满足条件 $a_2 > a_1$,代入式①、式

② 即得

$$F > 2\mu(m_1+m_2)g \qquad ⑤$$

图 6.69

③ 设纸板从砝码下方抽出的时间为 t_1，在这段时间内砝码和纸板的位移分别为

$$x_1 = \frac{1}{2}a_1 t_1^2 \qquad ③$$

$$d + x_1 = \frac{1}{2}a_2 t_1^2 \qquad ④$$

接着，砝码在桌面摩擦力作用下做匀减速运动，设加速度为 a_3，运动时间为 t_2，位移为 x_2，则

$$a_3 = \mu g = a_1$$

$$x_2 = \frac{1}{2}a_3 t_2^2$$

$$a_1 t_1 = a_3 t_2$$

所以砝码的总位移

$$l = x_1 + x_2 = \frac{1}{2}a_1 t_1^2 + \frac{1}{2}a_3 t_2^2 = a_1 t_1^2 \qquad ⑤$$

从式⑤找出关系 $t_1^2 = \dfrac{l}{a_1}$，与式③、式④联立可得两者加速度的关系为

$$a_2 = \left(1 + \frac{2d}{l}\right)a_1$$

所以为确保实验成功，纸板所需的拉力至少为

$$F = f_1 + f_2 + m_2 a_2 = 2\mu\left[m_1 + m_2\left(1 + \frac{d}{l}\right)\right]g$$

代入数据后得
$$F = 22.4 \text{ N}$$

说　明

本题根据常见的惯性小实验,通过设置某些条件后巧妙地将匀加速运动模型与牛顿第二定律综合起来,从理论上对做好这个小实验进行了探究,很有实际意义. 其中第 ③ 问有一定难度. 求解时,必须分清砝码和纸板的受力情况和运动过程. 如果能画出隔离体的运动示意图(图 6.70),将会有助于正确分析和列式.

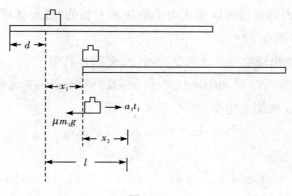

图 6.70

例题 5 (2016,四川) 避险车道是避免恶性交通事故的重要设施,由制动坡床和防撞设施等组成. 如图 6.71 竖直平面内,制动坡床视为与水平面夹角为 θ 的斜面. 一辆长 12 m 的载有货物的货车因刹车失灵从干道驶入制动坡床,当车速为 23 m/s 时,车尾位于制动坡床的底端,货物开始在车厢内向车头滑动. 当货物在车厢内滑动了 4 m 时,车头距制动坡床顶端 38 m,再经过一段时间,货车停止. 已知货车质量是货物质量的 4 倍. 货物与车厢间的动摩擦因数为 0.4;货车在制动坡床上运动受到的坡床阻力大小为货车和货物总重力的 0.44 倍. 货物与货车分别视为小滑块和平板,取 $\cos\theta = 1, \sin\theta = 0.1, g =$

10 m/s^2. 求：

(1) 货物在车厢内滑动时加速度的大小和方向；

(2) 制动坡床的长度.

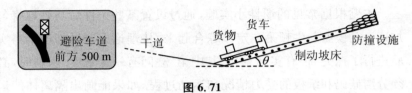

图 6.71

分析与解答 设货物的质量为 m，货车的质量 $M=4m$，货车进入避险车道的运动可以简化为小物块和木板的"叠放体模型"沿斜面的运动(图 6.72).

(1) 画出货物隔离体的受力图(图 6.73)，其中

$$N_1 = mg\cos\theta, \quad f_1 = \mu N_1 = \mu mg\cos\theta$$

根据牛顿第二定律，有

$$mg\sin\theta + \mu mg\cos\theta = ma_1$$

得

$$a_1 = g(\sin\theta + \mu\cos\theta) = g(0.1 + 0.4 \times 1) = 5 \text{ m/s}^2$$

其方向沿斜面向下.

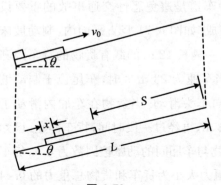

图 6.72

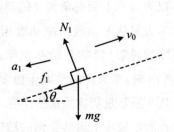

图 6.73

6 物理模型在中学物理解题中的应用

(2) 画出货车隔离体的受力图(图6.74),其中

$$N_2 = N'_1 + Mg\cos\theta = 5mg\cos\theta$$

$$f_2 = k(m+M)g = 0.44 \times 5mg$$

同理由

$$f_2 + Mg\sin\theta - f_1 = Ma_2$$

即

$$2.2mg + 4mg\sin\theta - 0.4mg\cos\theta = 4ma_2$$

得

$$a_2 = 5.5 \text{ m/s}^2$$

由于货物和货车之间存在着相对运动,设它们沿斜面向上做匀减速运动经时间 t 对地(斜面底端)的位移分别为 x_1 和 x_2(图6.75),则

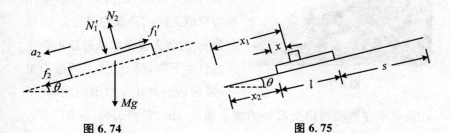

图 6.74   图 6.75

$$x_1 = v_0 t - \frac{1}{2}a_1 t^2, \quad x_2 = v_0 t - \frac{1}{2}a_2 t^2$$

其相对位移

$$x = x_1 - x_2 = \frac{1}{2}(a_2 - a_1)t^2$$

得

$$t = \sqrt{\frac{2x}{a_2 - a_1}} = \sqrt{\frac{2 \times 4}{5.5 - 5}} \text{ s} = 4 \text{ s}$$

所以制动坡床的长度为

$$L = x_2 + l + s = v_0 t - \frac{1}{2} a_2 t^2 + l + s$$
$$= \left(23 \times 4 - \frac{1}{2} \times 5.5 \times 16 + 12 + 38\right) \text{ m}$$
$$= 98 \text{ m}$$

说　明

避险车道对绝大部分同学来说,都显得很陌生,初读原题时往往会感觉有些"头晕",如果能体会到题中指出的"货物与货车分别视为小滑块和平板",把它简化为常见的"物块和木板"的叠放体模型,进一步画出隔离体受力图,就显得"豁然开朗"了.

例题 6　(2016,浙江)如图 6.76 所示为一滑草场,某条滑道由

图 6.76

上、下两段高均为 h、与水平面倾角分别为 $45°$ 和 $37°$ 的滑道组成,滑草车与草地之间的动摩擦因数为 μ. 质量为 m 的载人滑草车从坡顶由静止开始自由下滑,经过上、下两段滑道后,最后恰好静止于滑道的底端(不计滑草车在两段滑道交接处的能量损失,$\sin 37° = 0.6, \cos 37° = 0.8$). 则(　　).

A. 动摩擦因数 $\mu = \dfrac{6}{7}$

B. 载人滑草车最大速度为 $\sqrt{\dfrac{2gh}{7}}$

C. 载人滑草车克服摩擦力做功为 mgh

D. 载人滑草车在下段滑道上的加速度大小为 $\dfrac{3}{5}g$

分析与解答　滑草车从坡顶静止开始下滑,最后静止在滑道底端,由动能定理可知

$$2mgh - \mu mg\cos 45° \cdot \frac{h}{\sin 45°} - \mu mg\cos 37° \frac{h}{\sin 37°} = 0$$

得

$$\mu = \frac{2}{\frac{\cos 45°}{\sin 45°} + \frac{\cos 37°}{\sin 37°}} = \frac{2}{1 + \frac{0.8}{0.6}} = \frac{6}{7} \quad (\text{A 正确})$$

由于滑草车在前后两段滑道上有关系式

$$mg\sin 45° > \mu mg\cos 45°, \quad mg\sin 37° < \mu mg\cos 37°$$

因此其前半段做加速运动,后半段做减速运动,在两段滑道的交接处的速度最大.同理由动能定理可知

$$mgh - \mu mg\cos 45° \cdot \frac{h}{\sin 45°} = \frac{1}{2}mv^2$$

则

$$v^2 = 2gh\left(1 - \mu \frac{\cos 45°}{\sin 45°}\right) = 2gh(1-\mu)$$

得最大速度

$$v = \sqrt{2gh(1-\mu)} = \sqrt{\frac{2gh}{7}} \quad (\text{B 正确})$$

对滑草车从坡顶至底端的全过程运用功能关系,得

$$mg \cdot 2h = W_f \quad (\text{C 错})$$

滑草车在下半段上运动时,以加速度方向为正方向,由牛顿第二定律知

$$\mu mg\cos 37° - mg\sin 37° = ma$$

得加速度

$$a = g(\mu\cos 37° - \sin 37°) = g\left(\frac{6}{7} \times 0.8 - 0.6\right) = \frac{3}{35}g \quad (\text{D 错})$$

说 明

本题将常见的木块从坡顶下滑到底端的运动模型,变换成喜闻

乐见的滑草运动,从解题方法上说虽然很常规,却颇有新意. 这样的变换也很好地对同学们做出启示:用心留意生活实际,处处有着非常贴近用中学物理知识解决的有趣问题.

题中对选项 C 的判断,应用了功能原理:滑草车的势能完全转化为克服摩擦所做的功. 若将其变换为

$$mg \cdot 2h - W_f = \Delta E_K = 0$$

这就是动能定理. 学习中,只需领会物理实质,不必呆板地代公式.

例题 7 (2009,重庆)2009 年中国女子冰壶队首次获得了世界锦标赛冠军,这引起了人们对冰壶运动的关注. 冰壶在水平冰面上的一次滑行可简化为如下过程:如图 6.77 所示,运动员将静止于 O 点的冰壶(视为质点)沿直线 OO' 推到 A 点放手,此后冰壶沿 AO' 滑行,最后停于 C 点. 已知冰面与各冰壶间的动摩擦因数为 μ,冰壶质量为 m,$AC=L$,$CO'=r$,重力加速度为 g.

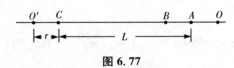

图 6.77

① 求冰壶在 A 点的速率;

② 求冰壶从 O 点到 A 点的运动过程中受到的冲量大小;

③ 若将 BO' 段冰面与冰壶间的动摩擦因数减小为 0.8μ,原来只能滑到 C 点的冰壶能停于 O' 点,求 A 点与 B 点之间的距离.

分析与解答 ① 设在 A 点放手时冰壶的速度为 v_A. 在 AC 过程中冰壶水平方向仅受摩擦力作用,由动能定理

$$-\mu mgL = -\frac{1}{2}mv_A^2$$

得

$$v_A = \sqrt{2\mu gL}$$

② 冰壶从 O 推到 A，其速度从 0 变化到 v_A，由动量定理得冰壶所受到的冲量为

$$I = \Delta mv = mv_A = m\sqrt{2\mu g L}$$

③ 设 AB 的间距为 x，对整个 AO' 过程应用动能定理

$$-\mu m g x - 0.8\mu m g (L + r - x) = -\frac{1}{2}mv_A^2$$

得

$$x = L - 4r$$

说 明

"冰壶"本来对我们很陌生，只是从 20 世纪 90 年代中期才熟悉起来。冰壶比赛时，允许运动员可以用毛刷擦冰壶运行前方的冰面，使冰壶与冰面间的动摩擦因数减小，可以使冰壶滑得更远。本题就是根据这个情景设计出来的。

例题 8 （2013，北京）蹦床比赛分成预备运动和比赛动作。最初，运动员静止站在蹦床上，在预备运动阶段，他经过若干次蹦跳，逐渐增加上升高度，最终达到完成比赛动作所需的高度；此后，进入比赛动作阶段。把蹦床简化为一个竖直放置的轻弹簧，弹力大小 $F = kx$（x 为床面下沉的距离，k 为常量）。质量 $m = 50$ kg 的运动员静止站在蹦床上，床面下沉 $x_0 = 0.10$ m。在预备运动中，假定运动员所做的总功 W 全部用于其机械能；在比赛动作中，把该运动员视作质点，其每次离开床面做竖直上抛运动的腾空时间均为 $\Delta t = 2.0$ s。设运动员每次落下使床面压缩的最大深度均为 x_1。取重力加速度 $g = 10$ m/s²，忽略空气阻力的影响。

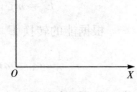

图 6.78

① 求常量 k，并在图 6.78 中画出弹力 F 随 x 变化的示意图；

② 求在比赛动作中，运动员离开床面后上升的最大高度 h_m；

③ 借助 F-x 图像可以确定弹性做功的规律,在此基础上,求 x_1 和 W 的值.

分析与解答 ① 根据运动员静止站在蹦床上的平衡条件,由
$$mg = kx_0$$
得常数
$$k = \frac{mg}{x_0} = \frac{50 \times 10}{0.10} \text{ N/m} = 5.0 \times 10^3 \text{ N/m}$$

所以弹力 F 随 x 变化的图像如图 6.79 所示.

② 运动员离开床面竖直上抛到最高点的时间
$$t = \frac{1}{2}\Delta t = 1.0 \text{ s}$$

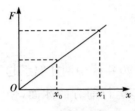

图 6.79

从逆向考虑即得相对于床面的上升最大高度
$$h_m = \frac{1}{2}gt^2 = \frac{1}{2} \times 10 \times 1^2 \text{ m} = 5.0 \text{ m}$$

③ 床面对应于 $x=0$ 的位置,由 F-x 图可知,压缩最大深度位置时的弹性势能为
$$E_p = \frac{1}{2}kx_1^2$$

以压缩最大位置为重力势能的参考位置(图 6.80),弹到最高点时的重力势能为
$$E_p' = mg(x_1 + h_m)$$

根据能的转换 $E_p = E_p'$,则
$$\frac{1}{2}kx_1^2 = mg(x_1 + h_m)$$

代入数据,整理得二次方程
$$5x_1^2 - x_1 - 5 = 0$$

取合理值

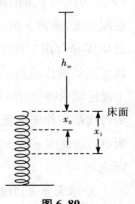

图 6.80

$$x_1 \approx 1.1 \text{ m}$$

运动员从 $x_0 = 0.10$ m 上升到 h_m 的过程中,设所做的总功为 W,由动能定理

$$W + \frac{1}{2}kx_0^2 - mg(x_0 + h_m) = 0$$

得

$$W = mg(x_0 + h_m) - \frac{1}{2}kx_0^2$$

代入数据得

$$W = 2\,525 \text{ J} \approx 2.5 \times 10^3 \text{ J}$$

说　明

本题中第 ③ 小题比较难,一是需要从图像确定弹力做功与形变量的关系;二是对所求的 W 的含义不理解,往往误算成

$$W = \frac{1}{2}kx_1^2 \approx \frac{1}{2} \times 5.0 \times 10^3 \times 1.1^2 \text{ J} = 3\,025 \text{ J}$$

或

$$W = \frac{1}{2}kx_1^2 - \frac{1}{2}kx_0^2 = \frac{1}{2} \times 5.0 \times 10^3 (1.1^2 - 0.1^2) \text{ J} = 3 \times 10^3 \text{ J}$$

例题 9　(2009,重庆) 如图 6.81 所示,探究某种笔的弹跳问题时,把笔分为轻质弹簧、内芯和外壳三部分,其中内芯和外壳质量分别为 m 和 $4m$,笔的弹跳过程分为三个阶段:

① 把笔竖直倒立于水平硬桌面,下压外壳使其下端接触桌面 (图 6.81(a));

② 由静止释放,外壳竖直上升至下端距桌面高度为 h_1 时,与静止的内芯碰撞 (图 6.81(b));

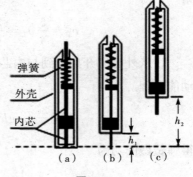

图 6.81

③ 碰后,内芯与外壳以共同的速度一起上升到外壳下端距桌面最大高度为 h_2 处(图 6.81(c)).

设内芯与外壳的撞击力远大于笔所受重力,不计摩擦与空气阻力,重力加速度为 g. 求:

① 外壳与内芯碰撞后瞬间的共同速度大小;

② 从外壳离开桌面到碰撞前瞬间,弹簧做的功;

③ 从外壳下端离开桌面到上升至 h_2 处,笔损失的机械能.

分析与解答 设外壳上升高度 h_1 时与内芯碰前的速度为 v_1,碰后瞬间外壳与内芯的共同速度为 v_2.

① 外壳与内芯碰后一起从 h_1 升高到 h_2,速度从 v_2 变化到 0,由动能定理

$$-mg(m+4m)(h_2-h_1)=0-\frac{1}{2}(m+4m)v_2^2$$

得

$$v_2=\sqrt{2g(h_2-h_1)}$$

② 由于外壳与内芯碰撞时的相互作用力甚大于笔的重力,因此碰撞瞬间动量守恒. 由

$$4mv_1=(m+4m)v_2$$

得

$$v_1=\frac{5}{4}v_2=\frac{5}{4}\sqrt{2g(h_2-h_1)}$$

设从外壳离开桌面到与内芯相碰前,弹簧做功为 W,对外壳应用动能定理

$$W-4mgh_1=\frac{1}{2}(4m)v_1^2$$

得弹簧做的功为

$$W=4mgh_1+\frac{1}{2}(4m)v_1^2=\frac{25h_2-9h_1}{4}mg$$

③ 从外壳下端离开桌面到上升至 h_2 处,只有当它与内芯发生非弹性碰撞过程中才有机械能的损失. 因此,损失的机械能为

$$\Delta E = \frac{1}{2}(4m)v_1^2 - \frac{1}{2}(m+4m)v_2^2$$

代入①② 两问中解得的 v_1 与 v_2 的值,即得

$$\Delta E = \frac{5}{4}mg(h_2 - h_1)$$

说　明

本题以同学常常喜欢做"笔的弹跳"为背景,通过设置某些条件,围绕碰撞模型并结合着动能定理(或功能的转换)而设计的,很有情趣,也很有启发——只要做个有心人,我们身边处处都有可以开掘的新问题.

解题过程中,第 ② 小题计算弹簧做功时很容易错为

$$W - (m+4m)gh_1 = \frac{1}{2}(m+4m)v_1^2$$

这是由于没有仔细审题造成的. 由图 6.81(b)可知,此时内芯下端并未离开桌面,它的重力没有做功(其重力势能没有变化). 对于第 ③ 小题,只要从整个系统的全过程考虑,就可迎刃而解了.

例题 10　(2011,重庆)如图 6.82 所示,静置于水平地面的三辆手推车沿一直线排列,质量均为 m,人在极短的时间内给第一辆车一水平冲量使其运动,当车运动了距离 L 时与第二辆车相碰,两车以共同速度继续运动了距离 L 时与第三辆车相碰,三车以共同速度又运动了距离 L 时停止. 车运动时受到的摩擦阻力恒为车所受重力的 k 倍,重力加速度为 g,若车与车之间仅在碰撞时发生相互作用,碰撞时间很短,忽略空气阻力,求:

① 整个过程中摩擦阻力所做的总功;

② 人给第一辆车水平冲量的大小;

③ 第一次与第二次碰撞系统动能损失之比.

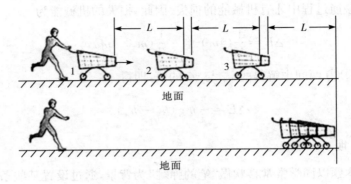

图 6.82

分析与解答 ① 当忽略碰撞过程中车的位移后,整个过程中摩擦力所做的总功为

$$W = -kmgL - 2kmgL - 3kmgL = -6kmgL$$

② 设第一辆车获得的初速度为 u_0,它跟第二辆车碰前速度为 v_1,碰后共同速度为 u_1,跟第三辆车碰前速度为 v_2,碰后共同速度为 u_2,如图 6.83 所示.

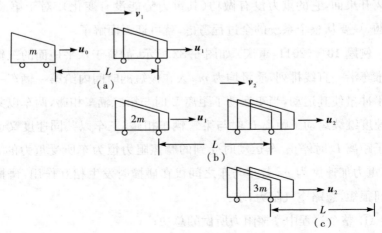

图 6.83

由于碰撞过程时间很短,可以忽略水平方向外力的冲量,由系统的动量守恒知

$$mv_1 = 2mu_1 \qquad ①$$

$$2mv_2 = 3mu_2 \qquad ②$$

根据滑行过程中摩擦力的功,依次对第一辆车、第一辆与第二辆车、三辆车的整体应用动能定理,有关系式

$$-kmgL = \frac{1}{2}mv_1^2 - \frac{1}{2}mu_0^2 \qquad ③$$

$$-k(2m)gL = \frac{1}{2}(2m)v_2^2 - \frac{1}{2}(2m)u_1^2 \qquad ④$$

$$-k(3m)gL = 0 - \frac{1}{2}(3m)u_2^2 \qquad ⑤$$

人给予第一辆车的水平冲量与其初速度 u_0 有关. 为了找出 u_0,需要联立上述 5 式,其顺序为式⑤→式②→式④→式①→式③,依次得到

$$u_2^2 = 2kgL$$

$$v_2^2 = \frac{9}{2}kgL$$

$$u_1^2 = \frac{13}{2}kgL$$

$$v_1^2 = 26kgL$$

$$u_0 = 2\sqrt{7kgL}$$

所以人给予第一辆车的水平冲量

$$I = mu_0 = 2m\sqrt{7kgL}$$

③ 第一次碰撞和第二次碰撞系统损失的动能分别为

$$\Delta E_{k1} = \frac{1}{2}mv_1^2 - \frac{1}{2}(2m)u_1^2$$

$$\Delta E_{k2} = \frac{1}{2}(2m)v_2^2 - \frac{1}{2}(3m)u_2^2$$

代入 $v_1^2 = 26kgL$,$u_1^2 = \frac{13}{2}kgL$,$v_2^2 = \frac{9}{2}kgL$,$u_2^2 = 2kgL$,得

$$\Delta E_{k1} = \frac{13}{2}kmgL$$

$$\Delta E_{k2} = \frac{3}{2}kmgL$$

所以两次系统损失动能之比为

$$\frac{\Delta E_{k1}}{\Delta E_{k2}} = \frac{13}{3}$$

说　明

　　超市中的手推车司空见惯,员工在集合车辆时也常用相互碰撞的方法.试题从生活中捕捉到这个题材,巧妙地通过一些理想化条件建立了碰撞模型.整个解题过程中实际上只围绕摩擦力的功、动量守恒和动能定理展开,物理过程比较清晰.为了有助于正确列式,不至于对碰撞前后的速度和质量关系等产生混淆,可以画出示意图.同时,由于方程较多,应该根据所求物理量仔细地逐步推导.

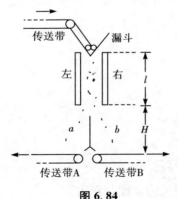

图 6.84

例题 11　(2004,北京)图 6.84 是某种静电分选器的原理示意图.两个竖直放置的平行金属板带有等量异号电荷,形成匀强电场.分选器漏斗的出口与两板上端处于同一高度,到两板距离相等.混合在一起的 a、b 两种颗粒从漏斗出口下落时,a 种颗粒带上正电,b 种颗粒带上负电.经分选电场后,a、b 两种颗粒分别落到水平传送带 A、B 上.

　　已知两板间距 $d = 0.1$ m,板的长度 $l = 0.5$ m,电场仅局限在平行板之间;各颗粒所带电量大小与其质量之比均为 1×10^{-5} C/kg.设颗粒进入电场时的初速度为 0,分选过程中颗粒大小及颗粒间的相互作用力不计.要求两种颗粒离开电场区域时,不接触到极板但有最大偏转量.重力加速度 g 取 $10\ \mathrm{m/s^2}$.

① 左右两板各带何种电荷?两极板间的电压多大?

② 若两带电平行板的下端距传送带 A、B 的高度 $H=0.3\ \mathrm{m}$,颗粒落至传送带时的速度大小是多少?

③ 设颗粒每次与传带碰撞反弹时,沿竖直方向的速度大小为碰撞前竖直方向速度大小的一半.写出颗粒第 n 次碰撞反弹高度的表达式.并求出经过多少次碰撞,颗粒反弹的高度小于 $0.01\ \mathrm{m}$.

分析与解答 ① 由于 a 种颗粒带正电偏向左极板,b 种颗粒带负电偏向右极板,可见左板带负电荷,右板带正电荷.

颗粒进入平行板区域后,在竖直方向和水平方向均做匀加速运动,将离开平行板时其位移分别满足条件

$$l = \frac{1}{2}gt^2$$

$$\frac{d}{2} = \frac{1}{2} \cdot \frac{qU}{dm}t^2$$

联立两式,得极板间电压

$$U = \frac{gd^2}{2l} \cdot \frac{m}{q} = \frac{10 \times 0.1^2}{2 \times 0.5} \times \frac{1}{1 \times 10^{-5}}\ \mathrm{V} = 1 \times 10^4\ \mathrm{V}$$

② 颗粒从平行板中间进入后落至传送带的全过程中,只有电场力和重力对它做功.设颗粒落至传送带的速度为 v,由动能定理

$$\frac{1}{2}qU + mg(l+H) = \frac{1}{2}mv^2$$

得

$$v = \sqrt{\frac{qU}{m} + 2g(l+H)}$$

$$= \sqrt{1 \times 10^{-5} \times 1 \times 10^4 + 2 \times 10 \times (0.5+0.3)}\ \mathrm{m/s}$$

$$\approx 4\ \mathrm{m/s}$$

③ 颗粒在竖直方向做自由落体运动，它第一次落到水平传送带时沿竖直方向的速度为

$$v_y = \sqrt{2g(l+H)} = \sqrt{2 \times 10 \times (0.5+0.3)} \text{ m/s} = 4 \text{ m/s}$$

第一次反弹的初速度和高度分别为

$$v_1 = \frac{1}{2}v_y$$

$$h_1 = \frac{v_1^2}{2g} = \frac{\left(\frac{1}{2}v_y\right)^2}{2g} = \left(\frac{1}{4}\right)\left(\frac{v_y^2}{2g}\right)$$

第二次反弹的初速度和反弹高度分别为

$$v_2 = \frac{1}{2}\left(\frac{1}{2}v_y\right) = \left(\frac{1}{2}\right)^2 v_y = \frac{1}{4}v_y$$

$$h_2 = \frac{v_2^2}{2g} = \frac{\left(\frac{1}{4}v_y\right)^2}{2g} = \left(\frac{1}{4}\right)^2\left(\frac{v_y^2}{2g}\right)$$

以此类推，得第 n 次碰撞的初速度和反弹高度分别为

$$v_n = \left(\frac{1}{2}\right)^n v_y$$

$$h_n = \left(\frac{1}{4}\right)^n \left(\frac{v_y^2}{2g}\right)$$

令 $h_n < 0.01$ m，代入 $v_y = 4$ m/s，则由

$$h_n = \left(\frac{1}{4}\right)^n \times 0.8 \text{ m} < 0.01 \text{ m}$$

得

$$n = 4$$

说　明

本题以静电分选器为背景，通过简化后转化为两个匀加速运动的物理模型，并结合着静电场、动能定理和竖直上抛运动等知识．第③小题还需要运用递推方法，找出反弹高度的一般表达式，从而确定

反弹次数.

例题 12 （2017，天津）电磁轨道炮利用电流和磁场的作用使炮弹获得超高速度，其原理可用来研制新武器和航天运载器. 电磁轨道炮示意图如图 6.85，图中直流电源电动势为 E，电容器的电容为 C，两根固定于水平面内的光滑金属导轨间距为 l，电阻不计. 炮弹可视为一质量为 m、电阻为 R 的金属棒 MN，垂直放在两导轨间处于静止状态，并于导轨良好接触. 首先开关 S 接 1，使电容器完全充电. 然后将 S 接至 2，导轨间存在垂直于导轨平面、磁感应强度大小为 B 的匀强磁场（图中未画出），MN 开始向右加速运动. 当 MN 上的感应电动势与电容器两极板间的电压相等时，回路中电流为零，MN 达到最大速度，之后离开导轨. 问：

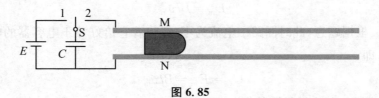

图 6.85

(1) 磁场的方向；

(2) MN 刚开始运动时加速度 a 的大小；

(3) MN 离开导轨后电容器上剩余的电荷量 Q 是多少.

分析与解答 （1）电容器充电后其上极板带正电，要求炮弹 MN 能受到向右的磁场力，磁场方向必须垂直导轨平面向下.

(2) 电容器完全充电后两极板间的电压为 E，设通过 MN 刚开始形成的放电电流为 I，则炮弹受到的安培力大小为

$$F = BIl = B\frac{E}{R}l$$

所以 MN 开始运动时的加速度大小为

$$a = \frac{F}{m} = \frac{BEl}{mR}$$

(3) 电容器完全充电后的电量为
$$Q_0 = CE \qquad ①$$

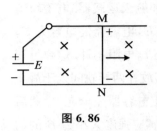

图 6.86

当 MN 开始沿导轨向右加速运动后,在 MN 中会产生感应电动势,其极性如图 6.86 所示,与电容器形成反向串联,从而使得通过 MN 的电流减小,受到的安培力减小,加速度也随之减小,但速度逐渐增大.因此,炮弹开始运动后,它向右做的是加速度逐渐减小、速度逐渐增大的变加速运动.

当回路中的电流为零时,炮弹达到最大速度(v_m)脱离导轨射出.对应这个最大速度的瞬间,炮弹 MN 所产生的感应电动势大小为
$$E_m = Blv_m$$

根据题意,此时回路中电流为零,意味着它恰好等于电容器的电压,即
$$U_C = E_m = Blv_m \qquad ②$$

所以此时电容器剩余的带电量为
$$Q = CU_c = CBlv_m \qquad ③$$

设炮弹 MN 从开始运动到达最大速度的时间为 Δt,在这个过程中流过的平均电流为 $\bar{I}$,受到的平均安培力为 $\bar{F}$,其动量从 $0 \to mv_m$.根据动量定理有
$$\bar{F}\Delta t = \Delta mv = mv_m$$

即
$$B\bar{I}l\Delta t = mv_m \qquad ④$$

可见,在这个过程中通过 MN 的放电电量为
$$\Delta Q = Q_0 - Q = \bar{I}\Delta t = \frac{mv_m}{Bl}$$

即

$$CE - CBlv_m = \frac{mv_m}{Bl} \qquad ⑤$$

于是得

$$v_m = \frac{CEBl}{m + CB^2l} \qquad ⑥$$

将 ⑥ 式代入 ③ 式,即得电容器剩余的带电量为

$$Q = \frac{C^2B^2l^2E}{m + CB^2l^2} \qquad ⑦$$

说　明

　　本题是电磁炮的简化模型,其(1)(2)很基础,核心问题是(3),这里还综合着变加速运动模型. 解答(3)时,首先应该通过定性分析认识通过 MN 的电流变化情况和它的运动特点,接着可以从两方面考虑: 第一,抓住最大速度时电流为零的条件,找出电量表达式 ③; 第二,从其运动状态由 $0 \to mv_m$,引入平均力,写出动量变化表达式,从而建立两者的联系. 这里的关键是应该认清三个电量,即电容器的初始电量(Q_0)、剩余电量(Q)和放电电量(ΔQ)的含义,这样问题就迎刃而解了.

　　对于类似这样的变加速运动问题,中学物理范围内通常有两种处理方法: 一是引入平均量(如本题所示); 二是采用微元法. 有兴趣的读者,可再用微元法求解一下,有助于深化认识[*].

　　例题 13　(2017,全国 2 卷)某同学自制的简易电动机示意图如图 6.87 所示. 矩形线圈由一根漆包线绕制而成. 漆包线的两端分别从线圈的一组对边的中间位置引出,并作为线圈的转轴. 将线圈架在两个金属支架之间,线圈平面位于竖直面内,永磁铁置于线圈下方. 为了使电池与两金属支架连接后线圈能连续转动起来,该同学应

---

[*] 本题情景与 2011 年江苏高考物理试题 5 类似,读者可参阅本丛书《分割与积累》5.3 节例题 5 的解答.

将( ).

A. 左、右转轴下侧的绝缘漆都刮掉

B. 左、右转轴上、下侧的绝缘漆都刮掉

C. 左转轴上侧的绝缘漆刮掉,右转轴下侧的绝缘漆刮掉

D. 左转轴上、下两侧的绝缘漆都刮掉,右转轴下侧的绝缘漆刮掉

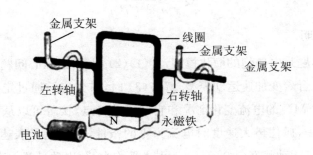

图 6.87

分析与解答 这是直流电动机模型,要求它连续转动,除了能够形成电流的回路外,还必须能够顺利地越过"中性面"(线圈平面垂直磁感线的位置).因为当线圈位于中性面位置时,它的两条有效边受到的安培力都平行于线圈平面,无法形成转动力矩,因此实际的直流电动机在电流引入处都装有"换向器"(包括电刷)——当线圈刚越过中性面时,利用换向器恰好改变了电流的方向,从而使线圈能够连续转动下去.

题中的直流电动机模型,显然不具备换向器装置,它采用的是"半周通电"的方法,即只有半周通以电流,另外半周依靠线圈的惯性,从而保证电动机的连续转动.

明白了这个道理后,就很容易做出正确的选择了:

选项 C,无法通过两个金属支架流入或流出形成电流回路,C 错.

选项 B,左、右转轴两侧的绝缘漆都刮掉后,线圈中始终有电流通过,无法实现"半周通电"顺利地越过中性面,B 错.

选项 A 和 D,无论是两转轴下侧的绝缘漆刮掉,或者右轴只有下侧的绝缘漆刮掉,都符合只有"半周通电"的要求,可以在断电的半周依靠惯性运动,所以 AD 正确.

说　明

这是一个实际的模型(模型电动机),类似于小实验,很有意义. 同时,命题也击中了当前教学的薄弱环节 —— 往往重于做题,疏于动手实验,以致一些同学对这样近乎初中物理要求的问题觉得无所适从,或者,缺乏逻辑思维仅是猜测性地做了选择. 这些,都是应该引以为训的.

例题 14 (2010,天津) 质谱分析技术已广泛应用于各前沿科学领域. 汤姆孙发现电子的质谱装置示意图如图 6.88 所示,M、N 为两块水平放置的平行金属极板,板长为 L,板右端到屏的距离为 D,且 D 远大于 L,$O'O$ 为垂直于屏的中心轴线,不计离子重力和离子在板间偏离 $O'O$ 的距离. 以屏中心 O 为原点建立 xOy 直角坐标系,其中 x 轴沿水平方向,y 轴沿竖直方向.

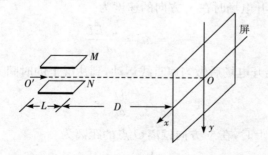

图 6.88

① 设一个质量为 m_0、电荷量为 q_0 的正离子以速度 v_0 沿 $O'O$ 的方向从 O' 点射入,板间不加电场和磁场时,离子打在屏上 O 点. 若在

两极板间加一沿 $+y$ 方向、场强为 E 的匀强电场,求离子射到屏上时偏离 O 点的距离 y_0.

② 假设你利用该装置探究未知离子,试依照以下实验结果计算未知离子的质量数.

上述装置中,保留原电场,再在板间加沿 $-y$ 方向的匀强磁场. 现有电荷量相同的两种正离子组成的离子流,仍从 O' 点沿 $O'O$ 方向射入,屏上出现两条亮线. 在两线上取 y 坐标相同的两个光点,对应的 x 坐标分别为 3.24 mm 和 3.00 mm,其中 x 坐标大的光点是碳 12 离子击中屏产生的,另一光点是未知离子产生的. 尽管入射离子速度不完全相同,但入射速度都很大,且在板间运动时 $O'O$ 方向的分速度总是远大于 x 方向和 y 方向的分速度.

分析与解答 ① 离子进入电场后,在恒定的电场力作用下产生的加速度为

$$a = \frac{F}{m_0} = \frac{q_0 E}{m_0}$$

它在电场中做着类似平抛的运动,运动时间为

$$t_1 = \frac{L}{v_0}$$

离子离开电场时在 y 方向的速度为

$$v_y = at_1 = \frac{q_0 EL}{m_0 v_0}$$

离子离开电场后做匀速直线运动,到达屏上的时间为

$$t_2 = \frac{D}{v_0}$$

射到屏上时,在 y 方向偏离 O 点的距离为

$$y_0 = y_1 + y_2 = \frac{1}{2}at_1^2 + v_y t_2$$

$$= \frac{q_0 EL^2}{2m_0 v_0^2} + \frac{qELD}{m_0 v_0^2} = \frac{qEL}{m_0 v_0^2}\left(\frac{L}{2} + D\right)$$

$$\approx \frac{qELD}{mv_0^2}$$

② 设未知粒子的质量为 m，电量为 q，入射速度为 v，磁场的磁感应强度为 B. 粒子射入平行板间受到的洛伦兹力

$$F_B = qvB$$

由题设条件知，离子的入射速度 v 很大，因此它在磁场里运动的时间很短，其轨迹圆弧只占整个圆周的极小一部分. 此外，题设条件又指出，离子运动时沿 $O'O$ 方向的分速度总是远大于 x 方向和 y 方向的分速度. 因此，离子在平行板间受到的洛伦兹力可以看成恒力，其方向沿着 x 轴的正方向. 也就是说，离子在平行板间沿 x 方向做着初速度为零的匀加速运动，加速度的大小为

$$a_x = \frac{F_B}{m} = \frac{qvB}{m}$$

离子离开平行板时，沿 x 方向的分速度为

$$v_x = a_x t = \frac{qvB}{m}\left(\frac{L}{v}\right) = \frac{qBL}{m}$$

射到屏上时，在 x 方向偏离 O 点的距离可以表示为

$$x = v_x t_D = \frac{qBL}{m} \cdot \frac{D}{v} = \frac{qBLD}{mv} \qquad ①$$

这个离子在 y 方向偏离 O 点的距离，根据解答① 的结果相应为

$$y = \frac{qELD}{mv^2} \qquad ②$$

考虑到适用于不同速度的离子，因此可将式 ① 平方，然后与式 ② 相比，消去速度 v 得

$$x^2 = \frac{qB^2LD}{mE} = \frac{k}{m}y$$

式中 $k = \dfrac{qB^2LD}{E}$ 是仅与该质谱装置的参数及入射离子电量有关的系数. 当入射离子的电量相等时，系数 k 就是一个定值，与离子的入射

速度无关.

根据题设条件忽略 y 方向的不同后,当入射离子的电量相同时,屏上光点坐标 x^2 与离子的质量 m 成反比.因此,由

$$\frac{x_1^2}{x_2^2}=\frac{m_2}{m_1} \Rightarrow \frac{3.24^2}{3.00^2}=\frac{m_2}{12u}$$

得

$$m_2 \approx 14\ u$$

所以,该未知离子的质量数为 14.

说　明

本题以质谱仪为背景,渗透了多个运动模型.不仅联系了带电粒子在匀强电场和匀强磁场中的运动,还有着较高的物理近似和数学处理的技巧.因此,本题有较高的能力要求和相当的难度.对于像本题这样源于实际的问题,往往题文较长,情景生疏,解题时一定要沉着应对,从中仔细找出物理内涵,明确所对应的物理模型和实际需要,然后才能厘清解题思路.

例题 15　(2007,江苏)磁谱仪是测量 α 能谱的重要仪器.磁谱仪的工作原理如图 6.89 所示.放射源 S 发出质量为 m、电量为 q 的 α 粒子沿垂直磁场方向进入磁感应强度为 B 的匀强磁场,被限束光栏 Q 限制在 2φ 的小角度内,α 粒子经磁场偏转后打到与束光栏平行的感光片 P 上(重力影响不计).

① 若能量在 $E \sim E+\Delta E(\Delta E > 0,$ 且 $\Delta E \ll E)$ 范围内的 α 粒子均垂直于限束光栏的方向进入磁场,试求这些 α 粒子打在胶片上的范围 Δx_1;

② 实际上,限束光栏有一定的宽度,α 粒子将在 2φ 角内进入磁场,试求能量均为 E 的 α 粒子打到感光胶片上的范围 Δx_2.

分析与解答　(1)设 α 粒子以速度 v 进入磁场,则 α 粒子的动能为

$$E = \frac{1}{2}mv^2$$

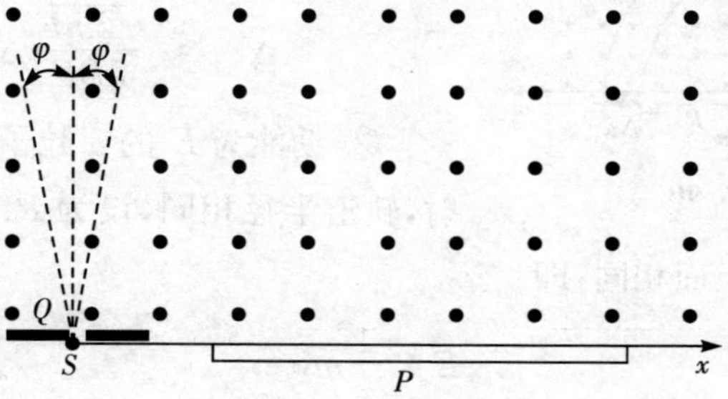

图 6.89

进入磁场后在洛伦兹力作用下做匀速圆周运动,有关系式

$$qvB = m\frac{v^2}{R}$$

设 α 粒子打在胶片上的位置对 S 的距离为 x,则

$$x = 2R$$

联立三式,得

$$x = \frac{2\sqrt{2mE}}{qB}$$

当能量为 $E + \Delta E$ 的粒子射入时,同理有

$$x' = \frac{2\sqrt{2m(E+\Delta E)}}{qB}$$

所以能量在 $E \sim E + \Delta E$ 的 α 粒子打在胶片上的范围为(图 6.90)

$$\Delta x_1 = x' - x$$
$$= \frac{2\sqrt{2m(E+\Delta E)}}{qB} - \frac{2\sqrt{2mE}}{qB}$$
$$= \frac{2\sqrt{2m}}{qB}\left[(E+\Delta E)^{1/2} - E^{1/2}\right]$$

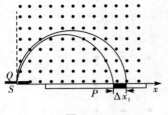

图 6.90

对方括号内的算式用牛顿二项式定理展开,取合理近似得

$$\Delta x_1 \approx \frac{\sqrt{2mE}}{qBE}\Delta E$$

② 动能为 E 的 α 粒子沿 $\pm\varphi$ 角入射,轨道半径相同,设为 R. 其动能和圆运动条件与上面相同,即

$$E = \frac{1}{2}mv^2$$

$$qvB = m\frac{v^2}{R}$$

由图 6.91,根据几何关系得

$$\Delta x_2 = 2R - 2R\cos\varphi$$

$$= \frac{2\sqrt{2mE}}{qB}(1-\cos\varphi)$$

$$= \frac{4\sqrt{2mE}}{qB}\sin^2\frac{\varphi}{2}$$

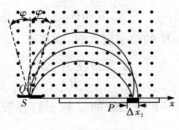

图 6.91

说　明

对于有直线边界的匀强磁场,当带电粒子在磁场边界垂直磁场射入,最后又从直线边界射出,有三种典型情况,如图 6.92 所示. 垂直边界射入的粒子,在边界上的出射点离入射点最远;偏离垂直边界

方向左或右相同角度入射的粒子,将从边界上同一个点射出,且其出射点离入射点较近.

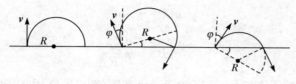

图 6.92

例题 16 (2011,山东)扭摆器是同步辐射装置中的插入件,能使粒子的运动轨迹发生扭摆.其简化模型如图 6.93 所示：Ⅰ、Ⅱ 两处的条形匀强磁场区边界竖直,相距为 L,磁场方向相反且垂直纸面.一质量为 m、电量为 $-q$、重力不计的粒子,从靠近平行板电容器 MN 板处由静止释放,极板间电压为 U,粒子经电场加速后平行于纸面射入 Ⅰ 区,射入时速度与水平和方向夹角 $\theta = 30°$.

① 当 Ⅰ 区宽度 $L_1 = L$,磁感应强度大小 $B_1 = B_0$ 时,粒子从 Ⅰ 区右边界射出时速度与水平方向夹角也为 $30°$,求 B_0 及粒子在 Ⅰ 区运动的时间 t;

② 若 Ⅱ 区宽度 $L_2 = L_1 = L$,磁感应强度大小 $B_2 = B_1 = B_0$,求粒子在 Ⅰ 区的最高点与 Ⅱ 区的最低点之间的高度差 h;

③ 若 $L_2 = L_1 = L$,$B_1 = B_0$,为使粒子能返回 Ⅰ 区,求 B_2 应满足的条件.

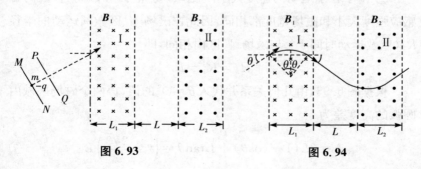

图 6.93　　　　　　图 6.94

分析与解答 ① 粒子在平行板电场中被加速，进入Ⅰ区后受洛伦兹力作用做圆弧运动．由关系式

$$qU = \frac{1}{2}mv^2 \qquad ①$$

$$qvB_0 = m\frac{v^2}{R_1} \qquad ②$$

根据粒子在磁场Ⅰ区的运动示意图(图6.94)，由几何关系知

$$R_1 = \frac{\frac{L}{2}}{\sin\theta} = \frac{L}{2\sin\theta} = L \qquad ③$$

将①、③两式中的 v 和 R_1 的值，代入式②，得

$$B_0 = \frac{mv_1}{qR_1} = \frac{1}{L}\sqrt{\frac{2mU}{q}} \qquad ④$$

设粒子在磁场Ⅰ区的运动时间为 t_1，周期为 T，则由

$$\frac{t_1}{T} = \frac{2\theta}{2\pi} = \frac{\theta}{\pi}$$

$$T = \frac{2\pi R_1}{v}$$

代入式①和式③的结果，得

$$t_1 = \frac{\theta}{\pi}T = \frac{\pi L}{3}\sqrt{\frac{m}{2qU}} \qquad ⑤$$

② 由于粒子运动的速度大小不变，磁场Ⅱ区和磁场Ⅰ区的磁感应强度大小和磁场宽度都相同，因此在磁场Ⅱ区做圆运动的半径 R_2（以及运动时间 t_2）与磁场Ⅰ区内相同，即

$$R_2 = R_1 = L \qquad ⑥$$

根据图6.93，由几何关系并代入 $\theta = 30°$ 的值，得两个磁场区域内圆弧的高度差为

$$h = 2L(1-\cos\theta) + L\tan\theta = \left(2 - \frac{2\sqrt{3}}{3}\right)L \qquad ⑦$$

③ 要求粒子进入磁场 Ⅱ 区后，又能够再回到磁场 Ⅰ 区，其运动轨迹应该如图 6.95 所示.

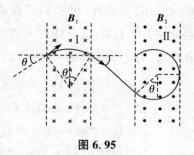

图 6.95

其半径 R_2' 应该同时满足向心力关系和几何条件，即

$$qvB_2 = m\frac{v^2}{R_2'} \qquad ⑧$$

$$R_2' + R_2'\sin\theta \leqslant L \qquad ⑨$$

联立 ⑧、⑨ 两式，得

$$B_2 \geqslant \frac{3}{L}\sqrt{\frac{mU}{2q}}$$

说　明

同步辐射指的是运动速度接近光速（$v \approx c$）的带电粒子在磁场中沿弧形轨道运动时放出的电磁辐射. 由于它最初是在同步加速器上观察到的，所以被称为"同步辐射"或同步加速器辐射. 它具有光谱范围宽、辐射强度大（亮度高）、准直性好等特点，在基础科学、应用科学和工艺学等领域已得到广泛应用，被称为人类历史上第四个革命性的光源（其他三个分别是电光源、X 光源、激光光源）. 同步辐射装置的一个特点是可以很方便地接入插入器（附加装置），可以很方便地按照需要改变带电粒子的运动轨迹. 扭摆器就是其中的一个插入器.

求解本题的关键需要熟悉带电粒子在有界磁场中的运动特点——从有界磁场边缘射入的带电粒子只能做圆弧运动（不可能做整

圆运动).同时,需要熟悉有关的几何知识,如弦切角与弧所对圆心角的关系、圆内的弦长与圆半径的关系等. 除第 ① 小题包含着电场加速和洛伦兹力作为向心力的关系外,更多的需要通过对圆运动的分析,运用几何知识确定相关的关系,充分体现了应用数学解决物理问题的能力(根据本节要求,为了节约篇幅,舍去该试题的第 ④ 小题).

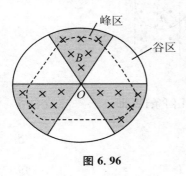

图 6.96

例题 17 (2016,浙江)为了进一步提高回旋加速器的能量,科学家建造了"扇形聚焦回旋加速器". 在扇形聚焦过程中,离子能以不变的速率在闭合平衡轨道上周期性旋转. 扇形聚焦磁场分布的简化图如图 6.96 所示,圆心为 O 的圆形区域等分成六个扇形区域,其中三个为峰区,三个为谷区,峰区和谷区相间分布. 峰区内存在方向垂直纸面向里的匀强磁场,磁感应强度为 B,谷区内没有磁场. 质量为 m、电荷量为 q 的正离子,以不变的速率 v 旋转,其闭合平衡轨道如图中虚线所示.

(1)求闭合平衡轨道在峰区内圆弧的半径 r,并判断离子旋转的方向是顺时针还是逆时针;

(2)求轨道在一个峰区内圆弧的圆心角 θ,及离子绕闭合平衡轨道旋转的周期 T;

(3)在谷区也施加垂直纸面向里的匀强磁场,磁感应强度为 B',新的闭合平衡轨道在一个峰区内的圆心角 θ 变为 $90°$,求 B' 和 B 的关系.

已知:$\sin(\alpha \pm \beta) = \sin\alpha\cos\beta \pm \cos\alpha\sin\beta, \cos\alpha = 1 - 2\sin^2\dfrac{\alpha}{2}$.

分析与解答 (1)在峰区内的正离子依靠洛伦兹力作为向心力做匀速圆周运动. 由

$$qvB = m\frac{v^2}{r}$$

得圆弧的半径为

$$r = \frac{mv}{qB}$$

根据左手定则可知,正离子沿逆时针方向旋转.

(2) 正离子沿着题中平衡轨道运动时,三个峰区的圆弧恰好完成组成整个圆周,由对称性可知,一个峰区内的圆弧所对的圆心角为

$$\theta = \frac{2\pi}{3}$$

峰区中的弧长为

$$l = \frac{2\pi r}{3}$$

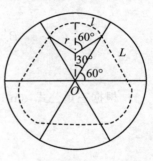

图 6.97

由图 6.97 可知,正离子在谷区的运动轨道与峰区圆弧跟圆心 O 的连线恰好构成正三角形,因此其直线轨道长为

$$L = 2r\cos 30° = \sqrt{3}\,r$$

所以离子绕闭合平衡轨道旋转一周的时间(周期)为

$$T = 3\frac{l+L}{v} = 3\left(\frac{2\pi}{3} + \sqrt{3}\right) \cdot \frac{r}{v} = (2\pi + 3\sqrt{3})\frac{m}{qB}$$

(3) 当在谷区施加与峰区同方向的磁场后,正离子离开峰区不再做直线运动,也做圆弧运动. 当峰区内的圆心角 θ 变为 $90°$ 时,峰区的圆弧半径正好与谷区的圆弧半径重合,如图 6.98 所示. 由几何关系可得谷区圆弧所对的圆心角为

$$\theta' = \frac{\pi}{6} = 30°$$

设谷区圆运动的半径为 r',同理由洛伦兹力作为向心力得

$$r' = \frac{mv}{qB'}$$

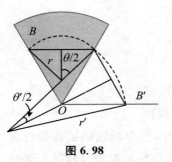

图 6.98

从原来的等边三角形的半边考虑,由几何关系可知

$$r\sin\frac{\theta}{2} = r'\sin\frac{\theta'}{2}$$

即

$$\frac{mv}{qB}\sin\frac{\theta}{2} = \frac{mv}{qB'}\sin\frac{\theta'}{2}$$

得

$$B' = B\frac{\sin\dfrac{\theta'}{2}}{\sin\dfrac{\theta}{2}} = B\frac{\sin 15°}{\sin 45°}$$

根据三角公式,$\sin 15° = \sqrt{\dfrac{1-\cos 30°}{2}}$,代入数据得

$$B' = \frac{\sqrt{2\sqrt{2}-\sqrt{6}}}{2}B$$

说 明

回旋加速器是一个很典型的匀速圆周运动模型,但当粒子的速度足够大时会使同步有所困难.本题进一步介绍了扇形聚焦回旋加速器,不仅对粒子的匀速圆周运动模型有所深化,也密切联系了高科技实际,进一步扩展了同学们的视野.扇形聚焦回旋加速器相比于经典的回旋加速器有许多优点,例如,它能克服经典回旋加速器的能量限制,并且粒子回旋频率也不会随着粒子能量的增加而变化,可以始终跟固定的高频频率相匹配等,因此它又称为等时性回旋加速器.

例题 18 (2016,江苏)据报道,一法国摄影师拍到"天宫一号"空间站飞过太阳的瞬间.照片中,"天宫一号"的太阳帆板轮廓清晰可见,如图 6.99 所示.假设"天宫一号"正以速度 $v=7.7\,\text{km/s}$ 绕地球做匀速圆周运动,运动方向与太阳帆板两端 M、N 的连线垂直,M、N

间的距离 $L = 20$ m,地磁场的磁感应强度垂直于 v、MN 所在平面的分量 $B = 1.0 \times 10^{-5}$ T.将太阳帆板视为导体.

(1) 求 M、N 间感应电动势的大小 E.

(2) 在太阳帆板上将一只"1.5 V,0.3 W"的小灯泡与 M、N 相连构成闭合电路,不计太阳帆板和导线的电阻,试判断小灯泡能否发光,并说明理由.

(3) 取地球半径 $R = 6.4 \times 10^3$ km,地球表面的重力加速度 $g = 9.8$ m/s²,试估算"天宫一号"距离地球表面的高度 h(计算结果保留一位有效数字).

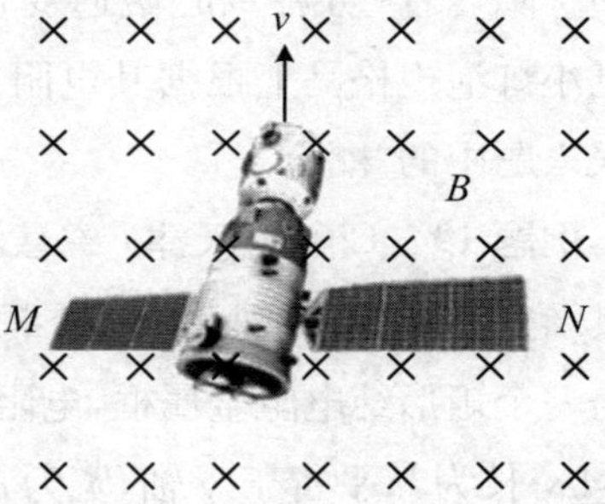

分析与解答 (1)"天宫一号"运动时,太阳帆板做着切割地磁场磁感线的运动,简化后相当于一根长 $L = 20$ m 的导体棒.在 M、N 间感应电动势的大小为
$$E = BLv = 1.0 \times 10^{-5} \times 20 \times 7.7 \times 10^3 \text{ V} = 1.54 \text{ V}$$

图 6.99

(2) 将小灯泡与 M、N 相连构成闭合电路后(见图 6.100),飞行过程中穿过这个电路的磁通量始终保持不变,因此在这个闭合电路中不会产生感应电动势,也就没有感应电流,所以小灯泡不会发光.

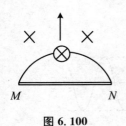

图 6.100

(3) "天宫一号"飞行中依靠地球的引力作为向心力.设地球和"天宫一号"的质量分别为 M 和 m,则在高空和地球附近分别有

$$G \frac{Mm}{(R+h)^2} = m \frac{v^2}{R+h}$$

$$G \frac{Mm}{R^2} = mg$$

两式相比,得

$$h = \frac{R^2 g}{v^2} - R = \left[\frac{(6.4 \times 10^6)^2 \times 9.8}{(7.7 \times 10^3)^2} - 6.4 \times 10^6\right] \text{m}$$

$$= 0.37 \times 10^6 \text{ m} \approx 4 \times 10^5 \text{ m}$$

说　明

本题综合着发电机模型和匀速圆周运动模型,而这个发电机模型中又隐含着"切割"和"磁通变化"两种机理.一些同学粗枝大叶,看见小灯泡规格马上根据其电阻用闭合电路欧姆定律算出电流,恰好误入题中的"圈套"了.

例题 19　(2008,天津) 磁悬浮列车是一种高速低耗的新型交通工具. 它的驱动系统简化为如下模型:固定在列车下端的动力绕组可视为一个矩形纯电阻金属框,电阻为 R,金属框置于 xOy 平面内,边长 MN 长为 l,平行于 y 轴,宽为 d 的 NP 边平行于 x 轴,如图 6.101 所示. 列车轨道沿 Ox 方向,轨道区域内存在垂直于金属框平面的磁场,磁感应强度 B 沿 Ox 方向按正弦规律分布,其空间周期为 λ,最大值为 B_0,如图 6.102 所示. 金属框同一长边上各处的磁感应强度相同,整个磁场以速度 v_0 沿 Ox 方向匀速平移. 设在短暂时间内,MN、PQ 边所在位置的磁感应强度随时间的变化可以忽略,并忽略一切阻力. 列车在驱动系统作用下沿 Ox 方向加速行驶,某时刻速度为 v($v < v_0$).

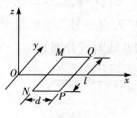

图 6.101

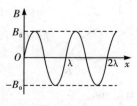

图 6.102

① 简要叙述列车运行中获得动力的原理;

② 为使列车获得最大驱动力,写出 MN、PQ 边应处于磁场中的什么位置及 λ 和 d 之间应满足的关系式;

③ 计算在满足第 ② 问的条件下列车速度为 v 时驱动力的大小.

分析与解答 ① 由于列车速度与磁场平移的速度不同,使得穿过金属框的磁通量发生变化,金属框中会产生感应电动势,于是在金属框中会产生感应电流.这个电流受到的磁场力(安培力)就作为列车的驱动力.

② 为了使列车获得最大的驱动力,应该使 MN、PQ 两边正好处于磁场中磁感应强度同为最大值且反向的地方,切割磁感线得到的感应电动势最大且方向一致(或者说,金属框所围面积内的磁通量变化率最大).因此,金属框的宽度 d 应该为 $\dfrac{\lambda}{2}$ 的整数倍,即

$$d = (2k+1)\dfrac{\lambda}{2}$$

或

$$\lambda = \dfrac{2d}{2k+1} \quad (k=0,1,2,\cdots)$$

② 此时,MN、PQ 所处的磁感应强度为 B_0,它们切割磁感线的速度 $v' = v_0 - v$. 由于 MN、PQ 相当于两个顺向串联的电源,因此金属框内总的感应电动势和感应电流分别为

$$E = 2B_0 l(v_0 - v)$$

$$I = \dfrac{E}{R} = \dfrac{2B_0 l(v_0 - v)}{R}$$

所以列车受到的驱动力为

$$F = 2B_0 I l = \dfrac{4B_0^2 l^2 (v_0 - v)}{R}$$

说 明

上述根据切割法进行计算比较直观,需要注意的是要考虑两边的共同作用. 如果根据磁通的变化计算,同样需要考虑 MN、PQ 两边所产生的共同作用. 可以取一个极短的时间间隔 Δt,由每边扫过磁场的面积得穿过金属框磁通的变化,即

$$\Delta S = l(v_0 - v)\Delta t \Rightarrow \Delta\varphi = 2B_0\Delta S = 2B_0 l(v_0 - v)\Delta t$$

所以感应电动势

$$E = \frac{\Delta\varphi}{\Delta t} = 2B_0 l(v_0 - v)$$

例题 20 (2016,天津)电磁缓冲器是应用于车辆上以提高运行安全性的辅助制动装置,其工作原理是利用电磁阻尼作用减缓车辆的速度. 电磁阻尼作用可以借助如下模型讨论:如图 6.103 所示,将形状相同的两根平行且足够长的铝条固定在光滑斜面上,斜面与水平方向夹角为 θ. 一质量为 m 的条形磁铁滑入两铝条间,恰好匀速穿过,穿过时磁铁两端面与两铝条的间距始终保持恒定,其引起电磁感应的效果与磁铁不动,铝条相对磁铁运动相同. 磁铁端面是边长为 d 的正方形,由于磁铁距离铝条很近,磁铁端面正对两铝条区域的磁场均可视为匀强磁场,磁感应强度为 B,铝条的高度大于 d,电阻率为 ρ. 为研究问题方便,铝条中只考虑与磁铁正对部分的电阻和磁场,其他部分电阻和磁场可忽略不计,假设磁铁进入铝条间以后,减少的机械能完全转化为铝条的内能,重力加速度为 g.

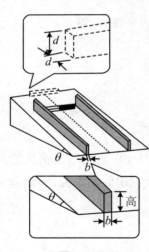

图 6.103

(1) 求铝条中与磁铁正对部分的电流 I;

(2) 若两铝条的宽度均为 b，推导磁铁匀速穿过铝条间时速度 v 的表达式；

(3) 在其他条件不变的情况下，仅将两铝条更换为宽度 $b'>b$ 的铝条，磁铁仍以速度 v 进入铝条间，试简要分析说明磁铁在铝条间运动时的加速度和速度如何变化。

分析与解答 (1) 磁铁下滑，相当于磁铁不动，铝条沿相反方向上行. 因此铝条中正对磁铁的部分会切割磁感线. 画出侧视图（图 6.104）可以看到，铝条中切割磁感线的有效长度为 d. 设铝条中产生的感应电流为 I，于是磁铁会受到安培力(F)阻碍它的下滑运动. 当满足条件

$$F = 2BId = mg\sin\theta \qquad ①$$

则磁铁恰好能匀速下滑. 由此得铝条中与磁铁正对部分产生的电流为

$$I = \frac{mg\sin\theta}{2Bd} \qquad ②$$

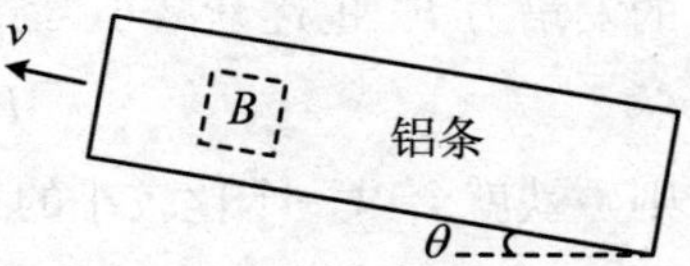

图 6.104

(2) 磁铁下滑过程中，铝条正对磁铁部分相当于电源的内电路（铝条中与磁铁不正对部分为外电路，电阻不计），其电动势和内电阻分别为

$$E = Bdv, \quad R = \rho\frac{d}{db} \qquad ③$$

则

$$I = \frac{E}{R}$$

即

$$\frac{mg\sin\theta}{2Bd} = \frac{Bdv}{\rho\dfrac{d}{db}}$$

得

$$v = \frac{\rho mg\sin\theta}{2B^2d^2b} \qquad ④$$

(3) 根据上述①式的匀速运动条件,由④式可知,磁铁以速度 v 匀速下滑时受到的安培力大小为

$$F = mg\sin\theta = \frac{2B^2d^2bv}{\rho}$$

当铝条的宽度变换为 $b' > b$,而磁铁仍然以速度 v 进入铝条之间时,对应的安培力变换为

$$F' = \frac{2B^2d^2b'v}{\rho} > mg\sin\theta$$

于是磁铁就会减速下滑. 并且,随着下滑速度 v 逐渐减小,磁铁受到的安培力 F' 也逐渐减小,最后当满足条件

$$F' = mg\sin\theta$$

则磁铁就会以一个比较小的速度 v' 匀速下滑.

说　明

电磁缓冲器是个专业设备,中学物理教学中从来没有见过,为此,题中先给出了简化模型,实际上也起了对研究实用型问题的指导作用.

(1) 磁铁匀速下滑的速度也可以根据能的转换求出:设磁铁匀速下滑的速度为 v,其机械功率为

$$P_{机} = mgv\sin\theta$$

磁铁下滑时,设在铝条中产生的感应电动势和等效电源的内阻分别为

$$E = Bdv, \quad R = \rho\frac{d}{db}$$

则总的电功率为

$$P_{电} = 2\frac{E^2}{R} = 2\frac{B^2d^2v^2b}{\rho}$$

由
$$P_\text{机} = P_\text{电}$$
即得
$$v = \frac{\rho mg \sin\theta}{2B^2 d^2 b}$$

(2) 本题求解中的困难,除了长长的题文在心理上所形成的"下马威"外,主要由于题中给出的是立体图,难以确定切割的有效长度,尤其想象不出电流的回路,不懂得如何确定产生感应电动势的内电路.

建议解题中除了画出相关投影图外,还可以用橡皮块、文具盒等代替磁铁和铝条等进行比划(模拟).例如,从小橡皮块和文具盒的模拟画出图 6.105 的示意图,显然磁场垂直 $abcd$ 侧面,因此就很容易看出切割磁感线的有效长度为 d;再结合题中的条件,只考虑与磁铁正对部分铝条的电阻和磁场,其他部分电阻和磁场可忽略不计,从模拟图可以看出,产生的感应电流穿越 $abef$ 平面流动,与铝条的其他部分构成回路,于是就可以找出电源的内阻了,即 $R = \rho \dfrac{d}{db}$. 这样一来,问题基本上就求解出来了.

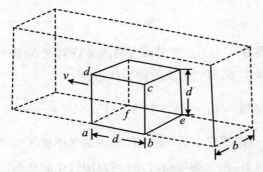

图 6.105 铝条中正对磁铁的这部分

例题 21 (2017,全国 3 卷)一种测量稀薄气体压强的仪器如图

6.106(a)所示,玻璃泡 M 的上端和下端分别连通两竖直玻璃细管 K_1 和 K_2. K_1 长为 l,顶端封闭,K_2 上端与待测气体连通;M 下端经橡皮软管与充有水银的容器 R 连通. 开始测量时,M 与 K_2 相通;逐渐提升 R,直到 K_2 中水银面与 K_1 顶端等高,此时水银已进入 K_1,且 K_1 中水银面比顶端低 h,如图 6.106(b)所示. 设测量过程中温度、与 K_2 相通的待测气体的压强均保持不变. 已知 K_1 和 K_2 的内径均为 d,M 的容积为 V_0,水银的密度为 ρ,重力加速度大小为 g,求:

(1)待测气体的压强;

(2)该仪器能够测量的最大压强.

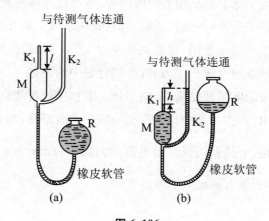

图 6.106

分析与解答 (1)这里的研究对象是玻璃泡 M 内的气体. 设待测气体的压强为 p,研究对象的初始状态为

压强 $p_1 = p$, 体积 $V_1 = V_0 + \dfrac{1}{4}\pi d^2 l$

测量时,逐渐提升 R 后,玻璃泡 M 内的气体被压缩,当压缩到 K_2 内的水银面与 K_1 的顶端等高时,M 内封闭气体的状态为

压强 $p_2 = p + \rho g h$, 体积 $V_2 = \dfrac{1}{4}\pi d^2 h$

6 物理模型在中学物理解题中的应用

由于这个过程中 M 内气体的温度不变，根据玻意耳定律，由

$$p_1V_1 = p_2V_2$$

即

$$p\left(V_0 + \frac{1}{4}\pi d^2 l\right) = (p + \rho g h)\left(\frac{1}{4}\pi d^2 h\right)$$

得

$$p = \frac{\pi \rho g d^2 h^2}{4V_0 + \pi d^2(l-h)}$$

（2）从上面得到的压强表达式可知，其中只有 h 是变量，且随着 h 的增大，它与 l 的差值减小，所测的压强 p 变大. 因此能够测量到最大压强时，K_1 和 K_2 的水银面高度差最大值为 l，即当 $h=l$ 时，测量的压强达到最大值. 其值为

$$p_{\max} = \frac{\pi \rho g d^2 h^2}{4V_0}$$

说　明

本题显然属于理想气体模型的应用. 由于绝大部分同学对这个仪器都比较生疏，初看时会有些"云深不知处". 实际上，只要仔细阅读题文，找出研究对象，就可以确定其变化前后的状态参量，这样，原来感觉不知所措的问题就完全化解了.

该测量仪器称为麦克劳真空计. 测量时，它先把待测压强气体的一部分隔离在玻璃泡 M 内，然后提升 R 加以压缩，直到压强增大到可以直接测量的程度，然后根据玻意耳定律求出原来待测的压强. 由上述最大压强的表达式可知，它能够测量的最大压强决定于 M 的容积 V_0 和细管（称为毛细管）K_1 和 K_2 的直径 d. 当 V_0 越大、d 越小时，测量的最大压强也越小，即被测容器的真空度越高. 请读者思考一下：如果测量中外界大气压发生变化，是否会影响被测稀薄气体压强的测量值？

例题 22 （2016，北京）激光束可以看成是粒子流，其中的粒子以相同的动量沿光传播方向运动．激光照射到物体上，在发生反射、折射和吸收现象的同时，也会对物体产生作用．光镊效应就是其中一个实例．激光束可以像镊子一样抓住细胞等微小颗粒．

一束激光经 S 点后分成若干细光束，若不考虑光的反射和吸收，其中光束①和②穿过介质小球的光路如图 6.107 所示．图中 O 点是介质小球的球心，入射时光束①和②与 SO 的夹角均为 θ，出射时光束均与 SO 平行．请在下面两种情况下，分析说明两光束因折射对小球产生的合力的方向．

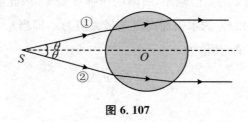

图 6.107

a. 光束①和②强度相同；
b. 光束①比②强度大．

分析与解答 激光通过介质小球时，题设不考虑光的反射和吸收，则每个光子的能量不变，且光速恒为 c 不变．根据光子的动量和能量的关系式

$$p = \frac{E}{c}$$

因此光子通过介质小球后的动量大小不变，仅是其方向发生变化．

由于动量是矢量，动量的方向发生变化，根据动量定理，必然是受到了外力的作用，且其动量变化的方向就是它所受到的外力的方向．根据这样的思路，我们可以采用图示或计算等不同方法求解．

（1）图示法

取光束①中的一个光子,设其原来的动量为 p_1,通过介质小球后的动量为 p_1',其动量变化

$$\Delta p = p_1' - p_1$$

画出的矢量图如图 6.108 所示,图中 Δp 的方向就是介质小球对该光子作用力的方向.根据牛顿第三定律,则光子对介质小球作用力的方向应该与其反向,即为图中 F_1 的方向($F_1 // \Delta p$ 且反向).若光束①中包含着 N_1 个光子,由于每个光子的动量变化方向相同,则 F_1 就是由这 N_1 个光子共同产生的力.

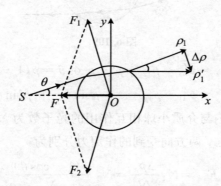

图 6.108 光子的动量变化和介质小球受力方向

同理,取光束②中的一个光子,设其原来的动量为 p_2,通过介质小球后的动量为 p_2',其动量变化 $\Delta p = p_2' - p_2$,光子对介质小球的作用力应该如图中 F_2 所示.若光束②中包含着 N_2 个光子,由于每个光子的动量变化方向相同,则 F_2 就是由这 N_2 个光子共同产生的力.

a. 当光束①和②强度相同时,F_1、F_2 对称分布在 SO 连线两侧,且 $|F_1| = |F_2|$,其合力沿着 SO 连线指向 S.

b. 当光束①比②强度大时,F_1、F_2 方向不变,仍然对称分布在 SO 连线两侧,但 $|F_1| > |F_2|$,因此其合力不再沿着 SO 连线,而是偏向图中左上角方向.

(2) 计算法

对光束 ①：设入射光子的动量为 p，通过介质小球后的光子动量为 p'。取 SO 方向和垂直 SO 的方向分别为 x 轴和 y 轴方向（图 6.109），则经过介质小球后光子在两坐标轴方向的动量变化分别为

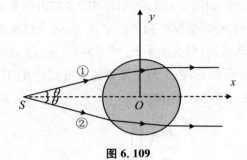

图 6.109

$$\Delta p_x = p'_{1x} - p_{1x} = p - p\cos\theta = p(1-\cos\theta)$$
$$\Delta p_y = p'_{1y} - p_{1y} = 0 - p\sin\theta = -p\sin\theta$$

若 Δt 时间内与介质小球相互作用的光子数为 N_1，根据动量定理可知光子在 x、y 两方向受到的作用力分别为

$$F_{1x} = N_1\frac{\Delta p_x}{\Delta t} = N_1\frac{p(1-\cos\theta)}{\Delta t}$$

$$F_{1y} = N_1\frac{\Delta p_y}{\Delta t} = N_1\frac{(-p\sin\theta)}{\Delta t}$$

根据牛顿第三定律，得介质小球在 x、y 两方向受到的力分别为

$$F'_{1x} = -F_{1x} = -N_1\frac{p(1-\cos\theta)}{\Delta t}, \quad F'_{1y} = -F_{1y} = N_1\frac{p\sin\theta}{\Delta t}$$

对光束 ②，同理分析知介质小球在 x、y 两方向受到的力分别为

$$F'_{2x} = -N_2\frac{p(1-\cos\theta)}{\Delta t}, \quad F'_{2y} = -N_1\frac{p\sin\theta}{\Delta t}$$

因此，介质小球所受合力沿 x、y 两方向的分力分别为

$$F'_x = F'_{1x} + F'_{2x} = -(N_1 + N_2)\frac{p(1-\cos\theta)}{\Delta t}$$

$$F'_y = F'_{1y} + F'_{2y} = (N_1 - N_2)\frac{p\sin\theta}{\Delta t}$$

a. 当光束①和②强度相同时,意味着 $N_1 = N_2$. 设 $N_1 = N_2 = N$,则

$$F'_x = F'_{1x} + F'_{2x} = -2N\frac{p(1-\cos\theta)}{\Delta t}, \quad F'_y = 0$$

表示介质小球受到光子作用力的合力沿 x 轴负方向,即沿着 SO 连线指向光源 S,可见介质小球有被吸向激光源的趋势. 这就是所谓的"光镊效应".

b. 当光束①比②强度大时,意味着 $N_1 > N_2$,则

$$F'_x < 0, \quad F'_y > 0$$

表示介质小球受到的合力偏向图中左上角方向.

说　明

光子不仅具有能量,也具有动量. 本题中利用小球模型将光子与物质微粒间的微观作用转化为一种宏观的作用,非常直观地展现了光子具有动量这一基本属性.

原题包括两小题,这里仅取其(2). 其(1)要求小球斜向与板发生碰撞反弹时,小球在 x、y 两方向的动量变化和对板的作用力方向,实际上就是对(2)的力学铺垫,也相当于对"光镊"这种新技术,做了引导性的介绍. 本题的解答,采用图示法非常直观、简捷. 当采用计算法时,必须注意其下标和"作用与反作用"的方向关系.

光镊效应是20世纪60年代由贝尔实验室的阿什金(A. Ashkin)首创的新技术. 它是光子的一种力学效应. 这里的激光相当于一种无形的镊子,它可以捕获微粒. 这项技术诞生以来,目前已在微米、纳米数量级的粒子操控研究中发挥了重要的作用,例如在操控细胞、细胞

器等生物微粒等方面显示了独特的优势.

上面,我们分成几个小专题选取若干典型模型举例说明,希望能加深对物理模型的认识.实际上,在中学物理解题训练中,会遇到形形色色的多种模型,解题时,只有先把每个具体物理问题还原成一个正确的简化模型后,才容易找到解题的入口,确定应该遵循的规律.

结 束 语

自从《模型》初版以来,这些年,一直继续着对中学物理教学的实践与思考.尤其是参与了《课程标准》教材的编写,教学理念不断更新,对思维方法的认识也有了进一步的提高,为新 1 版的编写奠定了良好的基础.

在这新 1 版中,内容的编排更趋合理也更为丰满,除了补充有关近代物理、高新技术的某些知识外,在应用部分做了较大的调整.新 1 版中将"模型的应用"分为两节——"学习中的指导作用"侧重于从总的方面阐明模型在中学物理学习中的作用和应用模型的某些认识;"解题中的应用"则以某些典型的模型为核心,结合具体问题予以介绍.并且,还单独分立一个小专题,介绍"实用型"问题中的模型.这个小专题很有意义,不仅因这些高考题而熠熠生辉,更希望通过它加深领会 STSE 的教育思想,即应该重视科学、技术、社会、环境中的问题.可以这么说:只有真正具备 STSE 思想并付诸实践的人,才能做 21 世纪的弄潮儿,在竞争中获得更好的发展!

如今,模型方法已越来越被广泛地应用到理论研究和工程技术

的许多方面,建立理想模型对中学物理教学的指导作用也正在深入人心.如何在教学过程中有机地、比较系统地渗透科学思维方法,使同学们更为自觉地、正确地运用物理模型,本书仅从某几方面做了探讨.希望能得到广大物理教学工作者、中学物理教师与读者们的指正.

作　者

2014年新1版定稿于苏州庆秀斋

参考文献

［1］杨振宁. 基本粒子发展简史［M］. 上海：上海科技出版社，1963.

［2］特里格. 20世纪物理学的重要实验［M］. 北京：科学出版社，1982.

［3］陈衡. 科学研究方法论［M］. 北京：科学出版社，1982.

［4］库珀. 物理世界［M］. 杨基方，译. 北京：海洋出版社，1983.

［5］周忠昌. 科学研究的方法［M］. 福州：福建人民出版社，1983.

［6］叶秀山，傅乐安. 西方著名哲学家评传：第二卷［M］. 济南：山东人民出版社，1984.

［7］章士嵘. 科学发现的逻辑［M］. 北京：人民出版社，1986.

［8］谭树杰，王华. 物理学上的重大实验［M］. 北京：科技文献出版社，1987.

［9］谢邦同. 世界经典物理学简史［M］. 沈阳：辽宁教育出版社，1988.

［10］芩特科夫斯基. 哥白尼传［M］. 董福生，译. 北京：新华出版社，1988.

［11］周嘉华，王德胜，乔世德. 化学家传［M］. 长沙：湖南教育出版社，1989.

[12] 郭奕玲,沈慧君. 近代物理发展中的著名实验[M]. 北京:科学出版社,1990.

[13] 陆埮,罗辽复. 从电子到夸克:粒子物理[M]. 北京:科学出版社,1992.

[14] 王溢然. 模型[M]. 郑州:大象出版社,1993.8.

[15] 谢家麟. 加速器与科技创新[M]. 北京:清华大学出版社,2000.

[16] 史蒂芬·霍金. 时间简史[M]. 许明贤,吴忠超,译. 长沙:湖南科学技术出版社,2002.

[17] 戴闻. 在通往绝对零度的路上[M]. 上海:少年儿童出版社,2003.

[18] 李艳平,申先甲. 物理学史教程[M]. 北京:科学出版社,2003.

[19] 栾玉广. 自然科学技术研究方法[M]. 合肥:中国科学技术大学出版社,2010.